汽车碰撞安全新技术

张　霞　著

北京理工大学出版社
BEIJING INSTITUTE OF TECHNOLOGY PRESS

内容简介

本书是湖南省科学技术厅科技计划一般项目“汽车主动安全控制系统的研究与应用”2011FJ41346（湘财企指〔2011〕12）的部分研究成果。将汽车前向碰撞预警技术、电磁发射技术与螺纹剪切式汽车碰撞吸能系统三者结合起来，形成一种CST伸缩的智能化新方法，使CST能够像安全气囊那样，该出手时就出手，且出手快速准确。本书涵盖了六个方面的内容，即汽车碰撞能量吸收新技术导论、基于主被动技术结合的CST控制方法、基于制动系统实时监测的CST新型电子控制系统、吸能系统的快速推进装置、基于ANSYS和UG的CST系统参数化设计、CST装置优化设计。除对基础理论与方法的研究外，本书突出了主被动结合的前沿学术思想，且紧紧围绕新型吸能系统中的典型工程问题展开研究，强化了最新学术思想与研究成果在样机中的体现，保障了研究成果在工程中应用。

本书可供车辆工程、载运工具运用工程专业技术人员与高校师生、碰撞安全技术专家、防撞装置设计制造与工程技术人员参考。

图书在版编目（CIP）数据

汽车碰撞安全新技术/张霞著. —北京：北京理工大学出版社，2017.4
ISBN 978-7-5682-3953-0

Ⅰ.①汽…　Ⅱ.①张…　Ⅲ.①汽车试验-碰撞试验　Ⅳ.①U467.1

中国版本图书馆CIP数据核字（2017）第080782号

出版发行／北京理工大学出版社有限责任公司
社　　址／北京市海淀区中关村南大街5号
邮　　编／100081
电　　话／(010)68914775(总编室)
(010)82562903(教材售后服务热线)
(010)68948351(其他图书服务热线)
网　　址／http://www.bitpress.com.cn
经　　销／全国各地新华书店
印　　刷／三河市天利华印刷装订有限公司
开　　本／787毫米×1092毫米　1/16
印　　张／13.75
字　　数／323千字
版　　次／2017年4月第1版　2017年4月第1次印刷
定　　价／68.00元

责任编辑／李秀梅
文案编辑／杜春英
责任校对／孟祥敬
责任印制／李志强

前言

PREFACE

作者致力于汽车交通安全新技术研究多年，随着研究工作的深入，在理论分析和试验研究中发现，由于螺纹剪切式汽车碰撞吸能系统 CST 的伸缩纯粹依赖于汽车的行驶速度，车速越高，CST 伸出越长，以确保 CST 的吸能能力等于汽车的动能$\left(\frac{1}{2}mv^2\right)$，这样，汽车行驶时，CST 总是处于伸缩状态，既影响汽车的美观，又降低了 CST 的工作可靠性。故希望改变这种状态，使 CST 能像安全气囊那样，该出手时就出手：在汽车正常行驶时，CST 蜗居于车体内部；一旦遭遇碰撞危险，则借助电磁发射技术，瞬间将 CST 从蜗居地推出，应对碰撞，若有惊无险，CST 随后缩回原地待命。

为此，本书旨在融合其他安全技术，通过对典型的车辆运行安全故障和危险状态的信息采集与处理，确定什么时候向驾驶员提供预警信息、什么时候要自动刹车、什么时候 CST 该出手，以形成新的汽车碰撞能量吸收技术及装置。

本书是在长沙职业技术学院课题组全体成员长期研究成果的基础上整理而成的，在此，作者对课题组全体成员，以及曾经支持、帮助和关心过本书出版的各位专家、同行、参考文献作者、审稿者和出版者致以诚挚的谢意。

限于作者水平，书中错误和不妥之处在所难免，恳请读者批评指正。

作　者

目录

CONTENTS

第1章 汽车碰撞能量吸收新技术导论

国内外对汽车碰撞吸能系统伸缩方法的研究很少，能用的方法虽然有压缩弹簧、安全气囊、气压、液压、电动机、电磁发射技术等，但文献检索表明，用在汽车碰撞吸能系统的还只有压缩弹簧与电机这两种方法。文献［1～14］利用电动机来带动螺旋传动，实现吸能装置的自动伸缩，但螺旋传动具有可靠性差、响应较慢等缺陷。文献［11］则利用压缩弹簧来实现对吸能系统的伸出功能（不能实现缩回功能），虽然压缩弹簧伸出比较容易实现，但仍然存在反应较慢的问题；国内外对电磁发射技术的研究已经非常成熟，已广泛应用于军事领域，但尚未有用于汽车吸能结构伸缩的应用和研究。

本研究以汽车前向碰撞预警技术为先导技术，以电磁发射技术为 CST 的伸缩技术，将二者结合起来应用于汽车碰撞吸能系统的研究，在国内外文献中尚未见同类研究报道。但对二者的分别研究，已经取得了巨大成就。

1.1 汽车前向碰撞预警技术

汽车前向碰撞预警系统（FCWS）包括碰撞警报系统（CWS）和自动碰撞避免系统（CAS）。CWS 是在车辆存在潜在的碰撞危险时发出警报；CAS 则是在汽车面临危险，若驾驶员未采取制动，自动实施制动或转向以避免碰撞发生的系统。

研究表明，约 90% 的交通事故是由驾驶员的过错（认知或决策错误、紊乱动作、疲劳等）造成的。在驾驶员注意力分散、打瞌睡或跟车太紧的情况下，若遇紧急情况，驾驶员就来不及制动，使得停车距离过小而导致碰撞。此时，若能向驾驶员提前 0.5 s 报警，50% 的前向碰撞就可避免；若能提前 1.0 s 报警，则 90% 的前向碰撞就可避免[13,14]。FCWS 就是向驾驶员提供这一额外时间的，它能够实时探测自车与障碍物之间的距离，若有潜在危险就及时报警。

发达国家纷纷开展了 FCWS 研究，制订了具体的研究计划，并在此基础上进一步开发了辅助驾驶、自动控制等系统，如美国的智能车辆高速公路系统（IVHS）、欧洲的高效安全交通计划（PROMETHEUS）、日本的先进安全车辆（ASV）等。

事实上，早在 20 世纪 70 年代，日本就率先开展了 CAS 研究，推出的第一代产品是手动操作的，第二代产品则为自动控制的。目前，一些使用微波雷达和激光雷达的 CAS 相继被推出，如丰田公司使用毫米波雷达和 CCD 摄像机对自车与前车的距离进行动态测量，当两车距离小于规定值时，系统将发出直观的报警信号来提醒驾驶员，必要时起动汽车自动减速、制动系统，避免碰撞发生，这类产品已在部分车型中获得应用[15]。日产、本田、马自达、三菱等公司均开展了相应研究，其中本田和马自达公司提出的跟车模型（HONDA 模型及 MAZDA 模型）已成为 CWS 跟车模型的典范。

美国于 1998 年开始了以 CAS 为中心的初级智能汽车研究，并对 CWS 的研究取得较大进步，其早期的 CWS 产品成本高，仅在高档轿车上有应用，随着基于雷达的 CWS 的成熟，重型卡车也成为安装对象，并以每年几千套的数量递增，其中尤以美国德科电子（Delco）公司开发的 CWS 最著名。加利福尼亚大学的研究者还对后向追尾碰撞预警系统进行了研究，即在自车上加装朝后探测的追尾碰撞预警系统，在自车处于静止，探测到后方车辆逼近过快时，则使自车制动灯闪烁或使自车中央停车灯闪烁以警告后方车辆驾驶员。加利福尼亚大学的 Berkeley 跟车模型，吸收了 HONDA 模型和 MAZDA 模型的优点，成为 CWS 跟车模型的标杆。

德国的一些著名汽车电器厂商如博世、ADC 公司等生产的 CWS 产品具有较好的实用性，已向部分汽车生产厂家供货。奔驰公司早在 2003 年已在奔驰 S600 级轿车上安装了距离自动控制雷达，可在 40 ~ 160 km/h 速度范围内自动调节车速，当跟车距离过小时，则自动减速以避免碰撞事故。

我国对 CWS 的研究也极为重视。早在 2001 年 11 月，国家科技部确定的面向全社会招投标的“十五”国家科技攻关重大项目（共 10 项）中，就有 1 项“汽车安全辅助装置”，主要就是对 CWS 的研究。侯德藻、李克强等人在汽车主动避撞系统的报警方法、雷达信号处理、信号识别及安全报警算法等方面进行了研究，并对其系统的合理性及实用性进行了试验及仿真[16 ~ 17]。姜道连、徐宝强等人对图像处理技术[18]，余成波、万文略等人对激光雷达自动防撞微机控制系统[19]等在 CWS 中的应用进行了研究。李晓霞、李百川、侯德藻、陈光武、王军雷等人则设计开发了汽车追尾碰撞预警测控系统，并进行了阶段性装车试验[13,20,21]。

目前，对 FCWS 研究的重点，正在从系统功能的实现向 FCWS 的实用化方向转变，以改变目前 FCWS 仅仅应用在几个车型上的状况。

1.2 电磁发射技术

电磁发射技术源于 1831 年英国科学家法拉第发现的电磁感应定律，根据这一定律，人们发明了发电机、电动机及电磁发射器。电磁发射器用于军事作战时，俗称电磁炮。

1901 年，挪威的伯克莱在国际上首次获得“电火炮”专利，并将 10 kg 的铁制炮弹加速到 100 m/s。

1944 年，德国的汉斯莱将 10 g 的弹丸加速到 1 200 m/s。

1966 年，苏联的鲍斯达列夫把 2 g 的铝环加速到 5 000 m/s。

1970 年，德国的哈布和齐默尔曼把 1. 3 g 的金属环加速到 4 900 m/s。

1977 年，日本开始研究电磁发射技术。

1978 年，澳大利亚的马歇尔把 3 g 弹丸加速到了 5 900 m/s，这一成就从实验上证明了用电磁力把物体推进到超高速度是可行的，立即引起了各国军方的特别关注。许多国家纷纷建立实验室，投入大量人力、财力进行研究[22 ~ 25]。

1980 年，美国西屋公司为“星球大战”计划建造了实验电磁炮，若将这座电磁炮放在太空，它能把质量为 300 g 的炮弹加速到 8 000 ~ 10 000 m/s。面对这种近 30 倍声速的电磁炮弹打击，太空中所有的航天器，小到几十公斤的卫星，大到几百吨的空间站，都将被撞击成太空碎片。

1980 年，日本的电磁炮研究得到科学技术厅“科学技术振兴调整费”的支持。

美国桑迪亚实验室在 1986—1993 年进行了一系列实验，并建立了 WARP - 10 模拟计算程序。

1991 年，美国国防部成立了“电磁炮联合委员会”，协调军队、能源部、国防原子能局及战略防御倡议机构分散进行的电炮研究工作。

英国建造了两台口径分别为 90 mm 和 40 mm 的导轨型实验装置，到 1996 年年底分别进行了 32 次和 31 次发射实验，能将质量为 200 g 的弹丸加速到 2 000 m/s。

2000 年 4 月，欧洲各国牵头成立了“国际电磁发射技术委员会”。

2000 年，日本东京的贝塚正范和金子隆司郎发明了新型“电磁驱动器”专利，该专利结构简单、容易制造且在最大行程位置能获得最大推力。

美国海军 2003 年 4 月在苏格兰柯尔库布里郡成功完成 90 mm 口径电磁炮如何发射高超声速弹药的海上演示验证试验。

2004 年 7 月，美国海军再次成功进行了电磁炮的海上发射试验。

2005 年，美国政府拨款 5 650 万美元为海军、陆军和五角大楼未来研究局研发电磁炮。

2006 年，美国海军制订了电磁轨道炮发展五年计划。美国海军水面作战中心达尔格伦分部的电磁发射装置在 2006 年 10 月开始试验并试运行，并在 2007 年 1 月正式启用。

我国从 20 世纪 80 年代末开始电磁发射研究[25~27]。

中国工程物理研究院流体物理所于 1986 年率先建造了我国第一台导轨式电磁发射实验装置，把 0.34 g 的发射体加速到 1 680 m/s，并于 1991 年建成我国第一台电热式发射装置；1996 年 9 月，高顺受、孙承纬等人在成都把直径为 60 mm、1 kg 重的抛体加速到 60 m/s，并对电磁感应线圈炮的作用原理和系统性能进行了分析。

中科院等离子体物理所于 1988 年 8 月也建成了一台导轨式电磁发射实验装置，能把 50 g 的发射体加速到 3 000 m/s，并于 1990 年建成了一台线圈式电磁发射装置，把 44 kg 的有效载荷加速到 14 m/s。

1998 年，西安电子科技大学对线圈炮进行了研究。

2000 年，基于电磁炮原理，上海金盾消防安全设备有限公司发明了一项自动灭火装置的电磁驱动器专利；上海第二皮鞋厂发明了电磁线圈驱动的物料冲压机。

2001 年，中国科学技术大学获得 1 项电磁发射器专利，并利用它制作了娱乐设施及电动工具。

2002 年 8 月，成立中国电工技术学会电磁发射技术专委会。

2006 年 5 月，在德国 Potsdam 的第 13 届国际电磁发射学术大会上，中国发表了 52 篇论文，仅次于美国的 72 篇。

2006 年 8 月，中国军方在内蒙古炮兵靶场对超高速电炮进行了首次实验并获得圆满成功。

2007 年，中国研制的新概念武器“超高速动能电炮”进入试用阶段。

目前，国际电磁发射技术的研究主要集中在应用阶段[28]。因为在现代技术条件下，若使用电磁发射同样的有效载荷，其成本仅是化学火箭的1/10左右。除了军事用途外，电磁发射技术在航天领域可用作地对空的定向发射，也可在天基推动航天器进行轨道转移。在交通领域，用电磁发射原理制造电磁列车，使用原铁路轨道，其成本仅是磁浮列车的1/4。在工业方面，可用其原理制造电磁抽油机，代替目前油田的机械抽油机，从而大幅提高抽油效率及降低成本。

1.3 现状分析

在汽车碰撞吸能技术方面，渐进压溃式、液压阻尼式、摩擦式、气囊式吸能机理已得到广泛应用[1,7,12]，最新的剪切式吸能机理也在2005年完成了原理论证，目前已进入中试阶段。

在汽车前向碰撞预警技术方面，早在2003年，在奔驰S级豪华轿车上就最先得到应用，并成为2007款S级车的标准配置；英菲尼迪也在2006款RL车上首次配置了FCWS；我国FCWS研究在2001年完成了理论研究，目前已完成了装车试验[13]。

在电磁发射技术方面，电磁炮的理论论证在20世纪80年代中期就基本完成，从那时起就开始进行实用化的研究，经过30多年的努力，已经结出丰硕的成果。本项目将要采用的电磁线圈炮发射技术是电磁炮的最早形式，也是最成熟的电磁发射技术。

可见，关于螺纹剪切式汽车碰撞吸能技术、汽车前向碰撞预警技术及电磁发射技术本身的研究，各领域的专家已开展了深入研究，但将三者联系起来作为系统性的研究却并不广泛，且对应的研究成果尚未得到有效整合。

本项目研究针对CST这一新概念吸能系统的伸缩方法及相关前期研究存在的不足，以提高CST伸缩系统的伸缩速度、改进其工作稳定性及可靠性为目的，尝试以汽车前向碰撞预警技术为先导，以电磁发射技术为新的快速伸缩技术，探索出一种CST伸缩的智能化新方法，使CST能够像安全气囊那样，该出手时就出手，且出手快速、准确。

第 2 章

基于主被动技术结合的 CST 控制方法

2.1 系统总体设计

2.1.1 CST 装置介绍

目前，汽车被动安全防护措施（如安全气囊、安全带、保险杠和侧防撞横梁等）的本质都是对碰撞瞬间驾乘人员的安全进行保护，但忽略了对车的保护。在碰撞过程中，车体大都受到不同程度的损坏，而螺纹剪切式汽车碰撞吸能结构（Cutting the Screw Thread，CST）能在一定程度上解决这个问题，实现车辆与人身双保险。

螺纹剪切式汽车碰撞吸能结构是针对压溃式吸能结构在性能、功能方面存在的局限性和问题而提出的一种新概念智能化汽车碰撞吸能结构。当汽车静止时，CST 缩在汽车车体内；当汽车正常行驶时，电控系统控制电动机驱动螺杆传动，对 CST 进行伸缩以实现 CST 吸能装置的实时自动调整；当发生碰撞事故时，则通过持续剪切螺纹来吸收碰撞能量（因为螺纹的剪切破坏力基本为常数，具有理想的吸能特性）。这种结构形成了一种新的碰撞能量吸收与吸能能力自适应控制原理，它可以使碰撞过程更平稳，吸能能力更强，碰撞安全性更好，可靠性更高。

2.1.2 CST 吸能装置结构

目前 CST 装置已经过了两代的发展，第一代 CST 吸能装置在调试中发现，由于采用了将驱动电机安装在保险杠上的驱动形式（图 2－1），当冲击杆伸缩时，在自重的作用下，

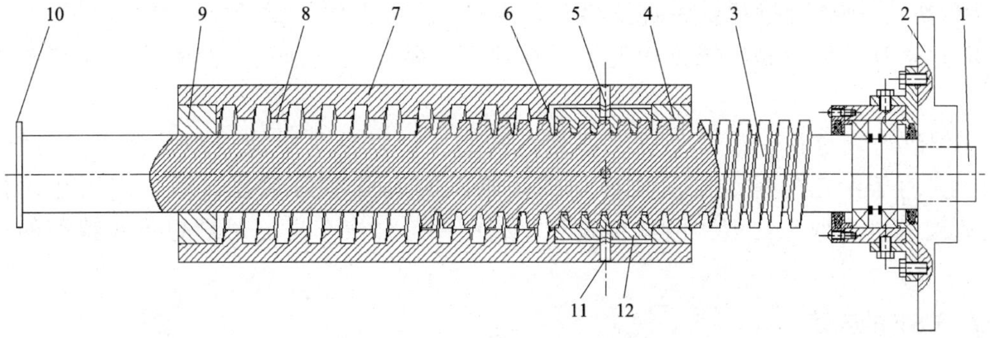

图 2－1　第一代 CST 吸能装置结构

1—驱动电机；2—保险杠；3—冲击杆；4—前支承；5—销孔；6—通孔段；7—螺纹套管；8—内螺纹段；9—后支承；10—限位凸台；11—固定销；12—冲击套

冲击套与冲击杆之间的啮合区产生巨大的弯曲力矩，甚至出现了冲击杆无法伸缩的问题。为此开展了第二代 CST 电子控制系统的研制，如图 2－2 所示。由于采用侧置驱动电机并增设传动齿轮的驱动形式，大大增加了使冲击杆伸缩的传动转矩，并降低了电子控制系统的设计难度，已成功安装在 ZOTYE2008 汽车上。

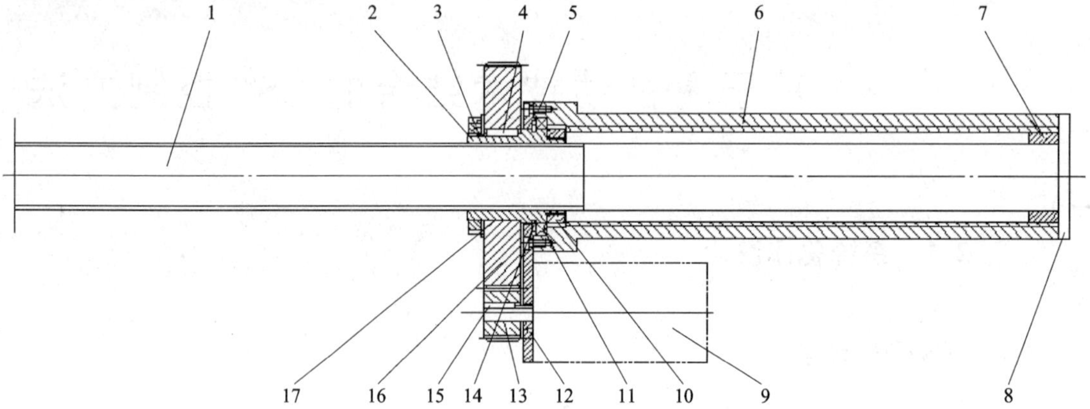

图 2－2　第二代 CST 吸能装置结构

1—伸缩螺杆；2—传动螺母；3—锁紧螺母；4—平键；5—法兰螺钉；6—吸能螺纹；7—调整圈；8—连接螺钉；9—驱动电机；10—冲击凸台；11—轴承；12—法兰盘；13—小齿轮；14—卡环；15—电机平键；16—大齿轮；17—止动垫圈

2.1.3　CST 的工作原理及安装

1. CST 的工作原理

图 2－3 所示为 CST 的工作原理示意图，它由螺纹管、螺杆和定位支承等组成。螺杆由定位支承导向，螺纹管固定在车身上，定位支承既可以与螺纹管做成一体，也可以单独设置。

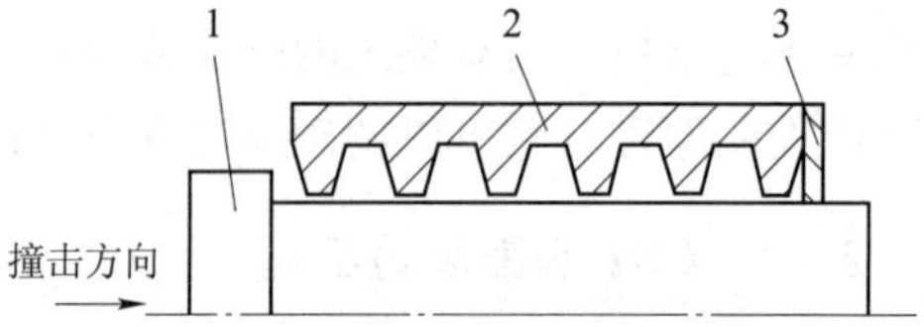

图 2－3　CST 工作原理示意图

1—螺杆；2—螺纹管；3—定位支承

当碰撞力作用在螺杆上后，螺杆上的凸缘沿轴向对螺纹管的螺纹实施应变率很高的剪切（绝热剪切），剪切的过程将一直持续下去，直到轴向碰撞力不足以剪切螺纹而处于平衡状态，碰撞能量在这个过程中就这样被逐渐吸收。

在螺纹剪切过程中，由于螺纹圈是连续的，所以整个吸能过程是渐进、连续的。理论上，对于给定的螺纹，发生剪切破坏所需的力基本为常数，那么作用在螺杆上的减速度值也近似为常值，故碰撞过程平稳——符合汽车碰撞时理想吸能特性的全部要求。

2. CST 的安装

如图 2－4 所示，CST 装于汽车前部两个大梁中空区，呈对称布置状态，前端与保险杠连接，可实现同步运行吸能。

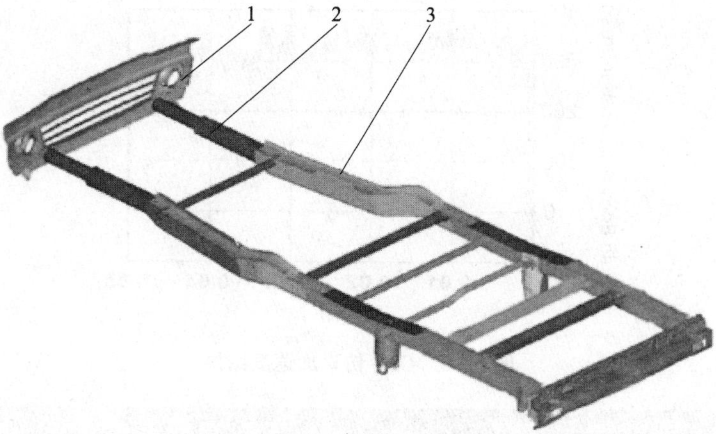

图 2－4　CST 安装图

1—保险杠；2—CST 吸能装置；3—汽车大梁

2.1.4　CST 仿真及吸能结果分析

先前的试验已验证了该 CST 的可行性，现引用一螺纹直径为 46 mm 的例证说明。通过 VPG 及 LS－DYNA 仿真软件进行试验优化了 CST 的螺纹齿高和齿形，使其最终达到标准。其仿真碰撞吸能过程如图 2－5 所示，在螺纹剪切过程中，由于螺纹圈是连续的，所以整个吸能过程是连续、渐进的；理论上，对于给定的螺纹，发生剪切破坏所需的力基本为常数，故碰撞过程平稳，仿真结果如图 2－6 CST 仿真加速度结果及图 2－7 CST 仿真速度结果所示。由图 2－6 和图 2－7 可以看出，在碰撞运动开始时速度最大，碰撞力和位移最小，而随着碰撞的进行，碰撞加速度迅速增大。当螺纹开始被剪切时，碰撞力基本维持在一定范围内变化，碰撞速度迅速下降，剪切结束后速度达到零，速度呈线性递减，说明该装置能完全吸收碰撞过程中的能量且吸能过程平稳。整个碰撞过程至结束，加速度在 $30g$ 左右浮动，未超过 $40g$（人体耐冲击阀值），不会对人体造成伤害，符合汽车碰撞时理想吸能特性的全部要求。

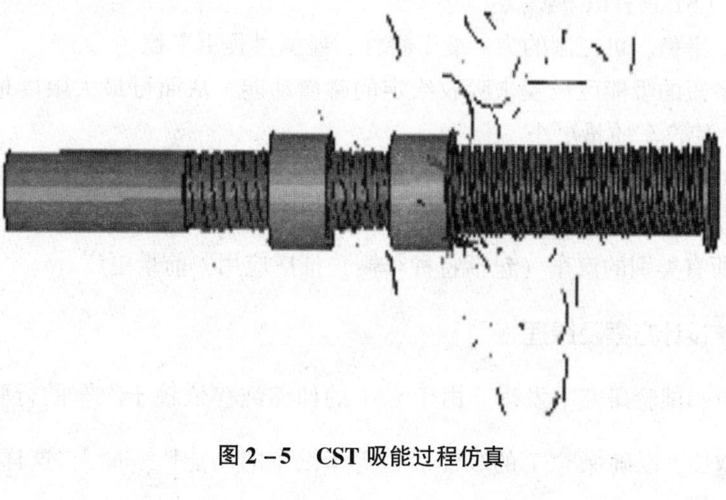

图 2－5　CST 吸能过程仿真

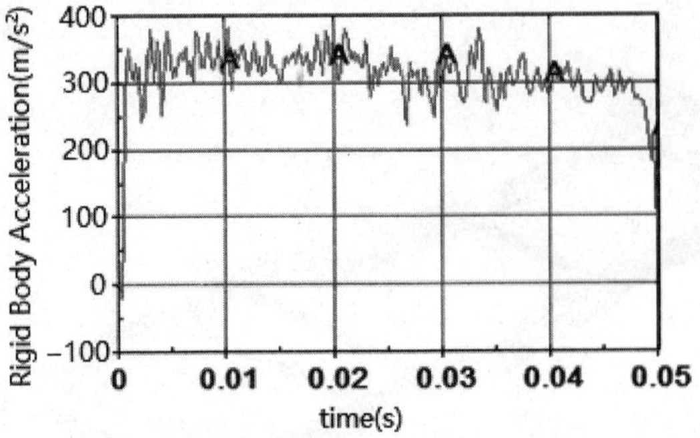

图 2－6　CST 仿真加速度结果

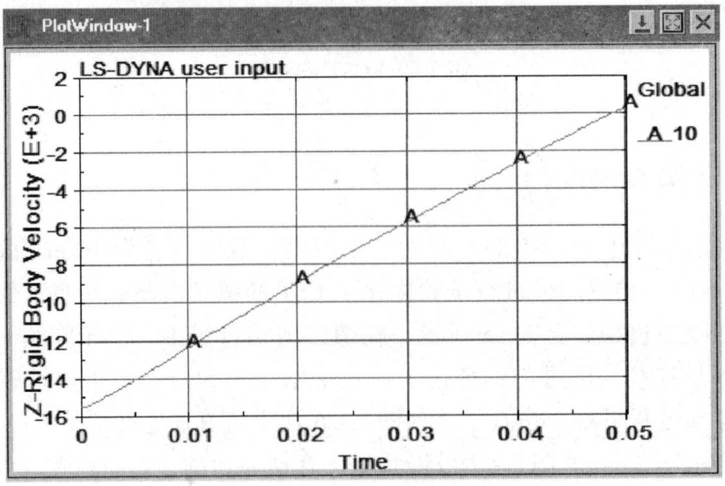

图 2－7　CST 仿真速度结果

2.1.5　CST 的特点

根据汽车结构设计的需要，被剪切的螺纹既可以是内螺纹，也可以是外螺纹。与压溃式吸能结构相比，CST 具有以下特点：

（1）渐进、平稳、可控制的力－变形特性，碰撞过程更平稳。

（2）可用最短的吸能区长度来吸收给定的碰撞动能，从而可最大限度地增加汽车车内的有效空间，并使汽车质量更小。

（3）当吸能区长度相同时，它可最大限度地减少碰撞瞬间的加速度峰值，从而大大减少汽车前、后方向碰撞时对安全气囊的依赖，进而降低汽车的造价。

（4）适合所有类别的汽车（包括特种车辆）推广应用，前景更广。

2.1.6　系统设计方案及原理

在理论分析和试验研究中发现，由于 CST 的伸缩纯粹依赖于汽车的行驶速度，车速越高，CST 伸出越长，以确保 CST 的吸能能力等于汽车的动能$\left(\frac{1}{2}mv^2\right)$，这样，汽车行驶时，

CST 总是处于伸缩状态，既影响汽车的美观，又降低了 CST 的工作可靠性。

因此，希望改变这种状态，使 CST 能够像安全气囊那样，只有遇到危险情况时才发挥作用：在汽车正常行驶时，CST 蜗居于车体内部；一旦遭遇碰撞危险，则借助电动机带动螺纹传动，将 CST 从车内推出，应对碰撞，若有惊无险，CST 随后缩回原地待命。

本系统以 ATMEGA128－16AC 作为主要控制单元完成对数据的采集，整个控制系统由单片机基本系统、通信系统、驱动报警电路、电源系统、显示模块和抗干扰系统组成。系统通过安装在汽车前部的毫米波雷达测量自车与前方障碍物的距离，将距离传输到单片机的控制单元，控制单元同时收集来自测速传感器的车速信息、路面条件开关信息，根据建立的安全距离数学模型进行数据处理，计算出汽车此时应保持的安全距离，并与实测距离进行比较，一旦实测距离小于安全距离，则启动相关的报警单元，提醒驾驶员采取正确的措施，避免追尾碰撞事故发生；同时，控制电动机驱动 CST 装置伸出，在危险不可避免的情况下吸收碰撞所产生的能量，保护乘员安全。图 2－8 所示为系统的结构框图。

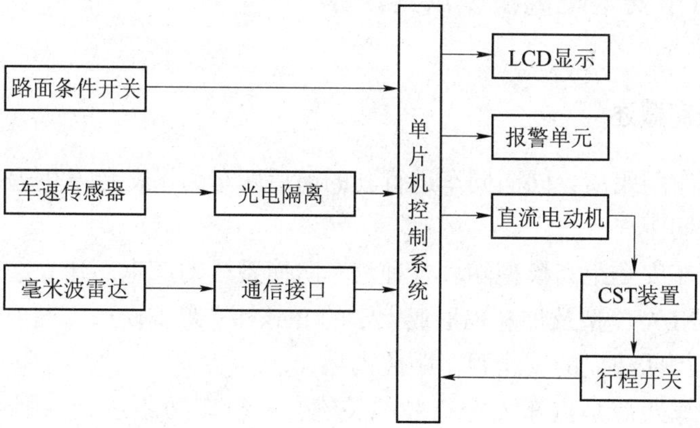

图 2－8　系统结构框图

2.1.7　系统的信息处理流程

为了更好地描述系统的工作方式，画出如图 2－9 所示的系统信息处理流程。

（1）车间距离测量：控制单元接收来自毫米波单元的信息并进行处理，得到本车与前车的车间距离。

（2）自车车速检测：控制单元对来自霍尔测速传感器的脉冲信息进行处理，计算出本车行驶速度。

（3）安全行车车间距离的计算及判定：以本车速度为基础，假设前车速度为零，采取最保守的方式，建立安全行车车间距离数学模型并对追尾情况进行判定。

（4）危险输出及安全措施执行：如有追尾危险，则输出声音或灯光报警信号，同时控制电动机驱动 CST 装置伸出。

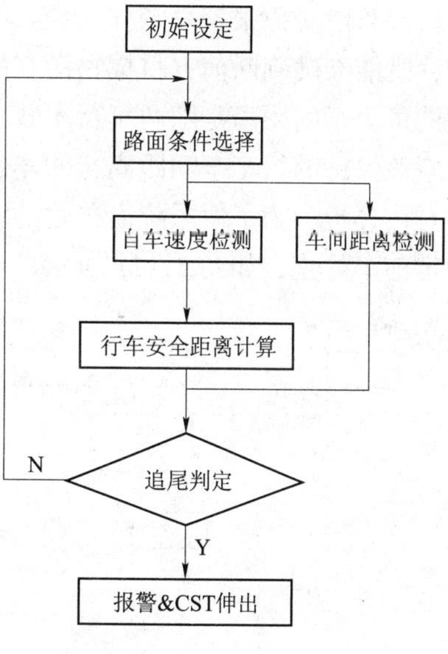

图 2－9　系统信息处理流程

2.1.8 总体方案可行性分析

该系统的研究主要是为了实现智能控制系统的前向测距报警和碰撞吸能能力。系统研究基础为螺纹剪切式汽车碰撞吸能装置，该装置在最初研究的基础上已通过专门用于汽车碰撞等的虚拟试验场 VPG3.0、美国 LSTC 公司出品的有限元计算软件即最新版 LS - DYNA970 及统计分析软件进行了多次的材料、尺寸优化，并最终确立了吸能性能良好的螺纹剪切装置参数。

对 CST 进行智能控制系统设计，首先对整个控制系统（包括芯片选择、传感器选择、电动机选择、信号输入电路、数据处理电路、信号输出执行电路）进行设计，同时采用 ICCAVR 编译软件进行程序的编译，采用 Protel 软件画出电路图，做出电路板并进行调试以此验证该系统的可行性。

2.2 行车安全距离模型及其计算

2.2.1 跟车距离概述

最小安全行车车间距离：同向同车道行驶的前后两车为了避免发生追尾交通事故而必须保持的最小行车车间距离。

目前，各种行车安全距离模型随着各种汽车防撞系统的产生而建立起来，国外的有日本 MAZDA 模型、HONDA 模型及加利福尼亚大学的 Berkeley 跟车模型，国内主要有长安大学李百川教授及其研究团队建立的安全跟车距离模型。

保持适当的跟车距离是汽车安全行驶的关键，若行车间距过大，则道路的通行效率下降；若行车间距过小，则车辆发生交通事故的可能性大大增加。而在本系统中，若设置的安全距离过大，还将导致该吸能装置没有得到有效利用，跟车距离太小又可能导致危险的发生。汽车防碰撞报警系统作为汽车的辅助驾驶系统，应建立一个合理、适用的安全跟车模型，既能准确判断前方目标物潜在的危险程度，又能充分发挥各硬件的功能。然而两车应保持的最小车间距离是随两车行车状态的改变而改变的，如图 2 - 10 所示。因此，正确判定两车应该保持的行车车间距离与两车的行车状态的关系至关重要。本节对两者之间的关系进行了具体分析。为了使系统简单化的同时又不影响安全性，本系统拟采用比较保守的方式，即假定前车静止，如图 2 - 11 所示，从而只需对自车状态进行简单判断即可。

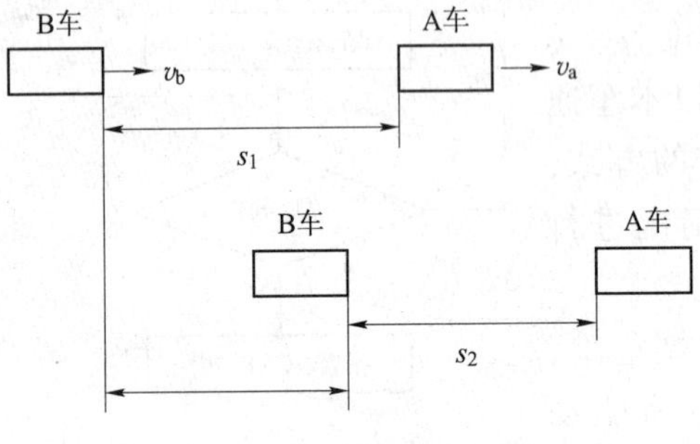

图 2 - 10　两车距离变化状态

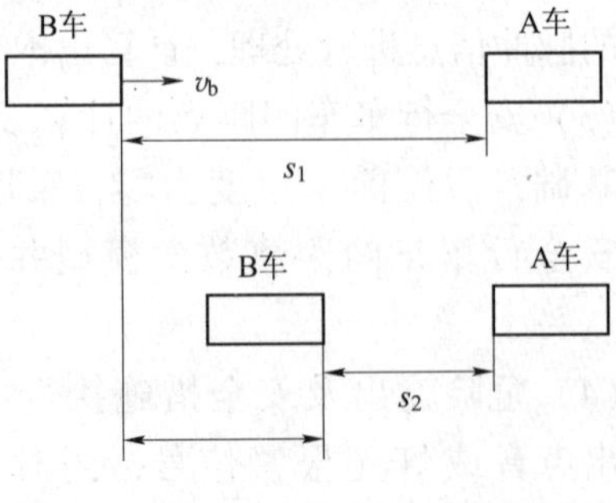

图 2 - 11　前车静止时两车行车状态

2.2.2 汽车制动过程分析

汽车的制动过程可以分为四个阶段，具体过程如图 2－12 所示。

（1）驾驶员反应阶段，包括驾驶员发现障碍物并作出判断和把脚从加速踏板换到制动踏板上的时间。

（2）制动器协调阶段，包括消除各铰链和轴承间间隙的时间以及制动摩擦片完全贴靠在制动盘上的时间。

（3）减速度增长阶段，减速度从零增加到恒定值的时间。

（4）持续制动阶段，汽车以恒定的减速度减速到车速为零的时间。

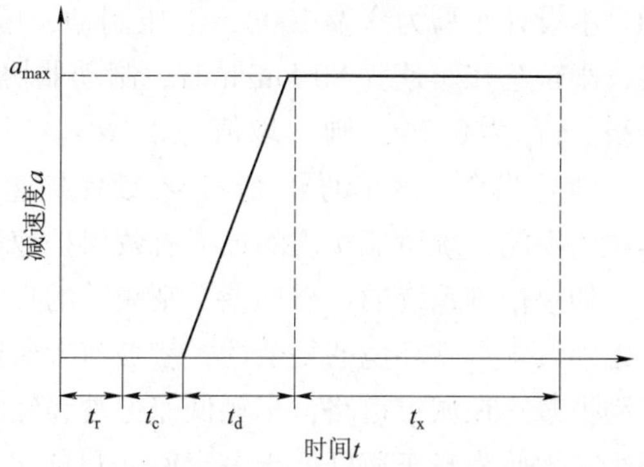

图 2－12　制动减速度与时间的关系

a —紧急制动时的制动减速度，单位 m/s^2；t_r—驾驶员反应时间，单位 s；t_c—制动器协调时间，单位 s；t_d—制动减速度增长时间，单位 s；t_x—汽车以恒减速度制动直至停止所用时间，单位 s

2.2.3 模型中参数的确定

（1）本书中，在发生危险前，螺杆必须伸出，即在自车完全制动时电动机应驱动螺杆达到对应的长度。出于安全考虑，本系统将在制动距离后预留出一段停车安全距离 d_0，国内外的资料一般选取 2～5 m，本系统暂选取 5 m。

（2）参数 a_{max}，由于目前还没有非常有效的设备能对路面的附着系数进行实时准确的测量，故本系统采用不同的路面在正常情况下的经验值，通过三个选择开关，由驾驶员根据路面情况进行选择，a_{max} 的取值如表 2－1 所示。

表 2－1　不同路面的 a_{max} 取值

路面情况	a_{max}/(m·s^{-2})
干燥路面	6.0
湿路面	5.0
冰雪路面	2.85

（3）大量的实验资料及经验数据表明，驾驶员反应时间 t_r 一般为 0.35～1.20 s，驾驶员反应时间是一个比较难确定的参数，它受驾驶员的性别、年龄、情绪、生理因素和心理因素等诸多因素影响。此外，车速的大小也会影响驾驶员的反应时间。据有关测试，在正常情况下，车速为 40 km/h 时，驾驶员反应时间为 0.6 s 左右；车速增加到 80 km/h，反应时间增加到 1.2 s 左右。另外，在高速公路上若驾驶员长时间驾驶汽车，则其反应时间会加长，故本系统中驾驶员反应时间 t_r 取值为 1.2 s 较合适。

制动器协调时间 t_c 和制动减速度增长时间 t_d 与车辆的性能有关。

汽车制动系统的制动驱动机构分为液压式、气压式和气液综合式。整车质量小于 5 t 的汽车，多选用液压式；5~8 t 的，多选用带加力器的液压式，即气液综合式；8 t 以上的，多选用气压式。可见，绝大多数汽车采用的是前两种方式，而它们最后都是由液压输出制动。本设计车型为众泰 2008，液压制动，因此 t_d 取值为 0.2 s。按照欧洲经济共同体的规定，小轿车在车速为 80 km/h 时，制动器协调时间 t_c 与制动减速度增长时间 t_d 之和应小于 0.36 s。t_c 为 0.2 s，则 t_d 取值为 0.16 s。

（4）当今对汽车的最高碰撞有效保护速度不超过 80 km/h，而本设计中的螺纹剪切式汽车碰撞吸能系统所能实现的最大有效保护速度是 80 km/h。

如果控制系统的可靠性差，则频繁的报警可能会使驾驶员麻痹而导致忽视后来的报警。考虑到汽车行驶环境的复杂性，参考前人研究的经验，确定在车辆低速行驶场合对系统采取抑制报警。在城市道路，车辆低速行驶和经常性起步、停车时，发生恶性交通事故的可能性很小，因此当自车速度低于一定值（目前定为 30 km/h）时，对报警进行抑制。

本设计中速度在 30 km/h 时实行螺杆抑制伸长，而最高行车安全保护速度取 80 km/h。

2.2.4 行车安全距离计算过程

由图 2-12 可计算出各个时间段的距离。

加速踏板起作用前的 t_r、t_c 时间内车辆行驶的距离 s_1：

$$s_1 = v_z(t_r + t_c) \tag{2.1}$$

式中，v_z 为自车速度。

t_d 时间内行驶过的距离 s_2：

$$s_2 = \int_0^{t_d} v\mathrm{d}t \tag{2.2}$$

其中，加速度

$$a = \frac{a_{max}t}{t_d} \tag{2.3}$$

速度

$$v = v_z - \int a\mathrm{d}t = v_z - \int \frac{a_{max}}{t_d} t\mathrm{d}t = v_z - \frac{a_{max}t^2}{2t_d} \tag{2.4}$$

则

$$s_2 = \int_0^{t_d} v\mathrm{d}t = v_z t_d - \frac{a_{max}t_d^2}{6} \tag{2.5}$$

t_x 时间内驶过的距离 s_3：

令 t_x 时间段的初速度为 v_2，实时速度为 v_3，加速度恒定为 a_{max}，则

$$v_3 = v_2 - a_{max}\int \mathrm{d}t = v_2 - a_{max}t \tag{2.6}$$

其中

$$v_2 = v_z - \frac{a_{max}t_d}{2} \tag{2.7}$$

末速度为 0，则推出

$$t_x = v_2/a_{max} = \frac{v_z}{a_{max}} - \frac{t_d}{2} \tag{2.8}$$

$$s_3 = \int_0^{t_x} v_3\mathrm{d}t = \frac{1}{2a_{max}}\left(v_z^2 + \frac{a_{max}^2 t_d^2}{4} - v_z a_{max} t_d\right) \tag{2.9}$$

综合以上各式得制动距离

$$D = s_1 + s_2 + s_3 = v_z(t_r + t_c) + v_z t_d - \frac{a_{max}t_d^2}{6} + \frac{1}{2a_{max}}\left(v_z^2 + \frac{a_{max}^2 t_d^2}{4} - v_z a_{max} t_d\right)$$

$$= v_z\left(t_r + t_c + \frac{t_d}{2}\right) + \frac{v_z^2}{2a_{max}} - \frac{a_{max}t_d^2}{24} \tag{2.10}$$

式中，$\frac{a_{max}t_d^2}{24}$很小，不影响行车安全性，因此这项可以省略，最终得到行车安全距离

$$D' = D + d_0 = v_z\left(t_r + t_c + \frac{t_d}{2}\right) + \frac{v_z^2}{2a_{max}} + 5 \tag{2.11}$$

表 2 - 2 所示为采用 Excel 计算出的对应于各个路面状况的安全距离。

表 2 - 2　各种路面情况下对应的安全距离

v/(km · h^{-1})	干燥路面/m	湿路面/m	冰雪路面/m
30	23	24	30
40	32	34	43
50	42	45	60
60	53	58	79
70	66	72	100
80	79	88	125

本节具体分析了自车在各种路面状态下应保持的最小行车车间距离，并对最小行车车间距离计算公式中的参数进行讨论，为了简化模型及分析，采用典型值代替计算公式中的某些参数，从而得到一个简化的最小行车安全车间距离计算公式。

2.3　各传感器和电动机的计算选型

在追尾危险的判断中，驾驶员判断和决定的依据是估计到达前车的时间，而这一时间与跟车距离、速度、相对速度和反应时间有很重要的关系，因此，需要拓展驾驶员的判断识别范围，这就需要借助一些外围工具进一步实行汽车的智能化，以增加对周围信息的掌握和处理能力。

2.3.1　测距传感器的设计选择

1. 智能汽车的距离测量技术

汽车预防碰撞最关键和最基本的技术是车辆测距技术，现在运用在汽车上的测距方法主要有超声波测距、红外线测距、CCD 摄像系统测距、激光脉冲测距、毫米波雷达测距等几种。

1）超声波测距

超声波测距原理简单、成本低、制作方便，但由于超声波的传输速度受天气影响较大，不同的天气条件下传播速度不一样，所以它在高速行驶的汽车上的应用有一定局限；另一方面，对于远距离的障碍物来说，它的反射波过于微弱，使得灵敏度下降。故超声波测距常用

于短距离测距，最佳距离为 4 ~5 m，一般应用于汽车倒车防撞预警系统。

一般来说，超声波测距仪的硬件系统主要由信号发送部分、信号接收处理部分、环境温度检测部分、距离显示及声光报警部分组成。超声波测距的基本原理是：由超声波发射器不断地发射出一定频率的超声波，遇到障碍物后反射回反射波，超声波接收器在接收到反射波信号后将其转变为电信号，测出发射和接收回波信号的时间差 t，根据公式求出距离 s。公式如下：

$$s = \frac{1}{2}ct \tag{2.12}$$

由于超声波也是声波，故式中 c 即声速。

2）红外线测距

红外线测距和超声波测距在原理上基本相同，均是根据发射和反射信号的时间差来判断目标的距离。红外线测距在技术上难度不大，系统结构也较简单，如图 2 -13 所示。

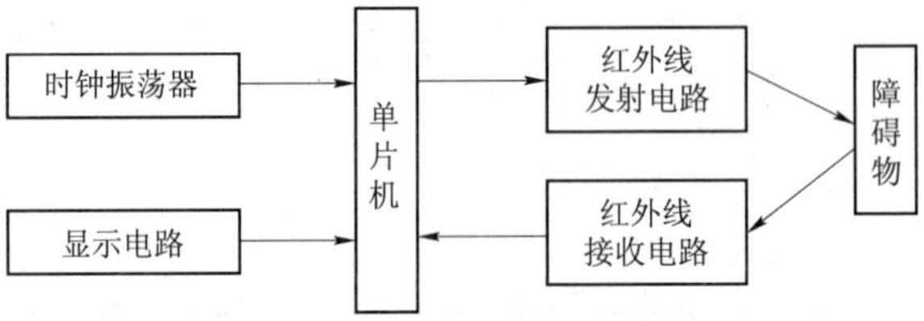

图 2 -13　红外线测距仪原理

红外发射电路发射出 40 kHz 的红外线，当遇到障碍物时红外线发生漫反射，红外线接收电路第一次接收到反射的红外线时，发给单片机一个信号脉冲，启动单片机内的计数器，计数器置位进入计数状态。当接收电路第二次接收到反射器的红外线时，经单片机处理给出一个信号脉冲，使计数器停止计数，数据被锁存，然后经单片机处理，将测量的距离显示在显示器上，并发出报警信号。红外线的波长比可见光长，是肉眼看不见的光，有显著的热效应和较强的穿透云雾的能力。任何物体在任何时候均会发出不同的红外线。车载红外测距仪通过发射并接收前方物体反射回的红外线信号并依据信号的波长及强弱的不同，同时分析所得时间差，可分析出前面物体的性质及其相对于汽车的距离。夜间不妨碍该测距仪的工作，故该种测距仪广泛应用在军用汽车上。红外线测距系统在恶劣天气条件下测量受到干扰比较大，不适合长距离探测，当前还不能满足高速公路防撞的要求。

3）CCD 摄像系统测距

CCD（Charge Coupled Device）摄像机是一种用来模拟人眼的光电探测仪器。它具有质量和尺寸小、噪声低、功耗小、动态范围大、光计量准确等优良的特性，因此在汽车上得到了广泛的应用。CCD 摄像系统分单、双目两种系统。所谓单目摄像系统，是指使用一个 CCD 摄像机的系统，在汽车上常用于倒车后视镜，用以辅助驾驶员获得后视死角信息，避免倒车撞物。利用 CCD 单目摄像系统，可获得被测视野的二维图像，但无法获得与被测物体之间的实际距离。为获得目标三维信息，可采用人的双目视觉原理，利用两台摄像机（间隔固定）同时对同一景物成像，通过计算机对这两幅图像进行分析处理，确定视野中每个物体的三维坐标，这种系统称为双目摄像系统。双目摄像系统模仿人体视觉原理，测量精度比较高，但目前价格较高，同时由于受软硬件因素的制约，成像速度较慢。随着计算机软件和硬件性能的提高，最终将得到广泛应用。

4）激光脉冲测距

激光测距仪是一种光子雷达系统，它具有测量量程大、时间短、精度高等众多优点，在许多领域得到了广泛应用。目前激光测距可以分为连续波相位测距和脉冲测距两种方式。连续波相位测距是采用无线电波段的频率对激光束进行幅度调制并测定调制光往返一次所产生的相位延迟，然后根据调制光的波长换算出相位延迟所代表的距离，即用间接方法测定出光往返所需的时间。相对脉冲测距而言，连续波相位测距的精度较高，一般情况下可达到微米级别，但连续波相位测距法成本高、电路复杂，考虑到汽车防撞系统中不需要太高的测距精度，所以一般不在此应用。激光脉冲测距是利用测量往返脉冲间隔时间获知距离。测试方法是在确定时间之间用时钟脉冲计数，该方法可以获得大于 10^{-10} s 的测量时间精度。由激光发射器产生一个作用时间为几纳秒、发射角为几毫弧度的激光脉冲，经光学系统射向被测目标，经由目标漫反射后返回到接收系统，通过测量主波脉冲和回波脉冲之间的时间差可计算出被测距离。主波脉冲和回波脉冲经光电转换形成电脉冲，控制触发器产生一定脉宽的定时脉冲。在此脉冲持续时间内，由频率为 $f=\frac{1}{\Delta T}$ 的时钟脉冲填充计数，若计数值为 N，则脉宽持续时间为

$$t = N\Delta T = \frac{N}{f} \tag{2.13}$$

得出两车距离

$$s = \frac{ct}{2} = \frac{Nc}{2f} = KN \tag{2.14}$$

式中，$K=\frac{c}{2f}$ 是测距脉冲当量，表示单位计数脉冲对应的被测距离。

5）毫米波雷达测距

雷达是利用目标对电磁波反射来发现目标并测定该目标位置的。雷达的工作频率在 3 MHz ~ 300 GHz 内，其对应波长为 1 ~ 10 mm，微波雷达为工作频率在 30 GHz 以下的雷达，而毫米波雷达为工作频率在 30 GHz 以上的雷达。作为车载雷达，一般选用 60 GHz、120 HGz、180 GHz 范围波段，其对应波长均为毫米级，故称毫米波雷达。

雷达经天线向空间发射一定重复周期的高频脉冲，若调到目标，则由目标反射回来的反射波将滞后于发射的高频脉冲一个时间差和一个频移（多普勒频移）。根据雷达可以测定这两个数据，并可依据公式计算确定目标的位置。与 30 GHz 以下的微波相比，毫米波波长短、频率高，一方面可缩小从天线辐射的电磁波射束角的幅度，从而减小由不需要的反射所引起的误干扰和动作；另一方面由于多普勒频移大，相对速度的测量精度较高，因而在汽车领域一般不使用微波而使用毫米波。作为长距离传感器，与其他方式相比，毫米波测距具有以下特点：一是探测性能稳定，与光学相比，它不易受对象颜色和表面形状的影响，与超声波相比，它不受大气紊流的影响；二是环境适应性能较好，受雨、雪、雾、阳光、污染等干扰较小，探测性能不易下降。总之，用毫米波雷达测距，能探测多目标，分辨力好，探测精度高，受天气影响较小，已达到实用水平。目前，作为车载雷达的使用形式主要有双频 CW、

雷达脉冲多普勒雷达和 FM 雷达三种。但都存在电磁波干扰问题，必须防止雷达装置相互间以及其他通信设施的电磁波干扰而产生误动作。目前毫米波雷达多是作为防撞雷达在汽车上应用，防止在高速公路上发生追尾碰撞。

自 20 世纪 70 年代起，人们开始将雷达技术用于汽车自动防撞系统中，将其称为“汽车防撞预警雷达”（Automotive Collision Avoidance and Warning Radar），简称“汽车防撞雷达”（Automotive Anti - collision Radar）。由于毫米波雷达能在雨、雪、雾等恶劣天气环境下工作，作用距离较远，比上述其他几种技术具有优越性，在汽车前向测距防撞技术中应用广泛。本书将讨论汽车危险预警的工作原理和应用于道路上的汽车前向测距、预警、碰撞吸能功能的具体系统设计和实现。

表 2 - 3 所示为各种测距方式性能的比较。

表 2 - 3　各种测距方式性能比较

测试技术 / 性能指标	超声波	红外线	毫米波	CCD 摄像系统	激光
目标探测能力	低	低	高	高	一般
长距离探测能力	低	一般	高	高	高
避免虚警能力	低	低	高	一般	一般
雨雾天穿透能力	低	低	高	低	低
黑暗穿透能力	高	高	高	低	高
温度稳定性	低	一般	高	高	高
降低成本能力	高	高	低	低	一般

本书初选德国微波传感器公司 Smartmicro 有限公司生产的通用中距毫米波雷达 UMRR（Universal Medium Range Radar）V5. 50，该 UMRR V5. 50 实体如图 2 - 14 和图 2 - 15 所示，其具体工作参数说明如表 2 - 4 所示。该款雷达是运用于汽车和国防安全及工业场合的先进传感器，目前已在各高档汽车上得到应用，如大众、马自达、奥迪等车型。

图 2 - 14　UMRR V5. 50 实体侧面

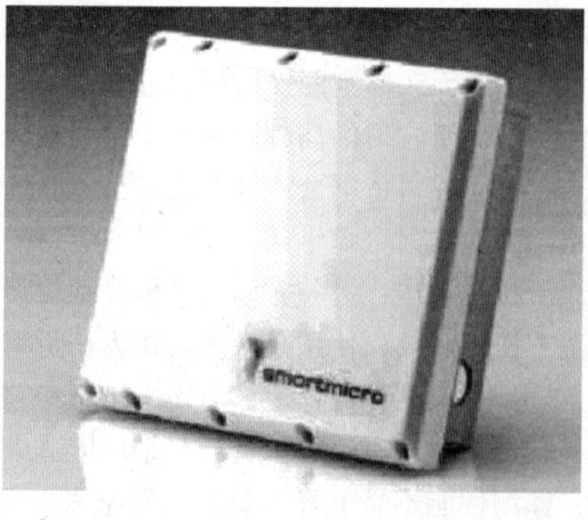

图 2 - 15　UMRR V5. 50 实体

表 2-4　毫米波雷达参数

传感器外观尺寸	$W \times H \times D$：108 mm × 97 mm × 37 mm
质量	410 g（铝壳）
数据传输	CAN 通信协议
传输波特率	500 KB/s

雷达传感器提供了事先配置好的一根 9PIN 母插头连接器，与之相对应的公插头必须连接，连线方法如表 2-5 所示。

表 2-5　CAN 电缆引脚

PIN	D-SUB9
1	n. c.
2	CAN-L
3	GND
4~6	n. c.
7	CAN-H
8	n. c.

该传感器用一个塑料罩作为其在露天环境防侵蚀的天线屏蔽器。该屏蔽器使天线效果最佳，且不需要其他外接保护措施；同时为优化检测性能，不需要安装雷达后面的缓冲装置，这样可减少对有效射程的影响。

参考国内外毫米波雷达测距防撞技术，本系统拟将毫米波雷达安装于汽车前挡风玻璃上。

2. 控制系统测距模块模拟

基于试验条件限制，该 CST 控制系统拟用一个小模型进行演示。其中测距部分拟用便宜的超声波测距模块代替模拟毫米波雷达测距模块。

对于超声波测距部分，考虑了以下两种方案。

方案一：现在市场上销售的超声波传感器只是一个超声波探头，而没有做其电路部分，因此可以在市场上购买现有的超声波探头，然后自行设计相应的硬件电路。由于超声波本身抗干扰能力差，这样设计出的电路不仅误差很大，而且很容易受其他电路的干扰，同时也会增加整个系统的繁复性。

方案二：购买现有的超声波测距模块，这种模块本身已将测距的电路部分设计好，用户根据说明书就可以将该模块与其他控制系统结合使用。这种模块化设计使得控制系统的设计简单化，但测距范围受限制。

综合考虑以上两种方案，本书决定选择方案二，采用凌阳科技股份有限公司超声波测距模组系统进行距离数据采集，其外形如图 2-16 所示。由于测距范围受到限制，可以采用软件控制进行弥补。第 5 章将对该超声波测距模组进行详细介绍。

图 2－16　超声波测距模组外形

2.3.2　测速传感器设计选择

测速传感器用以检测汽车的车速信号。测速传感器输出信号是磁电式交流信号、霍尔式或者光电式数字信号。测速传感器通常安装在变速器壳或驱动桥壳内，测速传感器的信号线常装在屏蔽的外套内。这是为了消除车载电话及高压电火线或其他电子设备产生的电磁及射频干扰，用以保证电子通信不发生中断并防止造成驾驶性能变差或者其他问题。光电式传感器和磁电式传感器是在汽车上应用最多的两种测速传感器。

1. 测速传感器选择

1）磁电式测速传感器

磁电式测速传感器是一个模拟交流信号发生器，它由带两个接线柱的磁芯及线圈组成。这两个线圈接线柱是传感器输出端子，当环状翼轮（或称为磁组轮）转动经过传感器时，线圈将产生交流电压信号。其工作原理是：磁组轮上的逐个齿轮将产生一一对应的脉冲系列，其形状都是一样的，输出信号的振幅与磁组轮的转速成正比，信号的频率大小则表现为磁组轮的转速大小。传感器磁芯与磁组轮间的气隙的大小对于传感器输入信号的幅度影响很大，如果在磁组轮上去掉一个或多个齿，就可以用同步脉冲来确定上止点的位置，从而改变输出信号频率，而在齿轮减小时输出信号幅度也会相应改变。

在欧洲、北美及亚洲的各种汽车上常采用磁电式传感器来控制车速（VSS）、凸轮轴转角（CMP）和曲轴转角（CKP），另外还可用它获得其他转动部位的速度、位置信号，如压缩机离合器等。

2）霍尔式测速传感器

霍尔式测速传感器是一种基于霍尔效应原理的磁电传感器，它具有精度高、灵敏度高、线性度好、动态范围大、频率响应宽、体积小、结构简单、无接触等优点。传感器主要由霍尔元件、齿圈、永久磁铁和电子线路等组成。

霍尔传感器的信号输入轴与汽车车速表驱动轴连接，该驱动轴以软轴方式与汽车变速箱第二轴后端的车速里程表的驱动涡轮轴相连，磁钢均匀分布在霍尔传感器信号输入轴的周围。当车轮开始转动时，霍尔传感器开始相应地产生一连串的脉冲信号，脉冲的个数随车速增加而增加。根据霍尔传感器的测量原理，在控制电流一定的条件下，当传感器输入轴与车速表驱动涡轮轴同步旋转时，传感器输入轴上的每个磁钢经过霍尔感应元件，这将引起霍尔元件磁路系统中的磁阻发生周期性的变化，从而输出一系列频率与转速成正比的电压脉冲信号，经微处理器处理后得到变速器输出轴的转速。为了提高测速精度，可采用10脉冲输出，则自车车速计算公式为

$$v = \frac{2\pi rn}{10 i_1 i_2} \tag{2.15}$$

式中，r为轮胎的滚动半径；n为传感器转轴的转速；i_1为变速器至主减速器的传动比；i_2为主减速器至驱动轮的传动比。

3）光电式测速传感器

光电式测速传感器输出波形的方法基本上与霍尔式测速传感器一样，但光电式测速传感器测量时不直接与被测对象接触，在测量中不存在摩擦。光束的质量近似为零，对被测对象几乎不施加压力。只是光电传感器有一个缺点，就是它们对脏物或油在光通过转盘传递时的干涉非常敏感，所以光电传感器的功能元件常常需要被密封得十分好。

综合比较，本书采用光电式测速传感器作为测速传感器。光电式测速传感器由光敏晶体管、发光二极管以及装于速度表驱动轴上的遮光板构成。其结构和原理如图2－17和图2－18所示，当遮光板不能遮断光束时，发光二极管的光射到光敏晶体管上，光敏晶体管的集电极中有电流通过，使其导通，这时三极管也导通，因此在Si端子上有5 V电压输出。脉冲频率由车速决定，例如当车速为60 km/h时，仪表挠性驱动轴转速为637 r/min，仪表软轴每转一圈，相应的传感器有20个脉冲输出。

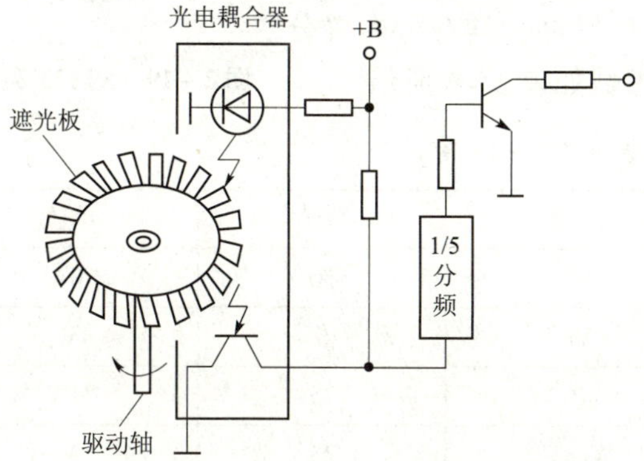

图2－17　光电式测速传感器示意图

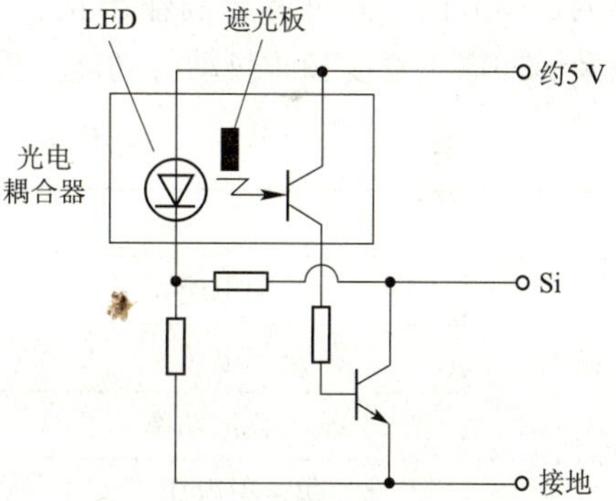

图2－18　光电式测速传感器电路图

光电式测速传感器常应用在数字式车速报警系统中，数字式车速报警系统由荧光屏、微电脑、集成电路等构成，它根据测速传感器输出的脉冲信号，通过计算在数字式组合仪表的荧光屏上显示出车速。具体工作原理是，测速传感器发出的脉冲信号通过整形，经由计数管储存到记忆回路，再通过时间回路决定计数管的计测时间与记忆回路的记忆时间并将其输出。把记忆回路的输出信号送给显示回路，即可在显示屏上根据测速传感器发出的脉冲数计算显示出车速值。光电式测速传感器的检测方法是，在发动机起动后怠速运转时，用电压表测量曲轴转角输出端子Si和接地端子之间的电压，应在1.8～2.5 V。若电压不正常，则应检查传感器和接地端的电路连接情况。

由于光敏三极管接收的峰值波长为880～900 nm（近红外光），而阳光的波长在280 nm

以上易对光电传感器形成干扰，因此在应用时应避免阳光照到光敏三极管上。故在设计中，光电式测速传感器通过转轮带动装于车底，封闭安装，这样可使汽车在行走时不受灰尘等影响，增长使用寿命。

2. 控制系统车速模拟及计算

本书的小模型中决定采用模拟的方法实现测速传感器的功能，考虑到测速传感器发出的是脉冲信号，对于控制芯片而言，只要接收到的是脉冲信号就可以，因此初步考虑以开关信号来模拟脉冲发生信号，这样不仅减小了设计难度，同时降低了开发成本。对于此系统开发而言，如果使用了测速传感器，就相应要有供测速传感器产生信号的旋转装置（代替车轮），光用开关信号模拟不够形象。本书拟将一遮光圆板装于微型电动机轴上，通过电动机带动遮光圆板（4 个槽）旋转模拟车轮转动。在遮光圆板前端放置一光电传感器，当光电传感器对准遮光圆板槽时，光电传感器向单片机发送一个高电平信号，光电传感器光线被遮光圆板挡住时，光电传感器向单片机发送一个低电平信号，这样就形成了一个脉冲，随着微型电动机的不断转动，光电传感器不断向单片机发送脉冲信号，对应于不同的车速有相应的电动机转速及脉冲个数与之对应，即通过光电传感器单位时间内测得的脉冲数来模拟车速。

在本系统模型中，光电传感器的型号选 ST135，其实物如图 2－19 所示。ST135 光电传感器由高输出的红外光电二极管与高灵敏度的光敏晶体管组成，其特点是体积小、结构简单、性能可靠，应用广泛。此外，它还配套有各种遮光盘供选用，可用于判别被测物体的运动方向，同时可分别输出正、反方向脉冲，具有可内置分频数及脉冲输出宽度和防抖动等功能。极限参数如表 2－6 所示。

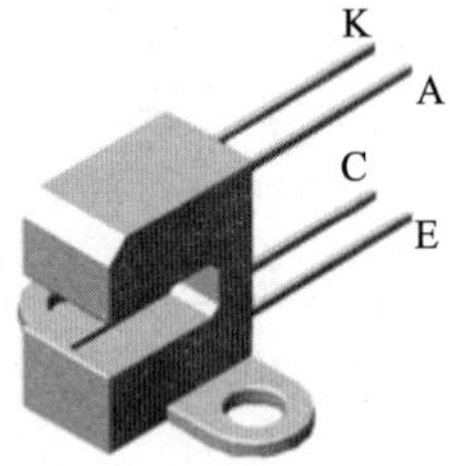

图 2－19 ST135 实物

表 2－6 极限参数（T_a＝25 ℃）

项目		符号	数值	单位
输入	正向电流	IF	50	MA
	反向电压	Vr	6	V
	输入耗散功率	P	75	MW
输出	集－射电压	Vceo	25	V
	射－集电压	Veco	6	V
	集电极功耗	PC	50	mW
工作温度		Topr	－20～65	℃
储存温度		Sstg	－30～75	℃

2.3.3 电动机执行模块设计

1. 驱动电机的选择

电动机类型的选择要从负载的要求出发，考虑负载性质、工作条件、生产工艺、供电情况等因素，通过必要运算，进行电动机转速和功率的选择。由于本实验要实现对路径的准确定位、精确测量和快速起停，综合考虑了两种方案。

方案一：采用步进电动机作为该吸能控制系统的驱动电机。由于其转过的角度可以精确定位，故可以实现 CST 前进路程和位置的精确定位。虽然采用步进电动机有诸多优点，但步进电动机的输出力矩较低，随转速的升高而下降，且在较高转速时会急剧下降，其转速较低，不适用于 CST 系统要求。经综合比较考虑，放弃了此方案。

方案二：采用直流电动机作为该吸能控制系统的驱动电机。直流电动机转动力矩大、质量和体积小、装配简单、使用方便。其内部由高速电动机提供原始动力带动齿轮组，可以产生较大扭力。直流电动机的最大优点是运行转速可在脉宽范围内得到任意控制，能实现无级变速，也就是说由直流电动机组成的调速系统控制方便，调速性能好，变流装置结构简单，常被用于调速传动中。

由于直流电动机能够较好地满足系统的要求，因此最终选择了方案二。

2. 电动机的安装及参数计算

1）电动机的安装转速计算

在本系统中，直流电动机的安装位置如图 2－20 所示。由图 2－20 知，该螺纹剪切装置螺纹全长为 380 mm，根据本设计安全时间要求，螺杆要在 3 s 内伸出，考虑到单片机电控单元的反应时间等，预留出 1 s 的系统反应时间和电动机启动时间，则螺杆要在 2 s 内全部伸出。该螺杆螺距为 10 mm，则螺杆 2 s 内应旋转 380/10 = 38 圈。初步选择齿轮 1 与齿轮 2 齿数比 $Z_1/Z_2=4.5$，齿轮 2 的大径为 40 mm，齿轮 1 的大径为 180 mm，则直流电动机应具有的转数为 38 × 4.5/2 = 85.5 （r/s） = 5 130 （r/min）。传动螺母采用 Cr12MoV 内衬、ZQAl 的螺母结构，这样保证至少有 8 圈传动螺纹的情况下螺母能够剪断吸能螺纹，并且自身的传动螺纹不被破坏。

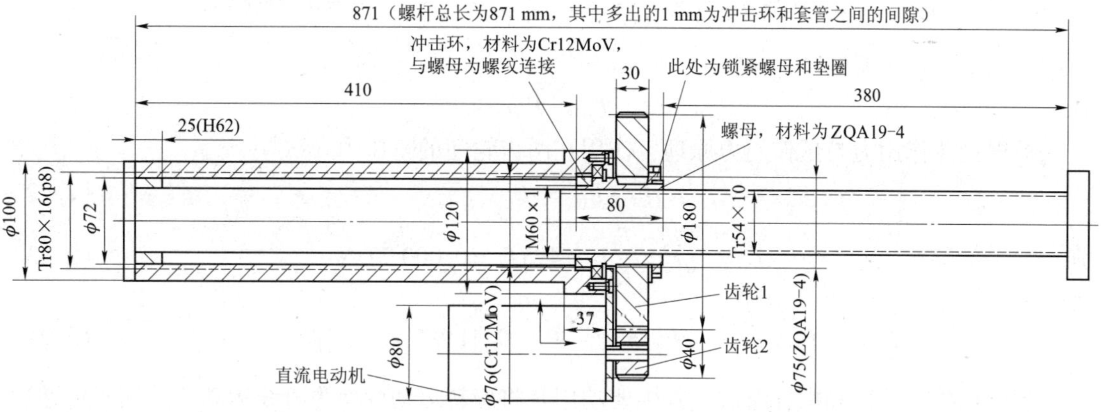

图 2－20　直流电动机安装位置

2）转矩和功率计算确定

电动机的选型要素中，驱动力矩是一个很重要的方面，参照直流电动机安装位置图，可以看出该装置的驱动力矩计算包括三个部分：电动机驱动齿轮 1、齿轮 1 带动齿轮 2 旋转、螺母带动螺杆运动的螺旋传动。

齿轮 1 带动齿轮 2 旋转，齿轮 2 带动螺母旋转均属于摩擦负载类型，因此电动机驱动齿轮等结构所需转矩按摩擦负载电动机转矩和功率方法计算。摩擦负载电动机转矩计算方法分直线运动和回转运动两类，本装置该部分属于回转运动，参考机械设计手册，则可根据以下公式进行计算：

$$T_1 = fG_1 r \tag{2.16}$$

$$P_1 = \omega T_1 \times 10^{-3} = \omega \rho G_1 r \times 10^{-3} \tag{2.17}$$

式中，T_1 为齿轮 1 所需转矩（N · m）；r 为旋转半径（m）；ω 为旋转轴的角速度（rad/s）；f 为轴承摩擦系数，套筒轴承为 0.001 ~ 0.006，滚珠轴承、滚柱轴承为 0.001 ~ 0.007，该装置选用的是滚柱轴承中的深沟球轴承，取 $f=0.005$；G_1 为垂直正压力（N）；P_1 为齿轮转动电动机所需功率（kW）。

CST 装置的传动齿轮材料选 45#钢，45#钢的密度 ρ 基本和铁一样，为 7.85 g/cm³，则

$$\begin{aligned} G_1 &= mg = \rho V g = \rho \pi (d_2^2 - d_0^2) bg \\ &= 7.85 \times 10^3 \times \pi \times (0.02^2 - 0.007^2) \times 0.03 \times 9.81 = 2.55(\text{N}) \end{aligned} \tag{2.18}$$

式中，d_0 为齿轮分度圆直径；d_2 为齿轮毂轴径，这里将其近似等于直流电动机安装轴径；通过前面大概计算，将电动机选择范围锁定在 SZ 系列直流伺服电动机 70SZ01 ~ 149 - 90SZ01 ~ 99 内，通过该系列直流电动机外形尺寸及安装尺寸得到直流电动机安装轴径 $d_2 =$ 7 mm；b 为齿轮厚度。

将式（2.18）代入式（2.16）得到

$$T_1 = fG_1 r = 0.005 \times 2.55 \times \frac{0.02 + 0.007}{2} = 0.000\,17(\text{N} \cdot \text{m}) \tag{2.19}$$

将式（2.19）代入式（2.17）得到

$$\begin{aligned} P_1 &= f\omega G_1 r = 2f\pi n G_1 r \\ &= 2 \times 0.005 \times \pi \times \frac{5\,130}{60} \times 2.55 \times \frac{0.02 + 0.007}{2} = 0.092(\text{W}) \end{aligned} \tag{2.20}$$

齿轮 2 旋转所需转矩

$$T_2 = F_{t2} r_2 \tag{2.21}$$

根据物体作用力与反作用力原理，作用在两齿轮间的正压力

$$F_{t2} = F_{t1} \tag{2.22}$$

则

$$T_2 = F_{t2} r_2 = \frac{T_1}{r_1} r_2 = 4.5 T_1 = 0.000\,77 \text{ N} \tag{2.23}$$

$$P_2 = P_1 \frac{r_2}{r_1} = 0.41 \text{ W} \tag{2.24}$$

螺旋机构由螺母和螺杆组成，其主要功用是将旋转运动变换为直线运动，并同时传递运动和动力。按其用途分为传力螺旋、传导螺旋、调整螺旋。本装置为传导螺旋运动，其作用方式类似于车床进给运动。

通过查机械设计手册螺旋副的螺纹种类、特点和应用得到以下公式：

螺杆中径：

$$d_2 = \zeta \sqrt{\frac{F}{\varphi [p]}} \tag{2.25}$$

本设计中螺旋副螺纹类型为梯形螺纹，$\zeta = 0.8$，$\varphi = 1.2 \sim 2.5$，本书取 1.57；通过有限元仿真试验得到 $d = 54$ mm，$d_2 = 51$ mm；查机械设计手册对应滑动速度为 6 ~ 12 m/s，螺杆

对螺母材料为淬火钢对青铜，得到许用压强 $[p]=10\sim13$ MPa，本书取 $[p]=10$ MPa。故

轴向载荷：$$F=\frac{d_2^2}{\zeta^2}\varphi[p]=\frac{0.051^2}{0.8^2}\times1.57\times10\times10^6=63.8\times10^3(\mathrm{N}) \tag{2.26}$$

螺杆直线运行速度：

$$v=\frac{s}{t}=\frac{0.38}{2}=0.19(\mathrm{m/s})=11.4(\mathrm{m/min}) \tag{2.27}$$

本设计中螺母的高度 $H=80$ mm。

当量摩擦角：$$\rho'=\arctan\frac{\mu_s}{\cos\frac{\alpha}{2}}=\arctan\frac{0.08}{\cos15°}=5.229° \tag{2.28}$$

式中，μ_s 为螺旋副摩擦系数，见机械设计手册，本设计螺杆对螺母材料为淬火钢对青铜，则 $\mu_s=0.06\sim0.08$，本设计取 $\mu_s=0.08$；α 为牙型角，该装置螺纹为梯形螺纹，$\alpha=30°$。

螺纹升角：$$\psi=\arctan\frac{L}{\pi d_2}=\arctan\frac{10}{3.14\times51}=3.09°\leqslant\rho' \tag{2.29}$$

式中，L 为导程。

螺纹驱动转矩：

$$T_3=F\frac{d_2}{2}\tan(\psi+\rho')=63.8\times10^3\times\frac{0.051}{2}\times\tan(3.09°+5.229°)=235.6(\mathrm{N\cdot m}) \tag{2.30}$$

$$P_3=\frac{Tn}{9\,550}=126.56\ \mathrm{W} \tag{2.31}$$

螺纹工作高度：$$h=0.5P=5\ \mathrm{mm} \tag{2.32}$$

旋合圈数：$$z=\frac{H}{P}=\frac{80}{10}=8 \tag{2.33}$$

工作强度校核：

$$p=\frac{F}{\pi d_2zh}=\frac{63.8\times10^3}{3.14\times0.051\times8\times0.005}=9.95(\mathrm{MPa})<[p]=10(\mathrm{MPa}) \tag{2.34}$$

所以该螺纹工作强度符合要求。

临界转速：$$n_c=12.3\times10^6\frac{\mu_1^2d}{l_c^2} \tag{2.35}$$

式中，l_c 为螺杆两支承间最大距离，即螺杆有效剪切长度 380 mm；μ_1 为系数，与螺杆结构有关，见机械设计手册，根据螺杆端部结构得到 $\mu_1=1.875$。

$$n_c=12.3\times10^6\times\frac{1.875^2\times0.054}{0.38^2}=16.17\times10^6(\mathrm{r/min}) \tag{2.36}$$

而本设计的螺杆转速 $n=1\,140$ r/min $<n_c$，符合要求。

综合以上各式得到总的驱动转矩：

$$T=T_1+T_2+T_3=0.000\,17+0.000\,77+235.6\approx235.6(\mathrm{N\cdot m}) \tag{2.37}$$

$$P=P_1+P_2+P_3=0.092+0.41+126.56\approx127(\mathrm{W}) \tag{2.38}$$

2.3.4 电动机型号确定

通过以上计算，现初选 SZ 系列直流伺服电动机 90SZ69，SZ 系列微型直流伺服电

动机广泛应用于自动控制等系统中，用作执行元件，也可用作驱动元件。90SZ69 电动机技术参数如表 2－7 所示。

表 2－7　90SZ69 电动机技术参数

型号	转矩/(N·m)	转速/($r \cdot min^{-1}$)	功率/W	电压/V		电流（不大于）/A		允许顺逆转速差/($r \cdot min^{-1}$)	转动惯量（不大于）/($mN \cdot m \cdot s^2$)
				电枢	激励	电枢	激励		
90SZ69	245	6 000	150	220	220	1. 10	0. 13	300	0. 250

该电动机具体结构尺寸如图 2－21 所示。

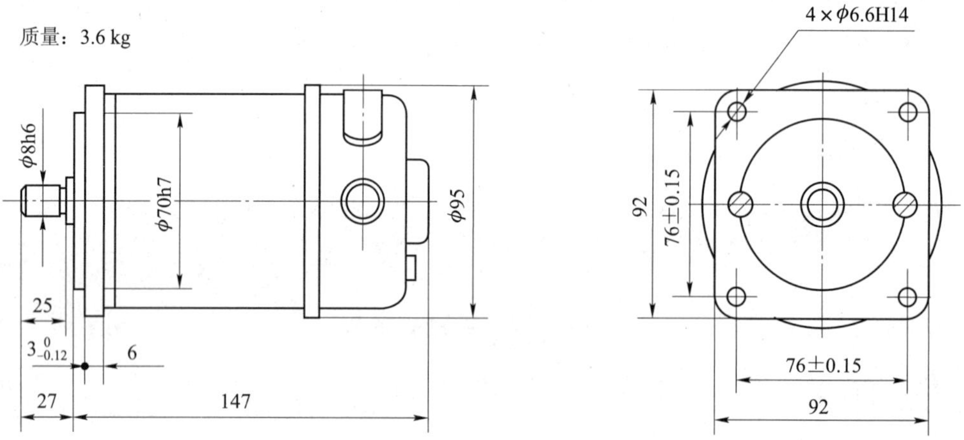

图 2－21　90SZ69 外形及安装尺寸

在本设计中，出于成本考虑，采用 FF－050SK－11170 微型直流电动机代替该系统直流电动机模拟演示。其具体参数如表 2－8 所示。其外形如图 2－22 所示。

表 2－8　FF－050SK－11170 参数

参数名	电压范围	额定转速	额定电流	最大效果转速	电流	力矩	功率	起动力矩
参数值	1. 5～9. 0 V	10 300 r/min	0. 046 A	8 500 r/min	0. 17 A	0. 69 MN·m	0. 061 W	4. 51 MN·m

图 2－22　FF－050SK－11170 外形

2.4 硬件系统设计

系统设计包括软件设计和硬件设计两个方面，两者之间相互影响。硬件设计一般包括单片机接口电路设计和单片机作用对象设计。系统的硬件设计涉及组成硬件电路的各个元器件及其连接电路，根据最终确定的系统设计方案，以下将对系统主要用到的各元器件参数、功用以及连接电路进行说明。

系统的硬件设计，首先应该设计、绘制线路图，划分软硬件资源空间（ROM、RAM、I/O 接口，定时器/计数器等），设计时应尽可能选择典型电路，并符合单片机常规设计，同时还需考虑该系统的抗干扰要求，降低系统功耗，提高系统的驱动能力。电路设计完成后，按线路图及技术指标要求采购元器件，同时加工印制电路板，最后将元器件仔细核对后焊接在电路板上，对于样机最好焊接芯片插座，以便对调试中损坏的芯片进行更换。全部组装完成后，先测量电源工作是否正常，电压过高将会烧坏芯片，然后用万用表、逻辑测试笔、示波器等仪器对硬件线路进行检查排错，必要时还需要编制一些小程序，借助仿真器进行硬件调试。

CST 控制系统实际上是一个单片机系统，从系统需要出发，该系统硬件设计主要包括单片机基本系统的设计、传感器的模块设计、电源设计、电动机驱动模块设计、各路开关设计等部分。

该系统设计采用 Protel DXP 2004 软件画出电路原理图和印刷电路板（PCB）。

Protel DXP 2004 是 Altium 公司在原来 Protel 99SE 的基础上应用先进的软件设计方法率先推出的一款基于 Windows 2000 和 Windows XP 操作系统的 EDA 设计软件。该款软件可定制设计环境功能，包括双显示器支持，可固定、浮动以及弹出面板，强大的过滤和对象定位功能及增强的用户界面等。Protel DXP 是第一个将所有设计工具集于一身的设计系统。现在电子设计者可按照自己的设计方式实现从最初的项目模块规划到最终形成生产数据。Protel DXP 运行在优化的设计浏览器平台上，并具有先进的设计特点，能够处理各种复杂的 PCB 设计过程。通过将设计输入仿真、PCB 绘制编辑、自动布线、信号完整性分析和设计输出等技术融合，Protel DXP 提供了全面的设计方案。

Protel DXP 2004 已不再是单纯的 PCB 设计工具，它是由多个模块，具体包括 SCH（原理图）设计、SCH（原理图）仿真、PCB（印制电路板）设计、Auto Router（自动布线器）和 FPGA 设计等组成的系统设计工具，覆盖了以 PCB 为核心的整个物理设计。该软件将项目管理方式、原理图和 PCB 图的多通道设计、双向同步技术、拓扑自动布线以及电路仿真等多种技术结合在一起，为电路设计提供了非常强大的支持。

2.4.1 芯片介绍

1. 单片机芯片选择

单片机是数据采集器的核心，因此单片机的选型很重要。目前市场上常用的单片机类型有 AVR 单片机、PIC 单片机、51 单片机等，以下对它们的特点及性能进行具体阐述。

1）AVR 单片机

AVR 单片机是 1997 年由 Atmel 公司研发出的增强型内置 Flash 的 RISC（Reduced Instruction Set CPU）精简指令集高速 8 位单片机。AVR 单片机广泛应用于计算机外部设备、通信设备、仪器仪表、工业实时控制、家用电器等各个领域。

AVR 单片机具有可靠性高、功能强、速度高、价位低和功耗低的特点，采用精简指令集，取指周期短。AVR 单片机的硬件结构采取 8 位机与 16 位机的折中策略，即采用局部寄存器存堆（32 个寄存器文件）和单体高速输入/输出。内部嵌入高质量的 Flash 程序存储器，擦写简单方便，支持 ISP 和 IAP，有利于产品的调试、开发、生产及更新。I/O 线均带可设置的上拉电阻，可单独设定输入/输出，可设定（初始）高阻输入，驱动能力强，使得 I/O 口功能强大、资源灵活，可充分利用。增强型的高速同/异步串口具有硬件产生校验码、硬件检测和校验侦错、波特率自动调整定位（接收时）、两级接收缓冲、屏蔽数据帧等多种功能。具有面向字节的高速硬件串行接口 TWI、SPI、TWI 与 PIC 接口兼容，具备 ACK 信号硬件发送与识别、地址识别、总线仲裁等功能，能实现主、从机的收和发全部 4 种组合的多机通信。此外，AVR 单片机具有自动上电复位电路、低电压检测电路 BOD、独立的看门狗电路、多个复位源（自动上下电复位、看门狗复位、外部复位、BOD 复位），可设置的启动后延时运行程序，增强了的嵌入式系统的可靠性。具有多种省电休眠模式，可宽电压运行（2.7～5.5 V），抗干扰能力强，有利于降低一般 8 位机中软件抗干扰设计工作量和硬件的使用量。

2）PIC 单片机

PIC 单片机的最大特点是从实际出发，而不是搞单纯的功能堆积，重视产品的性能与价格比，通过开发多种型号来满足不同层次的应用要求。PIC 具有优越的开发环境，其引脚具有防瞬态能力，通过调节限流电阻可以将其接至 220 V 交流电源，可与继电器控制电路直接相连，而无须光电耦合器隔离，在应用上具有极大睡眠和低功耗模式。PIC 单片机有计算功能和像 CPU 一样的记忆内存并由软件控制运行，其处理能力和存储器容量很有限，主要取决于 PIC 的类型。它们的最高操作频率都在 20 MHz 左右，存储器容量中 1～4 K 字节用作写程序。

3）51 单片机

51 单片机是对目前所有兼容 Intel 8031 指令系统的单片机的统称。该系列单片机的始祖是 Intel 的 8031 单片机，后来随着 Flash ROM 技术的发展，8031 单片机取得了长足的进展，成为目前应用最广泛的 8 位单片机之一，其代表型号是 ATMEL 公司的 AT89 系列，它广泛应用于工业测控系统中。目前很多公司都有 51 系列兼容机型推出，在目前乃至今后很长一段时间内仍将占有很大市场份额。

总的来说，51 系列单片机在小型设计上较 PIC 的优势是软件开发资源丰富，但其他诸如耗电以及成本方面都不及 PIC。AVR 相对性价比比较高，但其软件操作系统难度较大，综合比较及结合本设计需要，决定采用通用的 AVR 系列单片机。

本系统采用 Atmel 公司的 AVR 单片机 ATMEGA128－16AC 芯片作为控制核心芯片。ATMEGA128－16AC 是一种基于 AVR RISC 结构的 8 位低功耗 CMOS 微处理器。由于其先进的指令集以及单周期指令执行时间，ATMEGA128－16AC 的数据吞吐率高达 1 MIPS/MHz，从而可以缓减系统在功耗和处理速度之间的矛盾。ATMEGA128－16AC 具有如下特点：4 K 字节的 EEPROM、128 K 字节的系统内可编程 Flash、4 K 字节的 SRAM、32 个通用工作寄存器、53 个通用 I/O 口线、实时的时钟 RTC、4 个灵活的具有比较模式和 PWM 功能的定时器/

计数器（T/C）、面向字节的两线接口 TWI、两个 USART、8 通道 10 位 ADC（具有可选的可编程增益）、具有片内振荡器的可编程看门狗定时器、与 IEEE 1149.1 规范兼容的 JTAG 测试接口、SPI 串行端口、I^2C 以及六种可以通过软件选择的省电模式，其性能参数归纳如表 2－9 所示。其引脚分布如图 2－23 所示。

表 2－9　ATMEGA128－16AC 主要参数

Flash	128 K
EEPROM	4 K
SRAM	4 K
通用 I/O 口线	53
最高工作频率	16 MHz
工作电压 VCC	2.7～5.5 V
16 位定时器/计数器	2
8 位定时器/计数器	2
10 位 ADC	8 通道

ATMEGA128－16AC 引脚说明（详见文献［29］）：

VCC：数字电路的电源。

GND：地。

端口 A（PA7，…，PA0）：端口 A 为 8 位双向 I/O 口，具备可编程的内部上拉电阻，它的输出缓冲器具有对称的驱动特性，可输出及吸收大电流。作为输入使用时，若内部上拉电阻使能，则当端口被外部电路拉低时将输出电流。复位时端口 E 为三态。

端口 B（PB7，…，PB0）：端口 B 为 8 位双向 I/O 口，具备可编程的内部上拉电阻，它的输出缓冲器具有对称的驱动特性，可输出及吸收大电流。作为输入使用时，若内部上拉电阻使能，则当端口被外部电路拉低时将输出电流。复位时端口 E 为三态。

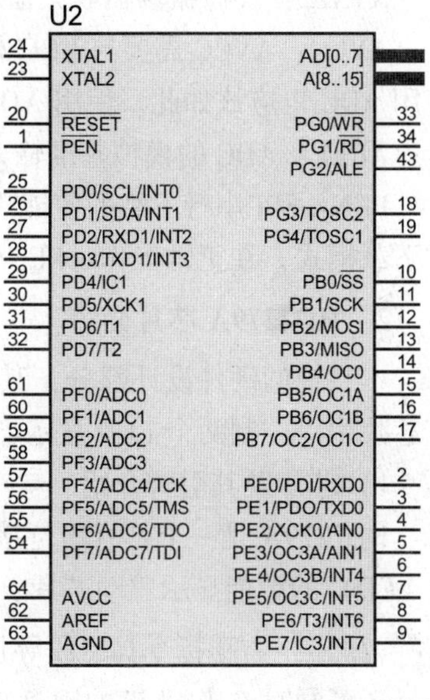

图 2－23　ATMEGA128－16AC 引脚图

端口 C（PC7，…，PC0）：端口 C 为 8 位双向 I/O 口，具备可编程的内部上拉电阻，它的输出缓冲器具有对称的驱动特性，可输出及吸收大电流。作为输入使用时，若内部上拉电阻使能，则当端口被外部电路拉低时将输出电流。复位时端口 E 为三态。

端口 D（PD7，…，PD0）：端口 D 为 8 位双向 I/O 口，具备可编程的内部上拉电阻，它的输出缓冲器具有对称的驱动特性，可输出及吸收大电流。作为输入使用时，若内部上拉电阻使能，则当端口被外部电路拉低时将输出电流。复位时端口 E 为三态。

端口 E（PE7，…，PE0）：端口 E 为 8 位双向 I/O 口，具备可编程的内部上拉电阻，它的输出缓冲器具有对称的驱动特性，可输出及吸收大电流。作为输入使用时，若内部上拉电阻使能，则当端口被外部电路拉低时将输出电流。作为输入使用时，若内部上拉电阻使能，则当端口被外部电路拉低时将输出电流。复位时端口 E 为三态。

端口 F（PF7，…，PF0）：端口 F 作为 ADC 的模拟输入引脚。若不作为 ADC 的模拟输入端，端口 F 可以作为 8 位双向 I/O 口使用，同时具有可编程的内部上拉电阻。它的输出缓冲器具有对称的驱动特性，可输出和吸收大电流。作为输入使用时，若内部上拉电阻使能，则当端口被外部电路拉低时将输出电流。复位时端口 F 为三态。若使能了 JTAG 接口，则复位发生时引脚 PF7（TDI）、PF5（TMS）和 PF4（TCK）的上拉电阻使能，那么端口 F 也可以作为 JTAG 接口。

端口 G（PG4，…，PG0）：端口 G 为 5 位双向 I/O 口，它具有可编程的内部上拉电阻，它的输出缓冲器具有对称的驱动特性，可输出和吸收大电流。作为输入使用时，如果内部上拉电阻使能，则当端口被外部电路拉低时将输出电流。复位时端口 G 为三态。端口 G 也可以作其他不同的特殊功能使用。在 ATMEGA103 兼容模式下，端口 G 只能作为 32 kHz 振荡器的输入以及外部存储器的锁存信号，而且在复位时这些引脚初始化为 PG0 = 1，PG1 = 1 以及 PG2 = 0，PG3 和 PG4 是振荡器引脚。

$\overline{\text{RESET}}$：复位输入引脚。超过最小门限时间的低电平将引起系统复位，低于最小门限时间的脉冲不能保证可靠复位。

XTAL1：反向振荡器放大器及片内时钟操作电路的输入端口。

XTAL2：反向振荡器放大器的输出端口。

AVCC：AVCC 需要与 VCC 相连接，它为端口 F 以及 ADC 转换器的电源端口，即便没有使用 ADC 也应该如此。使用 ADC 时需要通过一个低通滤波器与 VCC 连接。

AREF：ADC 的模拟基准输入引脚。

$\overline{\text{PEN}}$：SPI 串行下载的使能引脚，在上电复位时$\overline{\text{PEN}}$保持为低电平将使器件进入 SPI 串行下载模式，在正常工作时$\overline{\text{PEN}}$引脚无其他功能。

2. HD7279A 芯片介绍

本系统的硬件设计部分，其按键和显示部分都是用 HD7279A 控制实现的。本系统中，该芯片用以控制两个 LED 显示器和 4 个按键。

1）芯片及其引脚介绍

HD7279A 是一个具有串行接口、无须外围元件、可驱动 8 位共阴式数码管（或 64 只独立 LED）的智能显示驱动芯片，各位独立控制译码/不译码及消隐和闪烁属性；（循环）左移/（循环）右移指令具有段寻址指令；方便控制独立 LED。该芯片还可同时连接 64 键的键盘矩阵，内含去抖动电路，单片即可完成 LED 显示、键盘接口的全部功能。其引脚分布如图 2 - 24 所示。

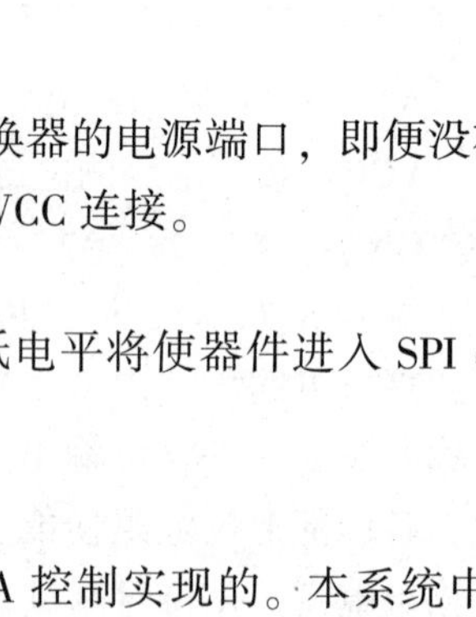

图 2 - 24　HD7279A 引脚分布

2）功能应用

HD7279A 采用串行方式与微处理器通信，串行数据从 DATA 引脚送入芯片，并由 CLK 端同步。当片选信号变为低电平时，DATA 引脚上的数据在 CLK 引脚的上升沿被写入 HD7279A 的缓冲寄存器。

表 2 - 10 所示为其引脚功能应用说明。

表 2 – 10　HD7279A 引脚功能应用说明

引脚	名称	说明
1，2	VDD	正电源
3，5	NC	无连接，必须悬空
4	VSS	接地
6	$\overline{\text{CS}}$	片选输入端，此引脚为低电平时，可向芯片发送指令及读取键盘数据
7	CLK	同步时钟输入端，向芯片发送数据及读取键盘数据时，此引脚电平上升沿表示数据有效
8	DATA	串行数据输入/输出端，当芯片接收指令时，此引脚为输入端；当读取键盘数据时，此引脚在“读”指令最后一个时钟的下降沿变为输出端
9	$\overline{\text{KEY}}$	按键有效输出端，平时为高电平，当检测到有效按键时，此引脚变为低电平
10 ~ 16	SG ~ SA	段 g ~ 段 a 驱动输出
17	DP	小数点驱动输出
18 ~ 25	DIG0 ~ DIG7	数字 0 ~ 数字 7 驱动输出
26	CLKO	振荡输出端
27	RC	RC 振荡器连接端
28	$\overline{\text{RESET}}$	复位端

HD7279A 应与共阴式数码管连接，应用中不需要用到的键盘和数码管可以不连接，对数码管设置消隐属性或省去数码管均不会影响键盘的使用。典型电路图中连接到键盘的 8 只 10 K 电阻和 8 只 100 K 下拉电阻在不用键盘的情况下均可以省去。然而如果使用了键盘，则电路中的 8 只 100 K 下拉电阻则均不得省略。此外，除非不接入数码管，否则串入 DP 及 SA ~ SG 连线的 8 只电阻都不能省去。

实际应用中 8 只下拉电阻和 8 只键盘连接位选线 DIG0 ~ DIG7 的 8 只电阻（以下简称位选电阻）应遵从一定的比例关系，下拉电阻应大于位选电阻的 5 倍而小于其 50 倍，典型值为 10 倍；下拉电阻的取值范围是 10 K ~ 100 K，位选电阻的取值范围是 1 K ~ 10 K。在不影响显示的条件下，下拉电阻应尽可能取较小的值，以提高键盘部分的抗干扰能力。

HD7279A 需要外接一 RC 振荡电路以供系统工作。若芯片无法正常工作，则应首先检查此振荡电路。印刷电路板布线时所有元件（尤其是振荡电路的元件）均应尽量靠近 HD7279A，同时尽量使电路连线最短。

HD7279A 的 $\overline{\text{RESET}}$ 复位端在一般应用情况下，可以直接与正电源连接，在需要较高可靠性的情况下，可以连接一外部的复位电路或直接由 MCU（单片机）控制。在上电或 $\overline{\text{RESET}}$ 端由低电平变为高电平的情况下，HD7279A 需要经过 18 ~ 25 ms 才会进入正常工作状态。当有键按下时，$\overline{\text{KEY}}$ 引脚的输出变为低电平，这个时候如果接收到“读键盘”指令，HD7279A 将会输出所按下键的代码；如果在没有键按下的情况下收到“读键盘”指令，那么 HD7279A 将输出 FFH（255）。

程序中，尽可能减少 CPU 对 HD7279A 的访问次数，可以使程序更有效率。

3. L298 芯片的介绍

L298 是 ST 公司生产的一种大电流、高电压电动机驱动芯片。该芯片的主要特点是：工作电压高，最高工作电压可达 46 V；输出电流大，瞬间峰值电流可达 3 A，持续工作电流为 2 A；内含两个 H 桥的高电压大电流全桥式驱动器，可以用来驱动直流电动机和步进电动机、继电器、线圈等感性负载；采用标准 TTL 逻辑电平信号控制；具有两个使能控制端，在不受输入信号影响的情况下允许或禁止器件工作；有一个逻辑电源输入端，使内部逻辑电路在低电压下工作；可以外接检测电阻，将变化量反馈给控制电路。

L298 的引脚功能如表 2－11 所示。

表 2－11　L298 引脚功能

引脚	符号	功能
1 15	SENSING A SENSING B	此两端接地且连接电流检测电阻，并向驱动芯片反馈检测到的信号
2 3	OUT 1 OUT 2	此两脚是全桥式驱动器 A 的两个输出端，用来连接负载
4	VS	电动机驱动电源输入端
5 7	IN 1 IN 2	输入标准的 TTL 逻辑电平信号，用来控制全桥式驱动器 A 的开关
6 11	ENABLE A ENABLE B	使能控制端，输入标准 TTL 逻辑电平信号，低电平时全桥式驱动器禁止工作
8	GND	接地端，芯片本身的散热片与 8 脚相通
9	VSS	逻辑控制部分的电源输入端口
10 12	IN 3 IN 4	输入标准的 TTL 逻辑电平信号，用来控制全桥式驱动器 B 的开关
13 14	OUT 3 OUT 4	此两脚是全桥式驱动器 B 的两个输出端，用来连接负载

L298 芯片的外形及其引脚图如图 2－25 和图 2－26 所示。

图 2－25　L298 芯片的外形

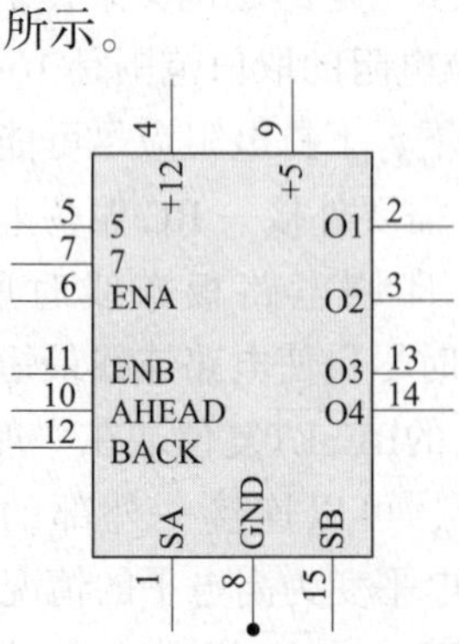

图 2－26　L298 芯片的引脚

2.4.2 晶振及复位电路

晶振电路如图 2－27 所示，单片机的时钟信号通常用两种电路形式（内部振荡方式和外部振荡方式）得到。在引脚 XTAL1 和 XTAL2 外接晶体振荡器（简称晶振）或陶瓷谐振器，就构成了内部振荡方式。当外接晶振后，再加上单片机内部的一个高增益反相放大器，就构成了自激振荡器并且产生振荡时钟脉冲。复位操作主要有上电复位和按键手动复位两种方式，本设计选择按键手动复位方式，复位电路如图 2－28 所示。

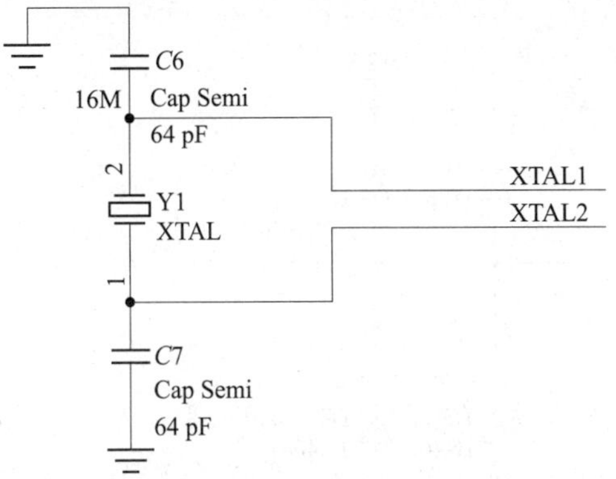

图 2－27　晶振电路

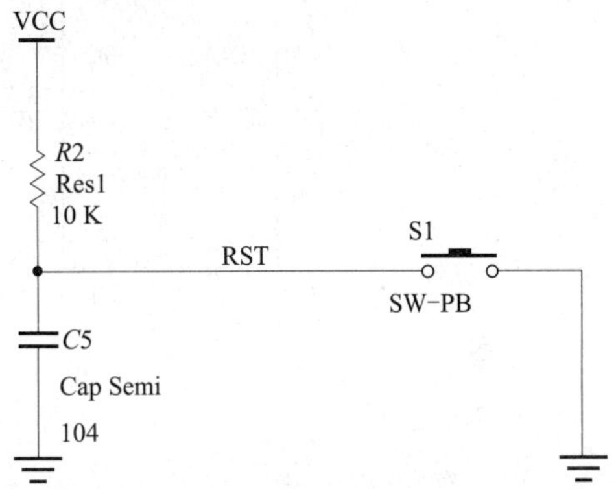

图 2－28　复位电路

2.4.3 测速模块电路设计

本系统的速度模拟微型电机选择直流电动机，采用 L298N 型驱动器作为驱动控制电路，结构简单，价格低廉，在实际中应用广泛。

本系统中，L298 芯片的 1 脚和 15 脚可单独引出来连接电流采样电阻器；OUT3 或（O3）、OUT4（或 O4）分别与 2 个电动机相接。10、11、12 脚接输入控制电平，10 脚控制电动机的正转，12 脚控制电动机的反转；ENA、ENB 接控制使能端，控制电动机的启、停转，这里用以控制电动机的脉宽调速。具体控制如表 2－12 所示的 L298 对直流电动机控制的逻辑真值。

表 2－12　L298 对直流电动机控制的逻辑真值

输入		输出
Ven = H	C = H，D = L	正转
	C = L，D = H	反转
	C = D	制动
Ven = L	C = ＊，D = ＊	没有输出，电动机不工作
注：C、D 分别为 5、7 脚或 10、12 脚；L 为低电平，H 为高电平，＊为低电平、高电平任意状态。		

具体电动机驱动模块电路设计如图 2－29 所示。

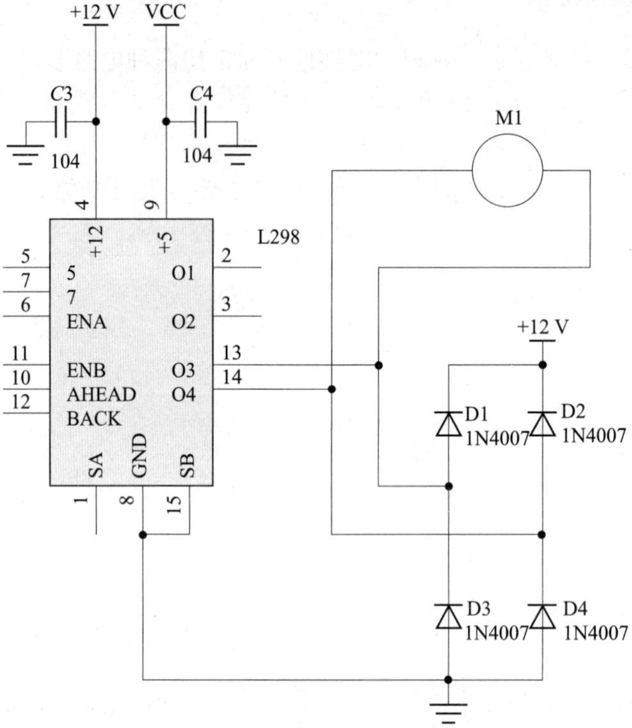

图 2－29　电动机驱动模块电路设计

由于在通常情况下电动机对电源的干扰很大，只用一组电源会影响单片机的正常工作。电动机供电最好与单片机供电独立，中间加光耦隔离，防止电动机通过电路回路干扰单片机。因此可以选用双电源供电方法，一组＋5 V 电源给单片机和控制电路供电，另外一组＋12 V 电源给电动机供电。

通过直流电动机与遮光板配合来模拟汽车车轮，光电传感器则模拟测速传感器来获取车速脉冲信号，送给单片机进一步得出车速。其电路连接如图 2－30 所示。

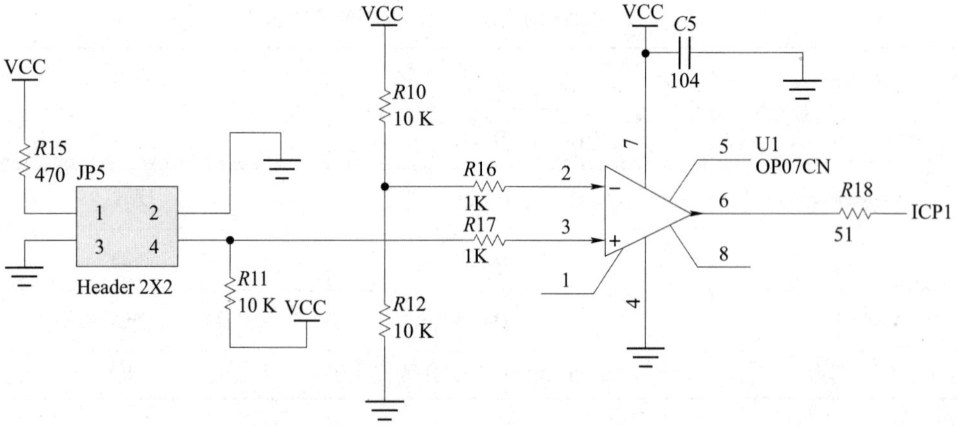

图 2－30　光电传感器电路连接

2.4.4　测距模块电路设计

1．超声波测距模组介绍

1）电气参数

超声波传感器谐振频率：40 kHz。

模组传感器工作电压：4.5～9.0 V。

模组接口电压：4.5～5.5 V。

2）结构功能

超声波测距模组硬件结构框图如图 2－31 所示，一般应用时，只需要用两条 10PIN 排线把 J5 与 SPCE061A 的 IOB 口低 8 位连接，J4 与 IOB 口高 8 位连接，同时设置好 J1、J2 跳线就完成硬件的连接了。不同测距模式的选择只需改变测距模式跳线 J1 的连接方法即可。具体应用连接如表 2－13 所示。

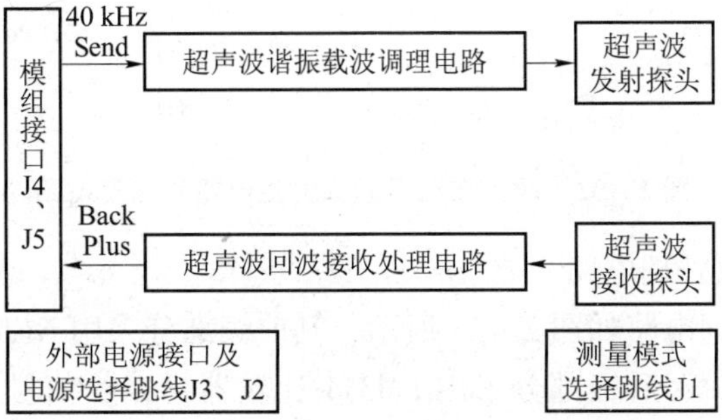

图 2－31　超声波测距模组硬件结构框图

表 2－13　应用接口列表

标号	功能	使用说明
J1	测距模式选择跳线	测距模式选择跳线 J1，可以选择短距测量模式、中距测量模式或距离可调模式。J1 选择 LOW 时为近距测量模式，选择 HIG 时为中距测量模式，选择 SET 时为距离可调模式
J3	模组外接电源接口	当选择直接为模组供电方式时，将电源从 J7 引入，板上已经标出“＋”“－”
J2	供电方式选择跳线	J9 跳到 5 V 的一端，选择用主板通过 10PIN 排线为模组供电（主板上 J5 选择 5 V）；J9 跳线跳到 IN 的一端，选择直接为模组供电，通过模组上的电源输入口 J7 引入
（J4、J5）	模组接口	将超声波模组的信号线与主板连接进行通信用

2. 电路原理图简介

1）超声波谐振频率发生电路和调整电路

超声波谐振频率发生电路和调整电路如图 2－32 所示，NE555 和电容电阻组成的电路产生40 kHz 的方波，以使超声波传感器产生谐振；而后面的 CD4049 则对 40 kHz 频率信号进行调理。

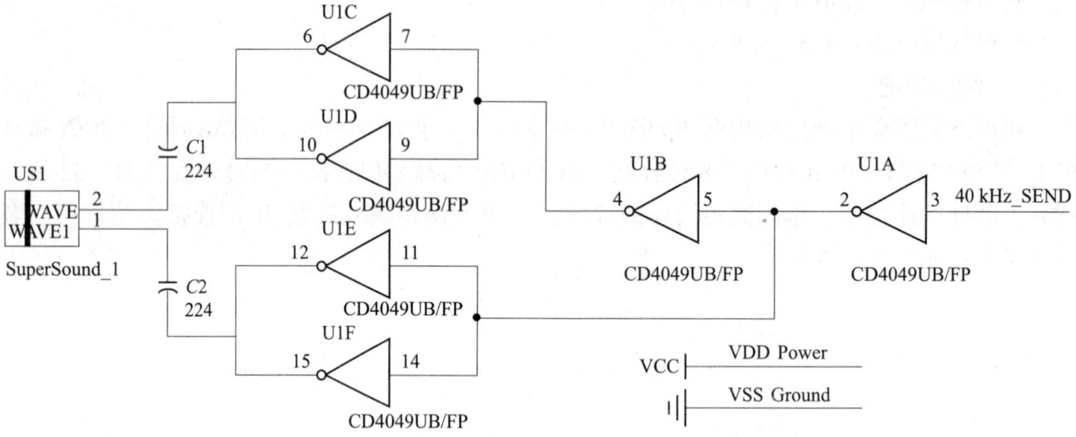

图 2－32　超声波谐振频率发生电路和调整电路

2）超声波回波接收处理电路

超声波回波接收处理电路如图 2－33 所示，其前级部分采用 NE5532 构成 10 000 倍放大器，对接收信号进行放大；后级部分采用 LM311 比较器对接收信号进行调整，比较电压在 LM311 的 3 管脚处，可由 J1 跳线选择不同的比较电压以选择不同的测距模式。

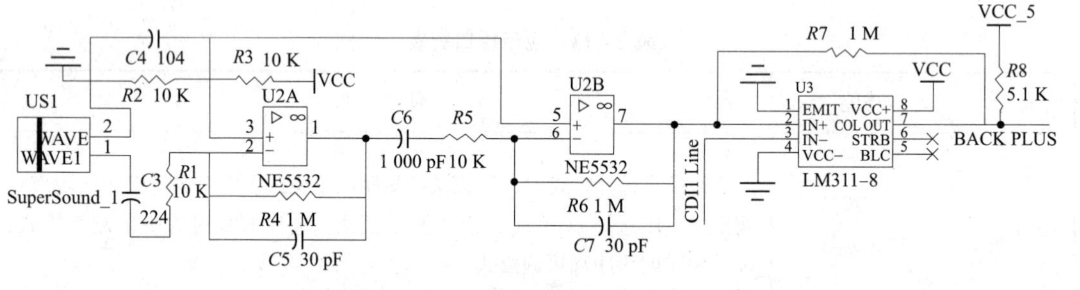

图 2－33　超声波回波接收处理电路

在放大器与比较器之间用 PNP 三极管（8550）作为通路选择，使用时，把 J2 短接上，固定使三极管导通即可。

3）电源接口

电源接口如图 2－34 所示，J3 为外部电源接口，最高电压不要超过 12 V，J2 为电源选择跳线，VCC_5 即由主板引入模组的电源；VCC 即模组的放大器、调理电路供电电源。当用户使用主板为其供电时，要把 VCC 与 VCC_5 短接；而使用外部电源时，要把 VCC 与 VCC_IN 短接。

上述各图即整个超声波模组的全部电路图。

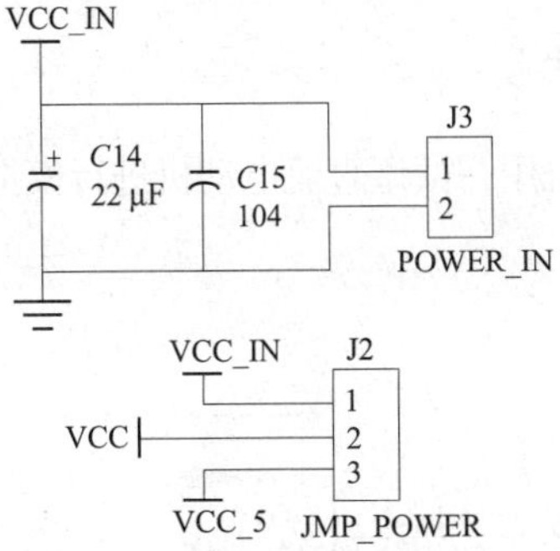

图 2－34　外部单独电源输入接口及选择跳线

3. 使用方式

本系统采用单模组使用方式，用户需把前面的电源输入跳线 J2，模式选择跳线 J1 设置好后，然后用排线把 J5 与 SPCE061A 的 IOB 口低 8 位相接，J4 与 IOB 口高 8 位相接，即可配合本范例程序使用。J4 和 J5 的接口定义如图 2－35 所示。

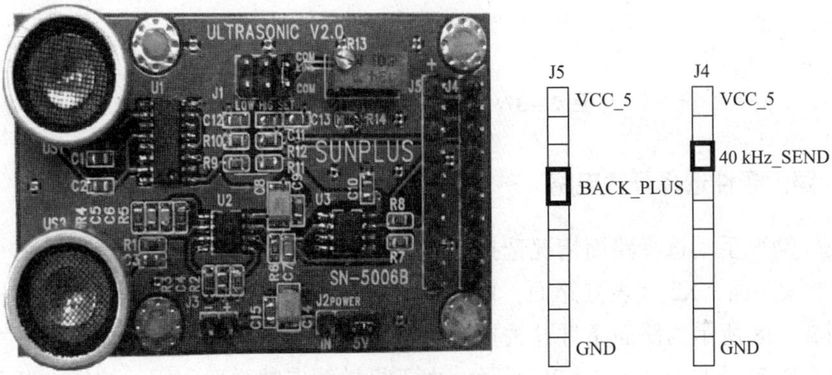

图 2－35　J4 和 J5 接口定义

该模组在本系统功能实现的具体电路如图 2－36 所示。

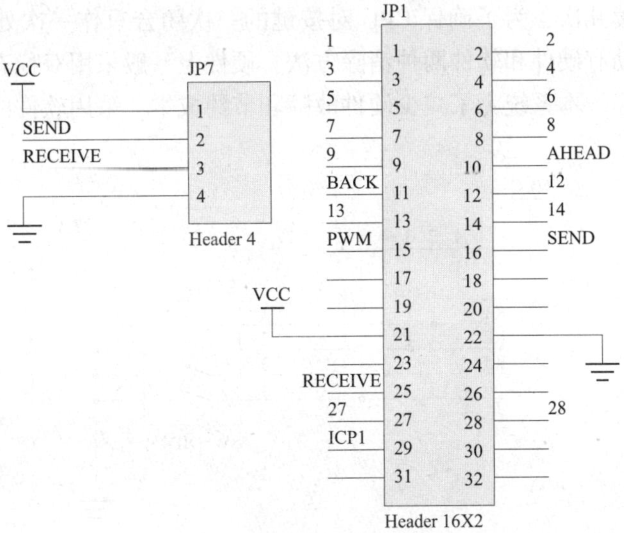

图 2－36　超声波模组与单片机的连接

2.4.5 电动机执行模块设计

本模型控制系统的执行电动机用一微型直流电动机进行模拟，其电路控制如图 2－37 所示。

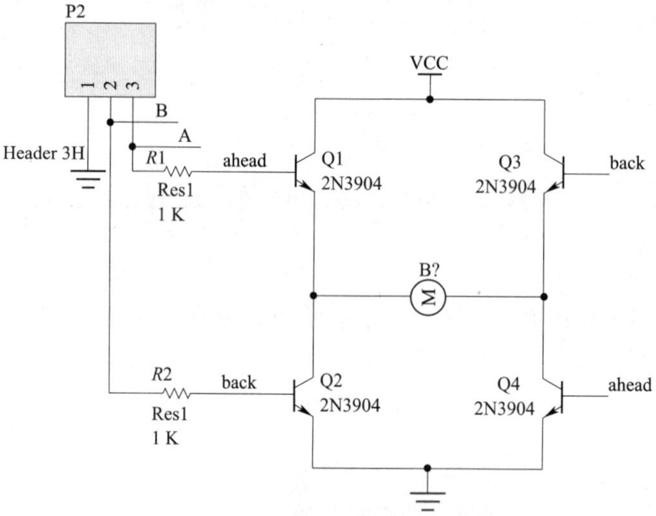

图 2－37 电动机驱动模块电路图

2.4.6 路面条件选择开关电路

根据天气情况手动选择路面情况选择开关，以便在距离比较中选择合适的安全距离。开关 K1 代表干燥路面，K2 代表湿路面，K3 代表冰雪路面。当开关闭合时，表示相应的路面被选中。图 2－38 所示为路面条件开关控制电路。所用的按键开关为机械弹性开关，机械触点断开、闭合时信号波形如图 2－39 所示。由于机械触点的弹性作用，按键在断开和闭合的瞬间均伴随有一连串的抖动，抖动时间的长短与按键的机械性能有关，一般为5～10 ms。按键稳定闭合时间的长短则由操作人员的按键动作决定，一般为零点几秒到数秒。键的抖动会引起一次按键被误读几次，为了确保 CPU 对按键的一次闭合只作一次处理，必须去除按键的抖动。按键的抖动有硬件和软件两种消除方法，硬件上一般采用双稳态和滤波电路；软件则采用延时处理程序。本系统为了减少硬件故障和节约成本，采用软件的方法。

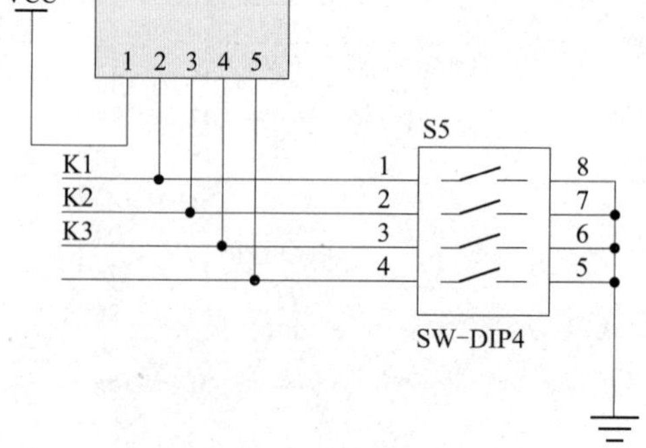

图 2－38 路面条件开关控制电路

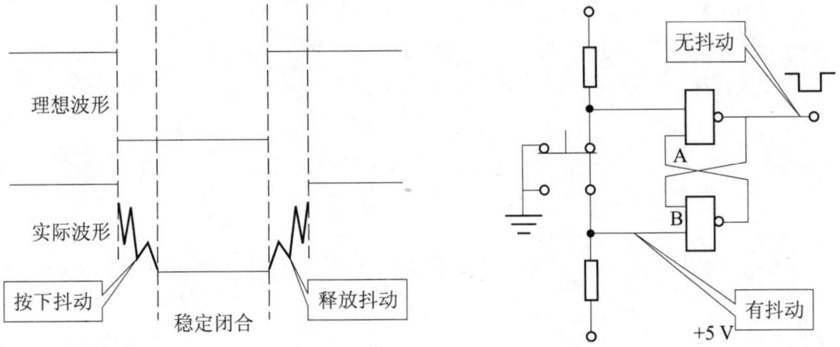

图 2－39　开、闭开关信号波形

2.4.7　行程开关电路

行程开关 S1 用于 CST 冲击杆全伸状态的检测，由于本系统的直流电动机只具有正转、反转及停止状态，当电动机驱动 CST 冲击杆至全伸状态时，行程开关被压下并向单片机发送一信号，此时 PB6 口为低电平，其中行程开关为非自锁式开关，故当冲击杆回缩时，行程开关（即 S1）弹开，PB6 口恢复高电平状态，控制核心通过读 PB6 口的状态即可知道吸能装置冲击杆是否已全伸。行程开关控制电路如图 2－40 所示。

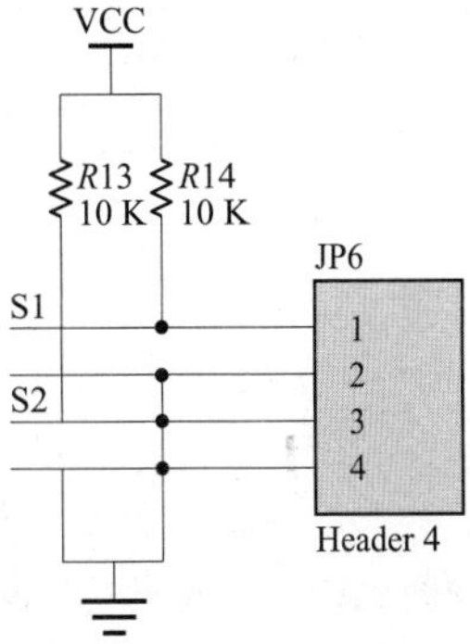

图 2－40　行程开关控制电路

2.4.8　LED 显示及键盘控制电路

为了试验的需要，在本系统中设置了速度和距离的显示装置。一般在单片机应用系统中，使用的显示器件主要有液晶显示器（LCD）、发光二极管（LED）和荧光管显示器等几种。显示器可以通过总线或口线的形式与 ATMEGA128 相连，本系统采用 HD7279A 对其进行控制。

由于在车辆行驶过程中车速处于连续的变化中，本系统采用的微型电动机为连续运转方式，光电传感器采集的数据为连续数据。为了方便人眼观察，本系统手动设置了两个速度加减键，分 8 级，每一级速度跳动 12 km/h，实现了从 0～80 km/h 速度段的跳动。

由于 HD7279A 芯片直接驱动 LED 数码管显示，电流较大，且为动态扫描方式，所以当该部分电路电源连线较细较长时，可能会引入较大的电源噪声干扰，因此将 HD7279A 的正负电源端并入去耦电容可以增强电路的抗干扰能力。

HD7279A 对 LED 及键盘的具体控制电路如图 2－41 所示。

2.4.9　硬件抗干扰技术

由于干扰引起的误动作多是偶发性的，因而应采取某种措施使这种偶发的误动作不直接影响系统的运行。在进行总体设计时，必须设法使干扰造成的这种故障尽快得到恢复。形成干扰的三个主要途径是：产生干扰信号的干扰源、干扰信号的传播路径、受影响的设备的某个环节即接收载体。常用的硬件抗干扰解决方法有屏蔽、隔离、滤波、接地等。

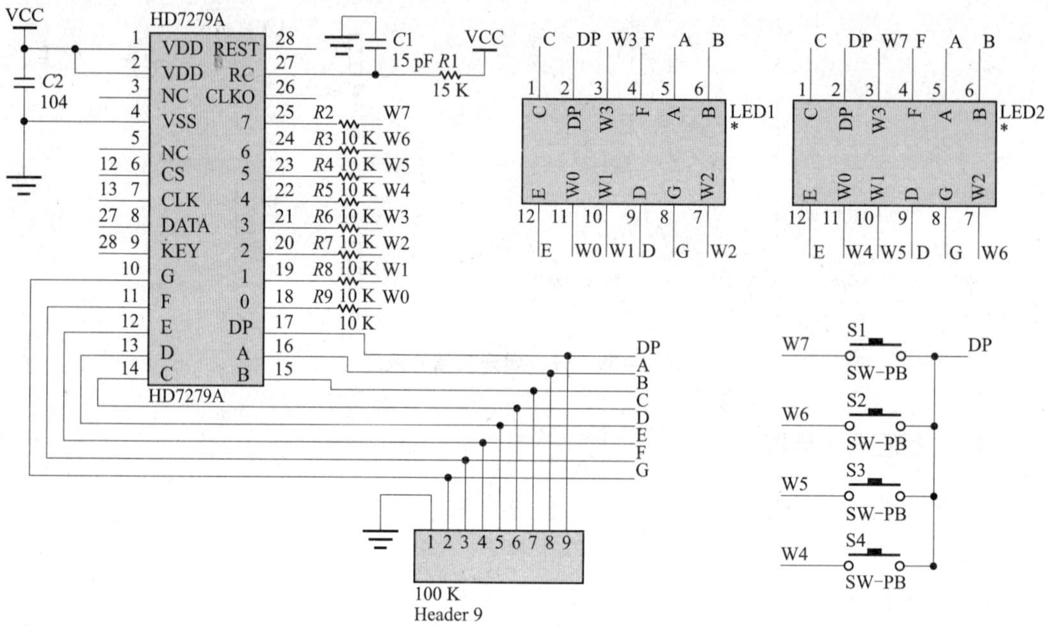

图 2－41　LED 及键盘控制电路

对应于基于主被动结合的 CST 吸能控制系统的硬件抗干扰技术，本章在各个电路模块部分都做了具体的设计，此处不再赘述。

系统的抗干扰问题是一个不可忽视的问题，而对于汽车内部恶劣的运行环境而言尤为必要。

最终完成的电路图如图 2－42 所示。

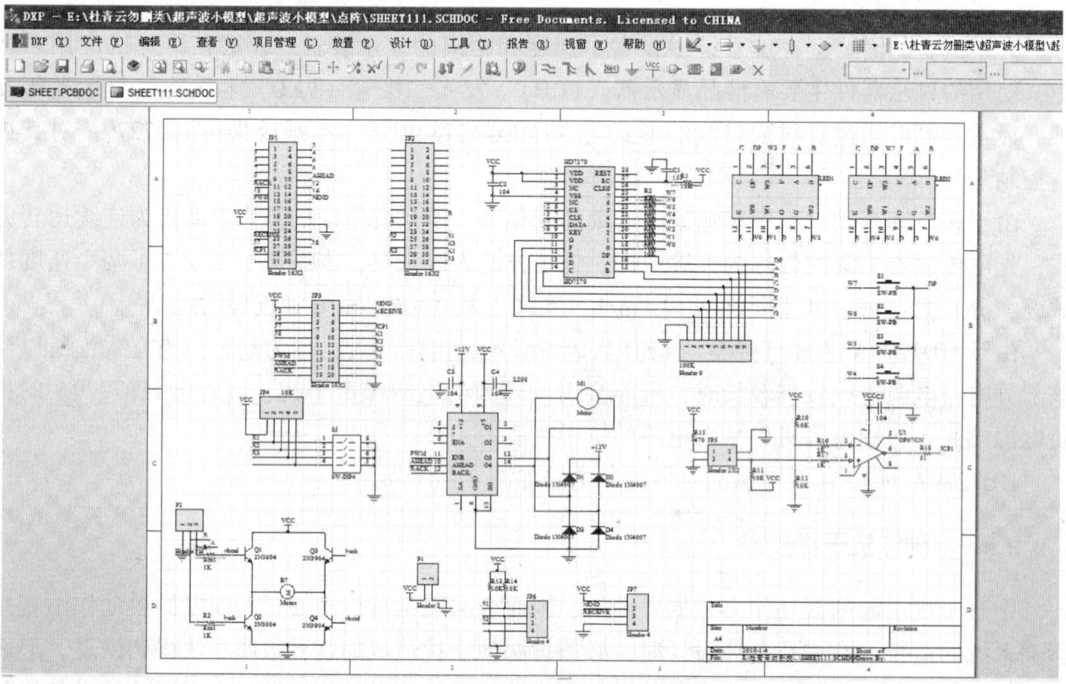

图 2－42　总电路图

2.4.10 PCB 电路图设计

在合理正确设计电路原理图之后，抗干扰能力强、稳定性高的印刷电路板（PCB）布线技术是实现系统可靠性的重要技术之一。在 PCB 的设计及制作过程中，还应采取一定的工艺抗干扰技术。PCB 是电子产品中电子元件和器件的支撑件，它提供电路元件和器件之间的电气连接。随着电子技术的高速发展，PCB 的密度越来越高。PCB 设计的好坏对控制系统的抗干扰能力有较大的影响，因此在进行 PCB 设计时，必须充分遵守 PCB 的一般原则，并且应符合抗干扰设计的要求。PCB 的抗干扰设计与电路有密切的关系，要使电路获得最佳性能，元器件的布局及导线的铺设极为重要。以下为 PCB 抗干扰设计中几条应注意的事项：

（1）电源线设计。

根据 PCB 电流的大小，尽量加粗电源线的宽度，使电源线、地线的走向与数据传输方向一致，这样有助于增强系统的抗噪声能力。

（2）地线抗干扰设计 PCB 上，电源线和地线最为重要。克服电磁干扰最主要的手段是接地。本设计中采用的是双面板，地线通过单点接地。

（3）元器件和导线的合理布局。

元器件在 PCB 上的位置要充分考虑干扰问题。电路板应合理分区布局，如强、弱信号分区，数字、模拟信号分区等，应使相互间的信号耦合最小；应该按照电路的流程安排各个功能模块的位置，使布局利于信号流通并使信号尽可能保持一致的方向。

遵照以上要求，采用 Protel 软件绘制本系统的 PCB 如图 2－43 所示。

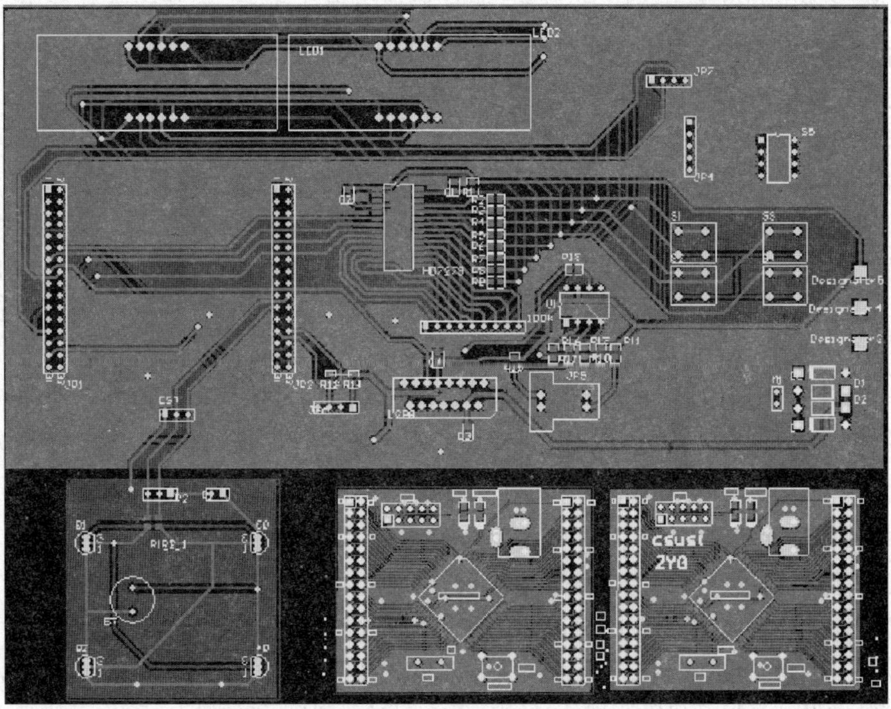

图 2－43　系统 PCB

2.4.11 本节小结

本节在分析系统总体硬件结构的基础上，从系统需要出发，分别对单片机基本系统、电动机选用、传感器的选型及电源部分、各路开关做了相应的设计或计算，阐述了系统设计过程中需要遵循的硬件抗干扰的设计原则。为了提高系统的可靠性与实时性，中央处理子系统分为信息采集单元和主控制单元两部分。总之，本节介绍了信息采集单元和主控制单元的模块组成及各模块的功能设置，并详细阐述了各模块的具体硬件电路的设计。

2.5 软件系统设计

2.5.1 概要

1. 软件编写

程序编写方面，使用汇编语言和C语言都是为达到同一个目的——实现系统应有的功能。汇编语言是最接近机器码的一种语言，它是用文字助记符来表示机器指令的一种符号语言，主要优点是占用资源少，程序执行效率高，程序运行速度快。但是不同的CPU，其汇编语言可能有所差异，所以不易移植。汇编语言涉及硬件的每一个细节，一条指令就对应一个机器码，每一步执行什么动作都很清楚，要想对一个嵌入式处理器有一个全面的理解，就必须弄懂每一条汇编语言，会用每一条汇编语言，知道这条汇编语言执行之后对处理器的影响，处理器是如何执行的，对各种标志位的影响如何。而C语言是一种编译型程序设计语言，它兼顾了多种高级语言的特点，并且兼具汇编语言的功能。C语言有功能丰富的库函数，编译效率高、运算速度快、有良好的可移植性，而且可以直接实现对系统硬件的控制。C语言还是一种结构化程序设计语言，它支持当前程序设计中广泛采用的由顶向下结构化程序设计技术。此外，C语言程序具有完善的模块程序结构，为软件开发中采用模块化程序设计方法提供了有力的保障。因此，使用C语言进行程序设计已成为软件开发的一个主流。

汇编语言程序大小和堆栈调用情况都容易控制，调试起来也比较方便，因此，在资源较少的单片机开发中，如果开发者的水平较高而要开发的系统不是很复杂的话，采用汇编语言比较好。用C语言来编写目标系统软件，可以大大缩短开发周期，同时明显地增加软件的可读性，便于改进和扩充，从而研制出规模更大、性能更完备的系统。

综合考虑，汇编语言在开发速度、软件质量、程序的可读性、结构严谨性和程序坚固性、可移植性等方面都不如C语言那么完美。本系统子程序模块较多，程序稍微复杂些，所以选用可读性强及修改较方便的C语言进行编程。

2. 编译软件介绍

目前常用的编译软件有Keil C51、WAVE、Source Insight、ICCAVR和UltraEdit，由于本系统的控制芯片为AVR芯片，故采用ICCAVR软件进行编译。

由于ICCAVR不能进行代码调试，很多人都选择了AVR Studio，但是AVR Studio不直观，特别是在做液晶显示代码调试的时候，不能即时看到显示的情况，而仿真器又太贵。因此，本系统直接采用ICCAVR编译软件进行编译，同时进行硬件调试。

自 Atmel 公司的 AT90 系列单片机诞生以来，很多第三方厂商为 AT90 系列开发了用于程序开发的 C 语言工具，ICCAVR 就是 Atmel 公司推荐的第三方 C 编译器之一，其界面如图 2 - 44 所示。

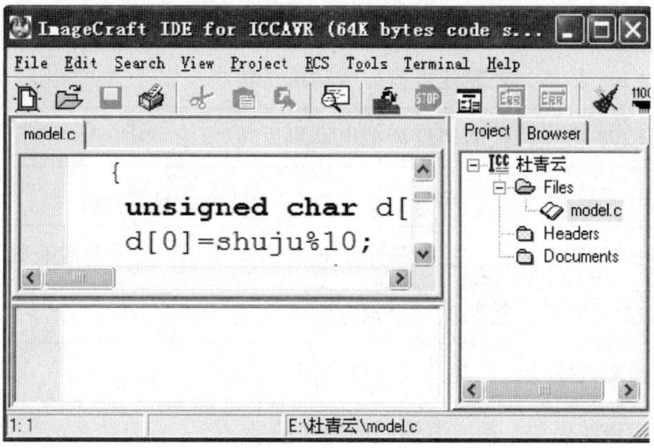

图 2 - 44　ICCAVR 界面

ICCAVR 编译软件是一种符合 ANSI 标准的 C 语言开发工具，功能合适、使用方便、技术支持好。它主要有以下几个特点：

（1）ICCAVR 是一个综合了编辑器和工程管理器的集成工作环境（IDE）。

（2）源文件全部被组织到工程中，文件的编辑和工程的构筑也在这个环境中完成，当错误显示在状态窗口中，且单击编译错误时，光标自动跳转到有错误的那一行。

（3）工程管理器还能直接生成可以直接使用的 INTEL HEX 格式文件，该格式的文件可被大多数编程器所支持，用于下载到芯片中。

（4）ICCAVR 是一个 32 位的程序，支持长文件名。

2.5.2　系统功能实现及程序规划

本书的设计基于主被动技术结合的 CST 吸能控制系统，采用 ATMEGA128 - 16AC 作为控制核心芯片，实时测量本车的速度及本车与前车的距离信息，并根据这些信息判断汽车的纵向间距是否安全，不安全的情况下执行相应的报警和碰撞保护措施。根据该设计的目的可知，本系统必须实现的功能如下：

（1）距离信息的采集接收功能。

（2）本车速度信息的收集、计算。

（3）安全/危险判断功能的实现。

（4）译码显示功能。

（5）报警功能。

（6）驱动电机功能。

根据控制系统应实现的功能，可将该系统的程序编写规划为以下几个部分：主程序、初始化子程序、测量车间距离子程序、测量计算速度子程序、数据处理子程序、显示子程序及 CST 驱动子程序。主程序负责调用初始化子程序对系统进行初始化、自启动，根据行车的状况调用相应的子程序进行相应的处理。主程序流程如图 2 - 45 所示。

为了更方便说明系统软件与硬件之间的联系，系统对应引脚控制功能说明如表 2－14 所示。具体编写程序见附录 A。

表 2－14　引脚控制功能说明

对应引脚	引脚控制功能
PB0	接 L298 芯片，控制速度模拟电动机正转
PB1	接 L298 芯片，控制速度模拟电动机反转
PB2	接 HD7279A 芯片，控制其片选端 CS，低电平有效
PB3	接 HD7279A 芯片，控制其同步时钟输入端 CLK，上升沿有效
PB5	接 L298 芯片，控制速度模拟电动机转速
PB6	接超声波模块，控制其发出脉冲信号
PD0	接超声波模块，接收其返回的脉冲信号
PD2	接 HD7279A 芯片，控制其串行数据输入/输出端 DATA，具体功能参见 HD7279A 引脚功能说明
PD3	接 HD7279A 芯片，控制其按键有效输出端 KEY，具体功能参见 HD7279A 引脚功能说明
PD4	接光电传感器 ST135 控制信号
PC0、PC1	天气条件输入开关
PC4、PC5	行程开关信号输入端
PA7	控制 CST 驱动电机正转端口
PA6	控制 CST 驱动电机反转端口

2.5.3　系统程序编写流程

本系统总体程序编写参照图 2－45 所示的系统主程序流程。

对各个子程序模块现作如下说明。

1. 距离测量模块

（1）主机通过 PB6 口接超声波模块，控制其发射脉冲信号。当 PB6 为高电平时控制系统开始发射脉冲，设置主机定时器/计数器 T3 需要发射的脉冲的脉宽时间，并使 PB6 置高电平的时间为定时器/计数器 T3 的定时时间。为了防止脉冲发射过程或返回过程中发生脉冲丢失导致接收不到回波脉冲的情形发生，本系统决定多发射几个脉冲，由于脉冲发射间隔时间很短，可以忽略不计。脉冲发出后，计数器开始计数，当发出 9 个脉冲后，PB6 口置为低电平，停止发射脉冲，停止计数，同时开启接收外部中断。

（2）主机 PD0 接超声波模块脉冲接收单元的输出口，接收其返回的脉冲信号。当接收单元接收到脉冲信号后，接收单元输出高电平，主机采集到该信号后才进行后续工作（具体参看图 2－46 所示的测距子程序流程）。

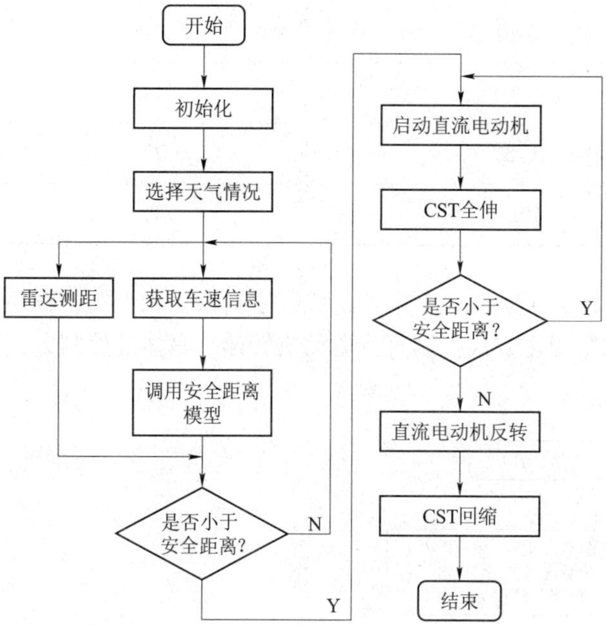

图 2-45　系统主程序流程

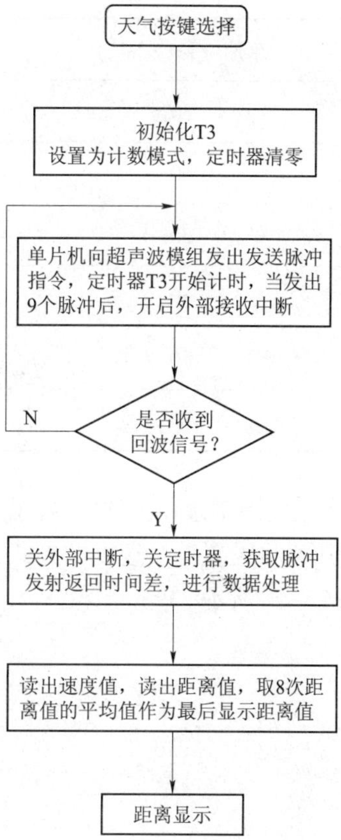

图 2-46　测距子程序流程

(3) 设计软件系统时，超声波测距模块提供了其具体的内部数据处理程序，因此，本系统可以直接对其进行调用。超声波测距模块实际所能测得的最大距离在 1 m 左右，由于超声波测距模块的限制，本系统应将其程序稍作修改，将所测距离值放大 100 倍处理。

2. 速度测量计算模块

本系统模型接收的速度信息是采用电动机带动一圆遮光板模拟车轮转动的形式来获得的，下面对其信息采集计算方式进行说明。

本设计研究的对象是众泰 2008，其轮胎型号为 205/70 R15，该轮胎断面宽度为 $B=205$ mm，轮胎断面高宽比 (H/B) 为 70%，为子午线结构轮胎，轮辋名义直径为 $d=15$ in（即 381 mm），通过下列公式可以计算出对应于各车速的模拟量，如表 2-15 所示。

车轮外径：
$$D=2H+d=2B\times\frac{H}{B}+d=2\times205\times70\%+381=668(\text{mm}) \tag{2.39}$$

车轮周长：
$$L=\pi D=\pi\times0.668=2(\text{m/r}) \tag{2.40}$$

对应的转速：
$$n=\frac{v}{3.6\pi D}\ (\text{r/s}) \tag{2.41}$$

式中，v 为车辆运行速度 (km/h)。

表 2 - 15　对应于各车速的模拟量

车速/($km \cdot h^{-1}$)	转速/($r \cdot s^{-1}$)	脉冲数/(个 $\cdot s^{-1}$)
30	4	16
40	5.29	21.2
50	6.62	26.5
60	7.94	31.8
70	9.27	37
80	10.59	42

由于距离测量模块已有了一个中断，为了防止多个中断造成程序复杂化和干扰，程序中采用直接设置本车速度的方式，采用脉宽调速方式控制直流电动机转速。具体的控制方式如图 2 - 47 所示。

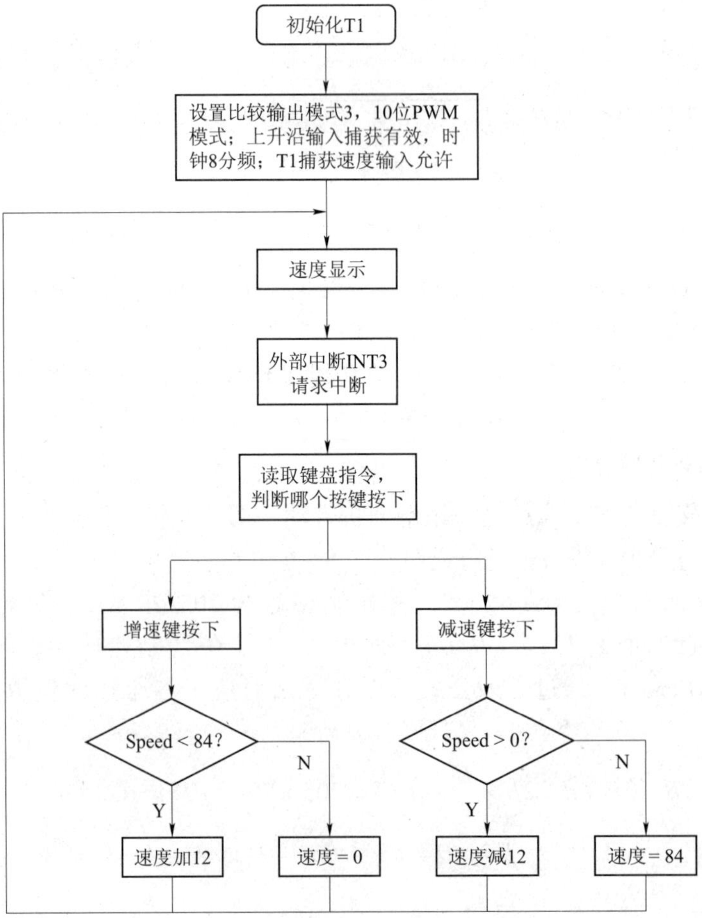

图 2 - 47　测速模块子程序流程

在本设计中，要实现的最高车速为 80 km/h，所以本系统设置了两个按键实现对电动机速度的加减控制，控制速度分 8 个挡位，每个挡位对应控制速度如表 2－16 所示。

表 2－16　各挡位对应控制速度

挡位分布	挡位对应控制速度/($km \cdot h^{-1}$)
0	0
1	12
2	24
3	36
4	48
5	60
6	72
7	84

本车速度测量计算子程序中，主机 P3.4 接到测速单元输出口。设定主机定时器/计数器 T1，在定时器的定时时间内计数器对测速单元的输出脉冲进行计数，再根据数学关系算出速度，确定汽车当前的状态。将行车状态用 LCD 显示并确定是否采取报警、抑制报警等措施。当自车速度低于 30 km/h 时，系统抑制报警并不断查询速度大小，速度超过这个值系统才实现防撞报警功能。当自车速度超过 80 km/h 时，电动机驱动 CST 全伸，同时报警。首先初始化 T1 捕获测速，PWM 输出方式。设置比较输出模式 3，10 位 PWM 模式：TCCR1A＝0XC3；TCCR1B＝0X4A；上升沿输入捕获有效，时钟 8 分频。

增、减速按键检测采用外部中断方式，外部中断源 INT3。首先发送一读键盘指令 send（0X15），根据接收到的数值确定当前按键为增速键还是减速键。如果是减速键同时速度大于 0，则每按一次，速度减小 12 km/h，if（speed＞0）speed－＝12；若为增速键同时速度大于 0，则每按一次，速度增加 12 km/h，if（speed＜84）speed＋＝12。

3. 危险判断子程序

本控制系统设计的最终目的是在汽车有可能与前障碍物发生碰撞时，报警提醒驾驶员采取紧急措施，同时将 CST 装置伸出，在驾驶员反应不及汽车发生碰撞时能够起到保护汽车和乘员的作用。在报警模块，单片机首先检测天气按键情况，判断天气情况，进一步调出计算得出的速度信息，进行判定。若速度小于 30 km/h，则系统判定不需要采取任何危险防范措施。若速度大于 30 km/h，继续判断速度是否大于 80 km/h，是则报警并将 CST 伸出；否则继续检测速度在 30～80 km/h 的哪一速度段，调出相应的安全距离模型，判断当前距离值是否安全，安全则继续返回检测，不安全则报警并将 CST 伸出。报警模块子程序流程如图 2－48 所示。

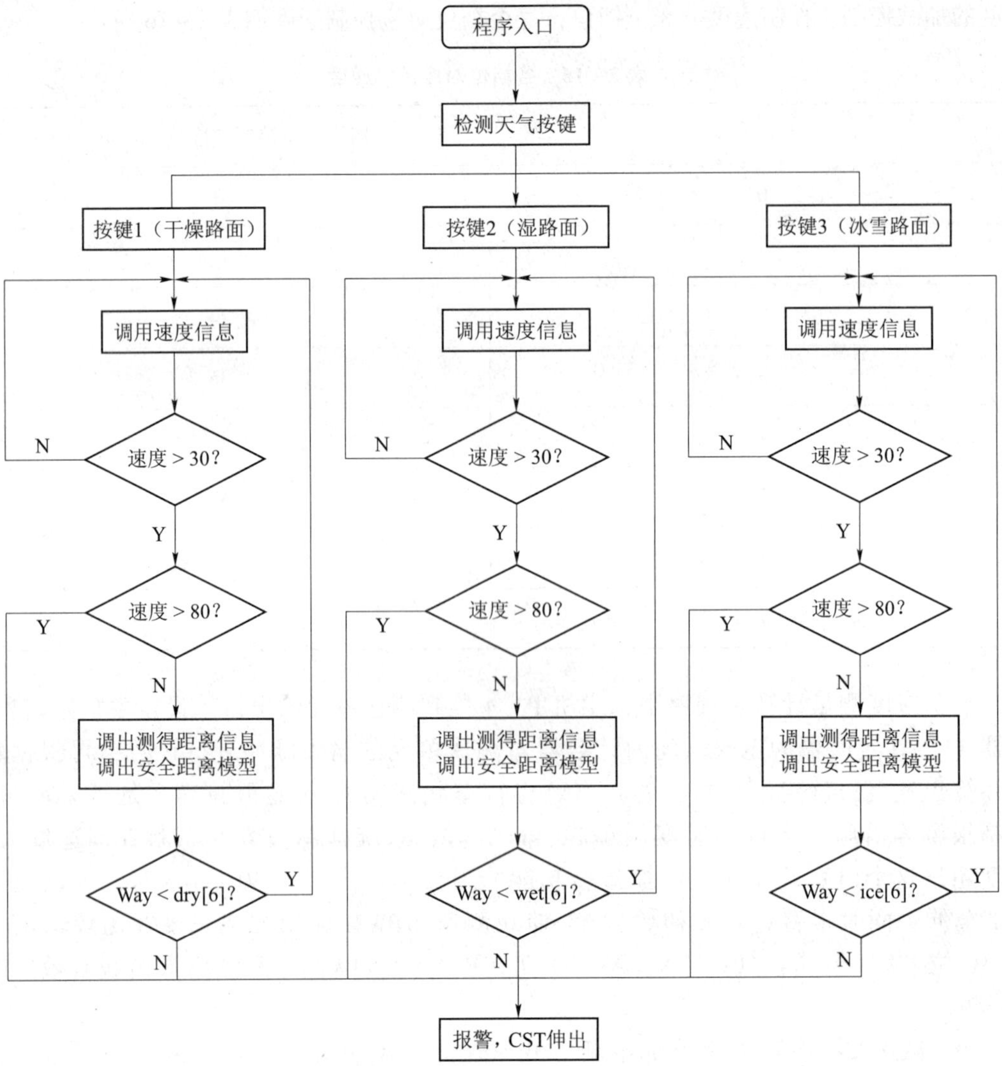

图 2－48　报警模块子程序流程

2.5.4　软件的抗干扰设计

在单片机控制器应用中，除了采用硬件的方法进行抗干扰外，也可以采用软件的方式来抑制外来干扰。软件抗干扰的优点主要在于，它不需要增加硬件设备，节约成本，而且使用灵活，修改方便。软件抗干扰的工作主要集中在两个方面：CPU 抗干扰技术和输入输出抗干扰技术。前者是为了防止因干扰造成程序的“跑飞”，后者主要是消除信号中的干扰以提高系统精度。抗干扰设计的任务就是将输入信号混杂的干扰信号摒弃，只留下有用的信号，即通过指令及一定的计算方法进行处理即可达到上述目的。

按键按下时有可能产生抖动导致控制系统不能正确判断。本系统为了减少硬件故障和节约成本，采用了软件消抖的方法，在每次按键按下时给予 5～10 ms 的延时。

2.6 软硬件调试结果

2.6.1 软件调试

本书使用 ImageCraft 的 ICCAVR 进行软件编写调试。启动 IDE 后，在“Project”目录菜单下新建一个工程文件，从“Project”菜单中选择“New”命令并且浏览至你希望输出工程文件的目录，如图 2－49 所示。创建自己的工程后开始编写程序源代码并保存成 *.c 格式，并利用“Add file”命令将其添加到工程中，如图 2－50 所示。

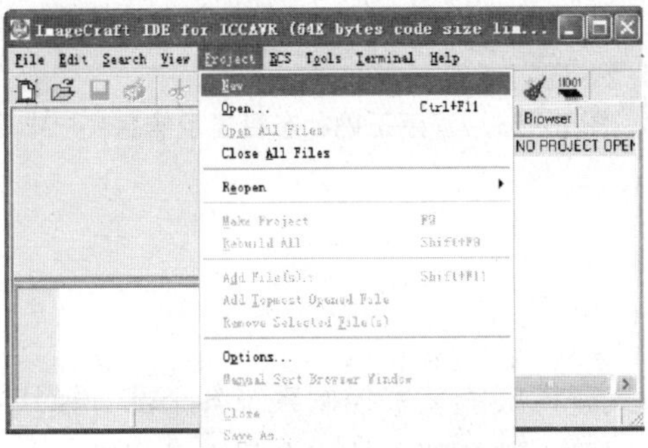

图 2－49 新建程序命令

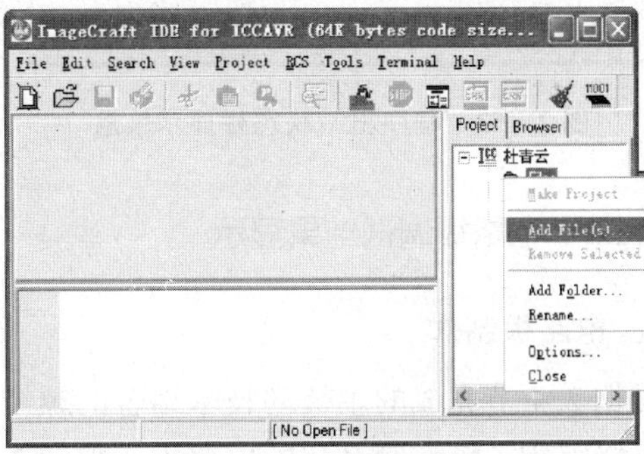

图 2－50 添加工程命令

由于程序编写过程中用到了该软件内部没有的 7279 等头文件，因此还应将需要用到的相关头文件添加进去。选择“Project”目录菜单下的“Options”命令，在“Include Paths”目录下添加头文件放置路径，如图 2－51 所示。

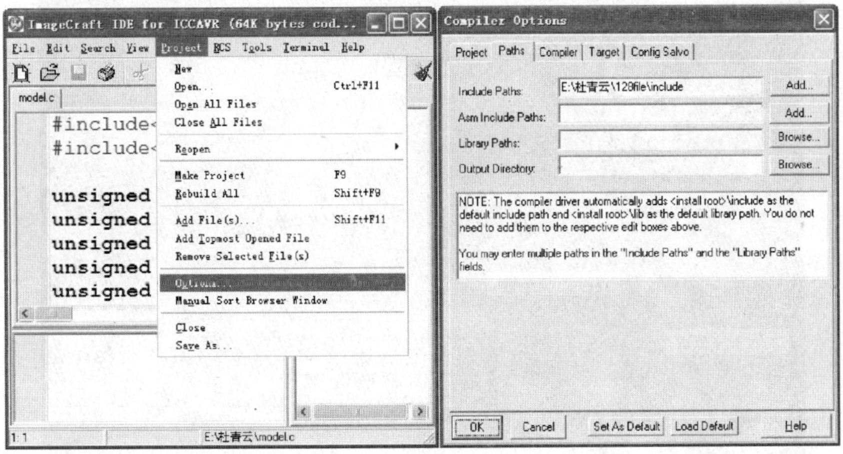

图 2－51 添加头文件命令

当程序编写完成后，可运行“Project”菜单目录下的“Rebuild”命令检查程序是否出错。当程序运行后，若程序有误，则该软件下方的状态栏会显示出错行或出错的原因，便于编写人员查错。从图 2－52 和图 2－53 中可以看出，程序出错和程序修改正确后两种情况状态栏显示信息。

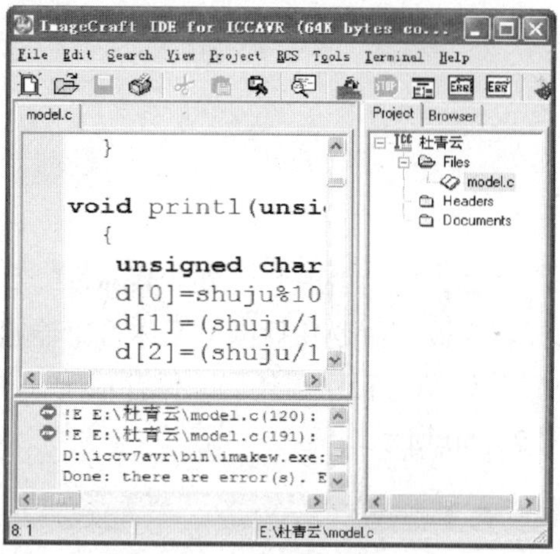

图 2－52　程序出错状态栏显示信息

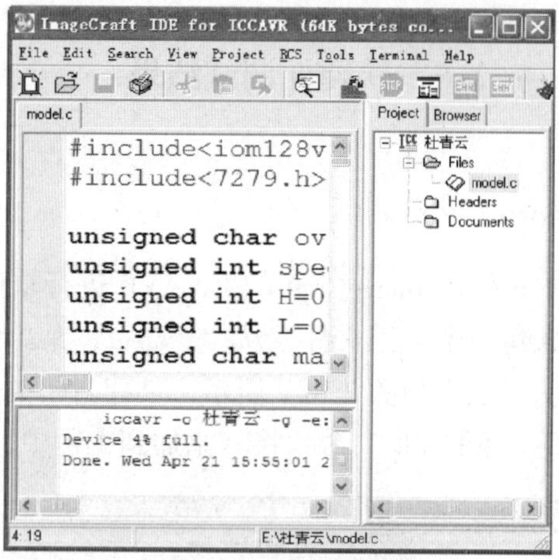

图 2－53　程序正确状态栏显示信息

2.6.2　电路板调试结果显示

1. 电路板制作

根据 2.4 节完成的主被动技术结合的螺纹剪切式碰撞吸能装置控制系统各个部分模块设计，最终完成了该控制系统的电路板，如图 2－54 所示，其各部分功能在图中做了标示。

图 2－54　最终完成电路板

2. 电路板调试结果

由于本系统每种天气情况均设置 7 种速度情况下对应的安全距离，合计有 21 种，下面仅以 3 种天气情况下速度为 36 km/h 和 84 km/h 的危险状况举例。当超过安全距离时，报警灯亮红色。

1）干燥路面情况

干燥路面情况下，对应于速度超过速度段 30 km/h 和 80 km/h 的安全距离分别为 23 m 和 79 m。在此速度段期间，该装置与前目标障碍物的距离小于等于安全距离值时报警灯亮报警，同时驱动电机带动 CST 装置旋出。其控制系统模型效果如图 2－55 和图 2－56 所示。

图 2－55　干燥路面 30 km/h 速度段危险报警

图 2－56　干燥路面 80 km/h 速度段危险报警

2）湿路面情况

湿路面情况下，对应于速度超过速度段 30 km/h 和 80 km/h 的安全距离分别为 24 m 和 88 m。在此速度段期间，该装置与前目标障碍物的距离小于等于安全距离值时报警灯亮报警，同时驱动电机带动 CST 装置旋出。其控制系统模型效果如图 2－57 和图 2－58 所示。

图 2－57　湿路面 30 km/h 速度段危险报警

图 2－58　湿路面 80 km/h 速度段危险报警

3）冰雪路面情况

冰雪路面情况下，对应于速度超过速度段 30 km/h 和 80 km/h 的安全距离分别为 30 m 和 125 m。在此速度段期间，该装置与前目标障碍物的距离小于等于安全距离值时报警灯亮报警，同时驱动电机带动 CST 装置旋出。其控制系统模型效果如图 2－59 和图 2－60 所示。

当超声波测距模块与前障碍物之间的距离大于安全距离即危险情况解除后，报警灯绿色亮显，如图 2－61 所示的电动机反转带动 CST 装置回缩。

图 2-59　冰雪路面 30 km/h 速度段危险报警

图 2-60　冰雪路面 80 km/h 速度段危险报警

图 2-61　系统危险解除状态图

至此，完成了基于主被动技术结合的螺纹剪切式汽车碰撞吸能装置控制方法的模型模拟。

第 3 章

基于制动系统实时监测的 CST 新型电子控制系统

3.1 理论分析

本章主要介绍 CST 装置的工作原理及相关参数，CST 装置的智能控制原理，从理论上分析运行车辆制动的评价方法及原理，从而为软件设计提供理论依据。

3.1.1 CST 装置的工作原理及相关参数

1. CST 装置的工作原理

CST 装置的结构如图 2－1 所示。其工作原理如下：发生碰撞时，瞬间产生的碰撞能量经保险杠传到冲击杆，冲击杆在碰撞能量的冲击下带动与之啮合的冲击套沿着冲撞力的方向运动，此时，固定螺钉首先断裂，接着冲击杆和冲击套继续运动，冲击套剪切螺纹套管上的内螺纹，碰撞产生的能量便在固定螺钉断裂和冲击套剪切内螺纹的过程中被吸收，其中，后者为主要吸能过程。

CST 装置与车身的连接方法如图 2－4 所示。由图 2－4 可以看出，CST 装置安装于汽车头部，自带保险杠系统，并且呈左右对称的两根分布于车身两边，故单根 CST 装置的吸能能力为碰撞时产生总能量的一半即可。

在这个结构中，对于给定的螺纹，发生剪切破坏所需的力基本为常数，根据力与质量之比就是减速度的原理，可知作用在汽车质心处的减速度值也近似为常数，故碰撞过程平稳。

车速越大，碰撞产生的能量就越多，要求 CST 装置的吸能能力就越大。根据以上所述吸能装置的工作原理和吸能机理可知，可剪切的螺纹数越多，CST 装置吸能能力就越大。如果在即将发生危险时，为了保护生命和财产的安全，使 CST 装置的吸能能力达到最大，这样损失就会很小。由汽车制动系统失效而导致的交通事故的比例不小，因此，将 CST 装置应用于制动系统中来减少经济损失和确保安全是十分可取的。

2. CST 装置的相关参数

在本系统中，结合道路运行和模拟装置的实际情况，主要讨论假设最大吸能能力为 80 km/h 的吸能装置的智能化控制，即冲击杆全部伸出，CST 装置最大能够吸收 1.6 t 的汽车以 300 km/h 的速度正面撞击固定壁障所具备的冲击动能。针对80 km/h 的吸能能力方案，吸能装置中螺纹套管上的内螺纹数目为 16 圈，材料为 Q460。螺纹套管和冲击杆的结构参数如表 3－1 所示。基于这些参数，螺纹套管中内螺纹的相关吸能参数如表 3－2 所示。可知，剪切一圈螺纹可以达到的理论吸能能量 $e=12\ 345.7$ J，这个参数将在后面确定吸能装置的最大吸能能力和被剪切的螺纹圈数的换算关系时作为选择直流电动机型号的依据。

表 3－1　螺纹套管和冲击杆的结构参数

	形式	导程/mm	螺距/mm	公称直径/mm	中径/mm	螺纹圈数
螺纹套管内螺纹	双线螺纹	28	14	60	53	16
冲击杆外螺纹	梯形螺纹	12	12	44	38	42

表 3－2　材料为 Q460 的双线螺纹的相关能量参数

名称	符号	数值
公称直径/mm	D	60
螺距/mm	P	14
剪切宽度/mm	b	7.267
碰撞质量/kg	m	1 600
碰撞速度/$(\mathrm{m \cdot s^{-1}})$	v	13.89
理论计算减速度/g	a	14.01
最终合成减速度平均值/g	A	15.02
误差值/%		7.21
理论吸能量/J	E_t	12 345.7
有限元计算吸能量/J	E_f	12 651
误差值/%		2.47
所需螺纹圈数		16

在零件加工前，根据 CST 装置的机构尺寸图和钢的密度 7.85 g/cm^3 来估算整个零件的重力。因对整个零件重力这个值的精度要求不高，故可将装置估算成一个横截面直径 d 为 80 mm，高 h 为 600 mm 的圆柱体来计算整个零件的体积，则整个零件的体积为

$$V=\pi\left(\frac{d}{2}\right)^2 h\approx 3\ 015\ 928.94\times10^{-9}\ \mathrm{m}^3$$

那么零件重力为：$G=\rho Vg\approx232.02$ N，故取零件重力为 232 N。同时，可将冲击杆估算成一个横截面直径 d 为 440 mm，高 h 为 1 122 mm 的圆柱体，则冲击杆体积为

$$V_{杆}=\pi\left(\frac{d}{2}\right)^2 h\approx 1\ 672\ 583.93\times10^{-9}\ \mathrm{m}^3$$

那么冲击杆的质量为

$$M_{杆}=\rho V\approx13.13\ \mathrm{kg}$$

考虑到这个质量将在直流电动机选型时用于计算，取

$$M_{杆}=15\ \mathrm{kg}$$

3.1.2　CST 装置的智能控制原理

利用电子控制系统，检测到将有危险状况出现时，立即驱动执行机构电动机将 CST 装置的冲击杆全部推出，即冲击杆处于全伸状态；正常情况下冲击杆将被控制在全缩状态。

3.1.3 汽车制动性能的评价方法及制动系统实时监测分析

1. 汽车制动性能的评价方法

汽车制动性能的评价主要有以下三个方面：

（1）制动效能，包括制动距离、制动减速度、制动力，是制动性能基本的评价指标。

（2）制动效能的恒定性，主要是指汽车制动器的抗衰退性能，包括抗热衰退性能和抗水衰退性能。

（3）制动时汽车的方向稳定性，是指制动时汽车不发生跑偏、侧滑以及失去转向能力的性能。

在汽车制动期间，以制动减速度作为判断汽车制动系统是否失效的依据，采用加速度计实时监测汽车在制动过程中的制动减速度值，并与设定的门限值作比较。传统的加速度计一般为惯性滑块式，体积大、精度低，因此测量的数据不准确。近年来，随着微机电系统（Micro Electro Mechanical System，MEMS）技术的发展，微型机电加速度计已具有体积和质量小、响应快、灵敏度高、易生产等特点，因此为车载系统的应用提供了可能。

2. 制动系统实时监测的原理

在图 2－12 所示汽车制动过程的基础上进行拓展，可得如图 3－1 所示驾驶员在接受紧急制动信号后，制动踏板力、制动减速度与制动时间的关系曲线（经简化后的）。

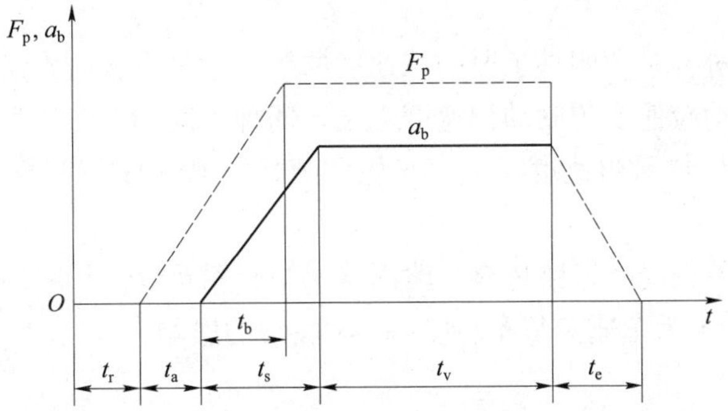

图 3－1　汽车的制动过程

图 3－1 中各段时间含义叙述如下：

（1）t_r：驾驶员反应时间，即从驾驶员得到制动信号到把脚力加到制动踏板上所经历的时间。其中包括驾驶员得到制动信号并作出决定，把脚从加速踏板换到制动踏板上所需要的时间。这段时间一般为 0.3～1.0 s。

（2）t_a+t_s：制动器起作用时间，其中 t_a 为从施加操纵力到出现地面制动力的时间，t_s 为减速度增长时间。这段时间一般为 0.2～0.9 s。

（3）t_v：持续制动时间，减速度达到最大。

（4）t_e：制动放松时间。

在制动期间，通过单片机，一旦检测到有踏板力（制动灯开关信号），则此刻即开始制动时刻。然后在制动器起作用时间（t_a+t_s）内实时监测制动减速度，从时刻 t_a+t_s 的减速度值是否达到门限值来判断制动系统是否失效，如果低于这个值，则说明制动系统失效。因此，关键是如何确定此门限值。

3. 门限值的确定

有关资料通过路试法，采用 BJ2020 越野车，在平坦干燥的沥青路面和土路上做了满载、不同制动初速度的紧急制动试验。得出如下结论：

（1）车轮抱死点对应着制动减速度最小值，图 3 -2 所示为制动减速度与车轮滑移率的关系曲线。

（2）制动减速度与制动初速度有关，图 3 -3 所示为制动初速度 v_0 分别为 30 km/h、45 km/h、60 km/h、80 km/h 时的紧急制动减速度与制动初速度的关系曲线。

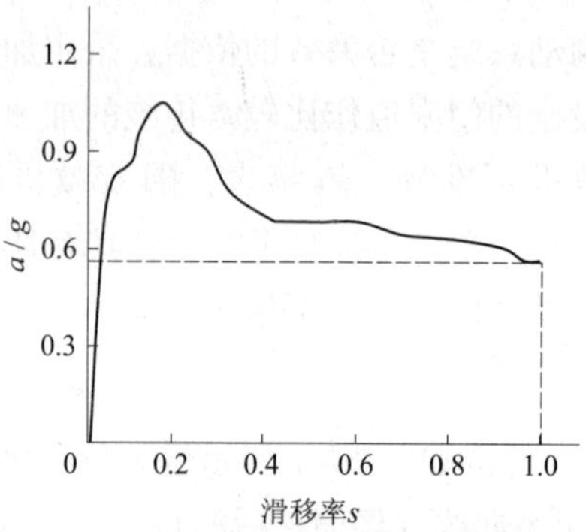

图 3 -2　制动减速度与滑移率的关系曲线

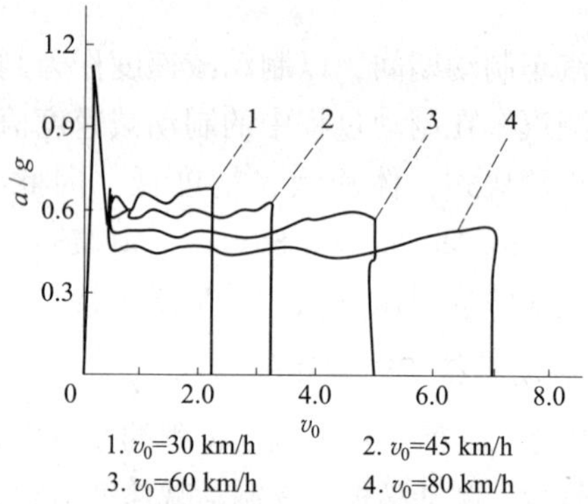

图 3 -3　制动减速度与制动初速度的关系曲线

紧急制动在瞬变过程中，四种工况的减速度曲线几乎是重合的，说明汽车在瞬变过程中的响应是相同的，制动减速度与制动初速度无关。四种工况的车轮抱死点也几乎是在同一时刻，说明车轮抱死点与制动初速度无关。车轮抱死后，减速度值明显不同，制动初速度越大，则减速度值越小。

附着系数的数值不仅受到道路材料、路面状况与轮胎花纹、材料的影响，还受到行驶车速的影响。图 3 -4 所示为车速对货车轮胎 $\varphi_b - s$ 曲线的影响。

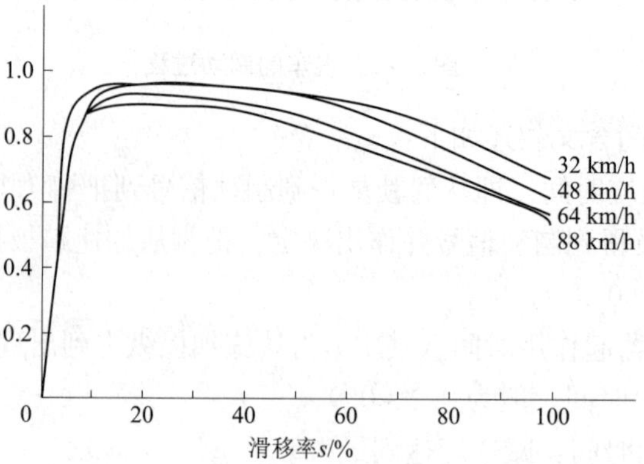

图 3 -4　车速对制动力系数曲线的影响

门限值在制动器作用时间内应至少达到制动减速度应该达到的最小值，即车轮抱死点的制动减速度值。车轮抱死点发生在同一时刻，但对应的减速度值却与制动初速度有关，由

图 3－2和图 3－3 可知，各车速（30～80 km/h）制动抱死点的减速度值相差很小，取平均值的 50%作为门限值，足以说明各车速在制动期间制动器作用时间（t_a+t_s）内达不到此值时制动系统便失效了。

纵向制动力附着系数曲线，即 φ_b-s 曲线如图 3－5 所示。$s=100\%$ 时的制动力系数称为滑动附着系数 φ_s，地面最大制动力 $F_{bmax}=F_z\varphi=mg\varphi$。即由车轮抱死点对应的平均滑动附着系数便可求出抱死点的制动减速度 $a=\varphi_s g$，即门限 $a_m=50\%\varphi_s g$。各种路面上的平均附着系数如表 3－3 所示。

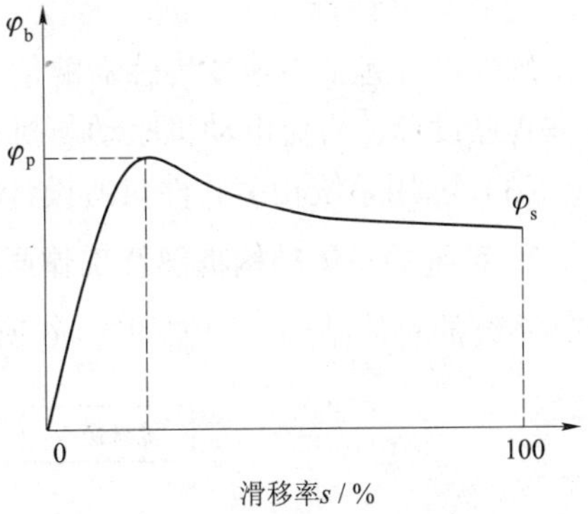

图 3－5　纵向制动力附着系数与滑移率的关系曲线

表 3－3　各种路面上的平均附着系数

路面类型	峰值附着系数	滑动附着系数
干路面	0.80～0.90	0.75
湿沥青路面	0.50～0.70	0.45～0.60
湿混凝土路面	0.80	0.70
雪压紧路面	0.20	0.15
冰路面	0.10	0.07

我们取四种路面类型，即干路面、湿沥青路面、湿混凝土路面、雪压紧路面，由表 3－3 的平均滑动附着系数，根据门限值 $a_m=50\%\varphi_s g$，便可计算出四种路面类型的门限值分别为 $a_{m1}=0.375g$，$a_{m2}=0.225g$，$a_{m3}=0.35g$，$a_{m4}=0.075g$。

3.1.4　系统的总体结构

1. 系统的总体状况

（1）硬件设计。

① 系统电源设计。

汽车内部供电电压一般为 +12 V 左右，而系统单片机所需的是稳定的 +5 V 电压，因此系统需要供电模块来实现 +12 V 到稳定的 +5 V 的电源变换。

② 单片机基本电路设计。

③ 传感器及开关量电路设计。

本节将讲述占空比信号输出的加速度计与单片机接口电路设计，键盘及制动灯信号开关与单片机接口电路设计。

④ 执行机构电路设计。

直流电动机驱动芯片与单片机接口电路设计及执行电路设计。

(2) 软件设计。

软件设计包括加速度传感器的信号采集与运算处理程序设计，键盘输入信号及制动信号处理程序设计，直流电动机驱动与执行程序设计。

(3) 利用系统相关软件对所设计的系统进行调试、联调仿真及硬件实物模拟。

2. 系统的总体结构框图及工作原理

系统的总体结构框图如图 3－6 所示。

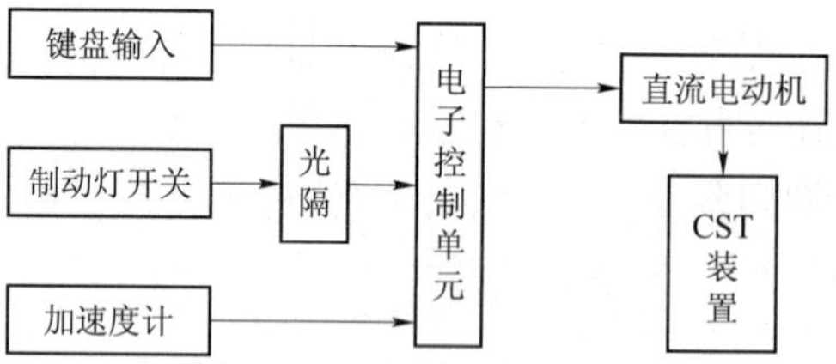

图 3－6　系统总体结构框图

驾驶员通过按键选择汽车行驶的路面类型；通过制动灯开关信号经光隔告知电子控制单元（单片机）汽车制动了；加速度传感器便开始实时监测制动减速度信号，并将减速度信号转换为占空比信号输出，单片机接收占空比信号并通过相应的制动减速度值计算公式把汽车实时制动减速度计算出来，同时与设定的门限值做比较来判定制动系统是否失效，如果失效，单片机便立刻驱动直流电动机将 CST 装置的冲击杆全部伸出。

本节从理论上分析了汽车制动性能的评价方法及原理，建立了适于运行车辆制动性能实时监测的相关数学模型，其特点在于汽车是处于制动期间进行的监测及相应情况下 CST 装置冲击杆应被进行的动作状态。分析了加速度计对安装位置的要求，在此基础上确定了系统的总体方案。

3.2　硬件设计

3.2.1　系统的电源设计

汽车内部供电电压一般为 +12 V，而系统单片机所需的是稳定的 +5 V，因此系统需要供电模块来实现 +12 V 到稳定的 +5 V 的电源变换。加速度计传感器 ADXL202 输出的占空比信号对电源供应很敏感，不稳定的电源电压将影响器件的输出信号。由于某些原因，外部电路能引起 ADXL202 加速度计的占空比信号输出过载，这将增加它的电流消耗。这种情况下，电压供应可能变得不稳定，从而会引起器件输出的波动。

汽车上存在较大的干扰，因此用开关电源较理想，并至少用两套电源系统，其中执行机构是一套。本系统采用 78L05 三端集成稳压电源电路，如图 3－7 所示。78L05 是一种固定电压 5 V 三端集成稳压器，其适用于很多应用场合。此外，还可以和其他功率转移器件一起构成大电流的稳压电源。其具有如下特点：输出电流可达 100 mA；无须外接元件；内部热过敏保护；内部短路电流限制等。与 7805 相比，它具有体积小、功耗低的优点。

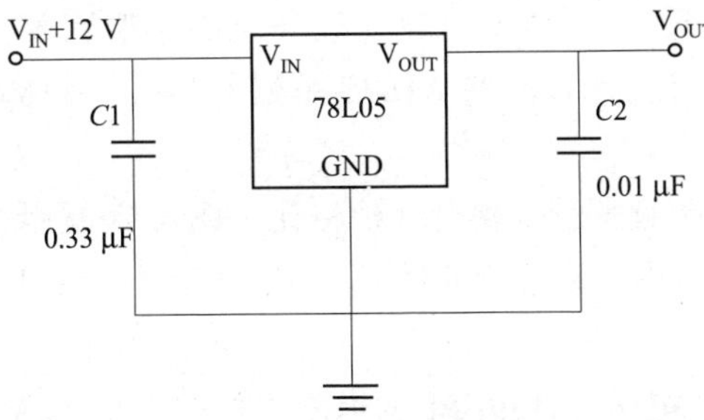

图 3－7　系统电源电路原理图

完成系统电源的设计之后，要进一步进行单片机接口电路、传感器电路、键盘及制动灯开关信号电路及电动机电路等的设计。

3.2.2　单片机选型及基本电路设计

单片机的应用领域十分广泛，如家用电器、办公自动化、智能接口、工业自动化、测控系统、汽车电子与航空航天电子系统等。正是由于单片机技术在各个领域得到越来越广泛的应用，世界上许多集成电路生产厂家相继推出了各种类型的单片机。

1. 单片机选型

目前中国销售的主流单片机产品有 8051 系列、PIC 系列、MSP430 系列、AVR 系列等，如图 3－8 所示。

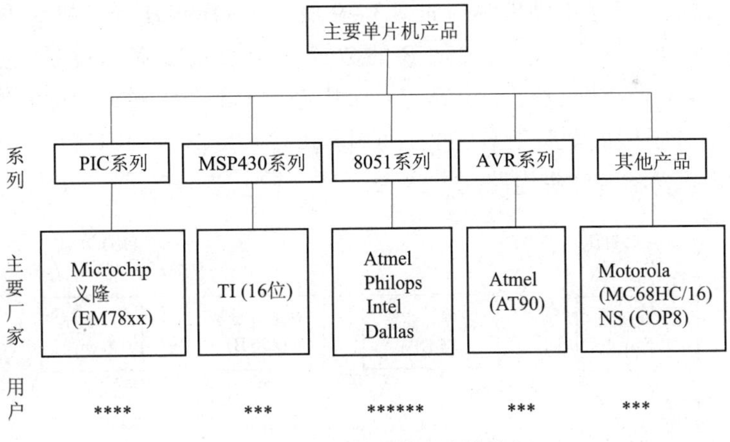

图 3－8　中国销售的主流单片机

在单片机家族的众多成员中，MCS－51 系列单片机以其优越的性能、成熟的技术及高可靠性和高性价比，成为国内单片机应用领域的主流。MCS－51 系列单片机有丰富的软件资源及外围硬件接口资源，同时具有良好的 C 编译器厂商，如 Keil、Tasking、Franlin 等，大大地提高了编程效率。本书采用 Atmel 公司的 AT89S51 单片机作为系统的控制单元，AT89 系列单片机和 MCS－51 单片机在内部功能、引脚以及指令系统方面完全兼容。由于 AT89 系列单片机继承了 MCS－51 的原有功能，内部含有大量的 Flash 存储器，又增加了新的功能，如看门狗定时器 WDT、ISP 及 SPI 串口接口技术等，因此在电子产品开发及智能化仪器仪表中有着广泛的应用，是目前取代 MCS－51 系列单片机的主流之一。该系列单片机在国内应用较多、资料比较齐全，其本身性价比较高，供货渠道较多。Atmel 公司已停止生产 AT89C51 单片机，推出了性价比较高的 AT89S 系列单片机。AT89S51 相对于 AT89C51 具有如下新的特点：

（1）新增很多功能，性能有了较大提升，价格比 AT89C51 更低。

（2）具有 ISP 在线编程功能。该功能的优势在于改写单片机存储器内的程序时不需要把芯片从工作环境中剥离。

（3）最高工作频率为 33 MHz。AT89C51 的极限工作频率是 24 MHz，就是说 AT89S51 具有更高的工作频率，从而具有更快的计算速度。

（4）具有双工 UART 串行通道。

（5）内部有集成看门狗计时器，不再需要像 AT89C51 那样外接看门狗计时器单元电路。

（6）双数据指针 DPTR0 和 DPTR1，方便了对外部 RAM 的访问过程。

（7）电源关闭标识。

（8）全新的加密算法，这使得对于 AT89S51 的解密变得不可能，程序的保密性大大加强，这样就可以有效地保护知识产权不被侵犯。

（9）兼容方面：向下完全兼容 51 全部子系列产品，如 8051、AT89C51 等早期 MCS－51 兼容产品。也就是说，不论采用的单片机是 8051、AT89C51 还是 MCS－51 等，在 AT89S51 上一样可以运行。

（10）断电状态下的中断恢复模式。

AT89S51 系列单片机采用了 CMOS 技术制造，较之前的 AT89C51 系列单片机，集成度高、速度快、功耗低。其基本硬件结构如图 3－9 所示。AT89S51 单片机的主要特点：1 个 8 位中央处理器；4 KB 程序存储器；256 B 的数据存储器；32 条 I/O 口线（P0、P1、P2、P3）；2 个或 3 个定时器/计数器；1 个具有 6 个中断源、4 个优先级的中断嵌套结构；用于多处理机通信、I/O 扩展或全双工 UART（通用异步接收发器）的串行口；特殊功能寄存器（SFR）；1 个片内振荡器和时钟电路。

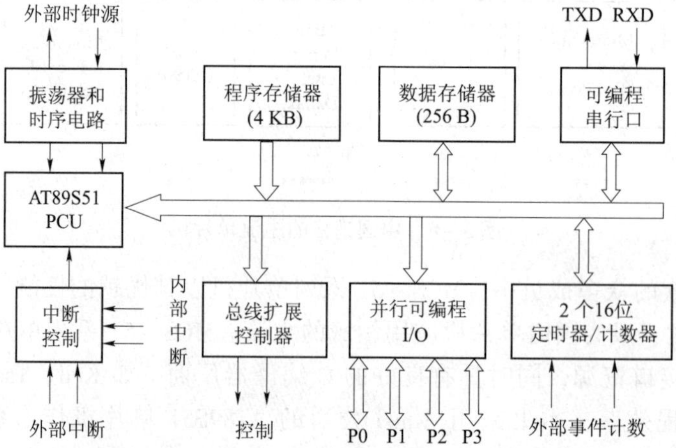

图 3－9　AT89S51 单片机的基本组成框图

AT89S51 有 40 个引脚双列直插（DIP）、44 引脚（PLCC）、44 引脚（TQFP）封装形式。AT89S51 的封装如图 3－10 所示。

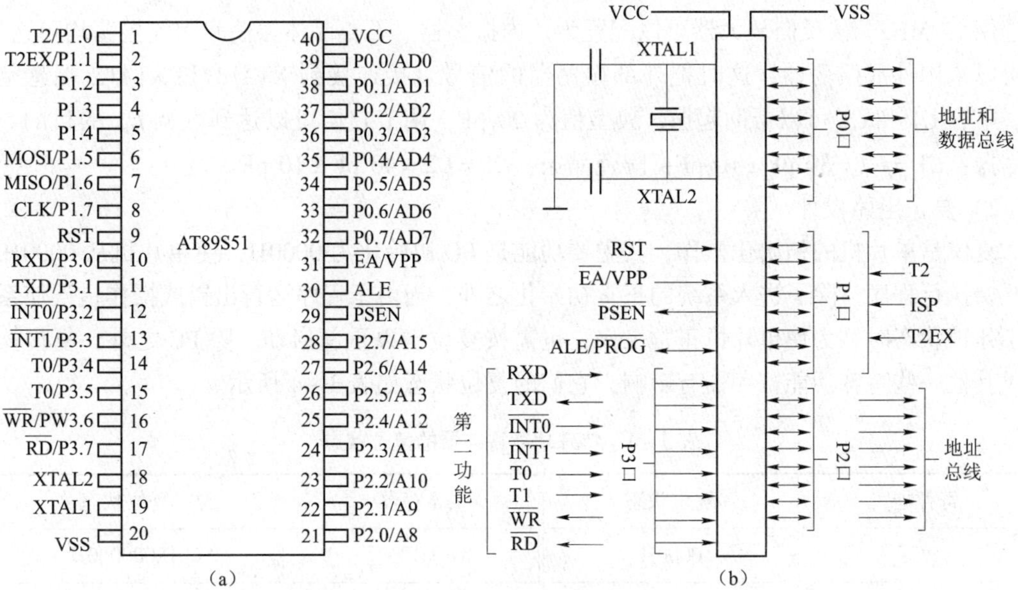

图 3－10　AT89S51 封装

（a）40 引脚双列直插（DIP）封装；（b）逻辑符号

2. 单片机基本电路设计

1）振荡器、时钟电路设计

图 3－11 所示为 AT89S51 单片机基本电路。

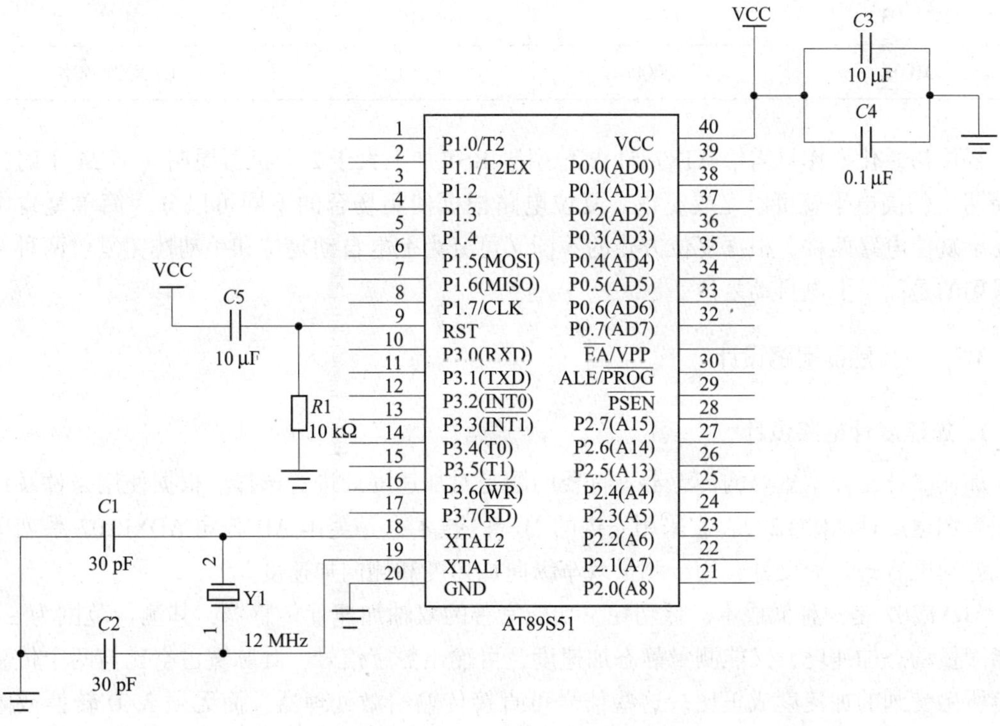

图 3－11　单片机基本电路

晶振 XTAL1 和 XTAL2 分别为反向放大器的输入和输出，其频率范围为 0～24 MHz，本章选用 12 MHz。该反向放大器可以配置为片内振荡器。石英晶体振荡和陶瓷振荡均可选用。也可以采用外部振荡器，这时把外部振荡器的信号直接连接到 XTAL1 和 XTAL2 端悬空不用。电容 $C1$ 和 $C2$ 可以帮助起振，典型值为 20 pF，调节它们可以达到微调 f_{OSC} 的目的。石英晶振：$C1=C2=30\ pF\pm10\ pF$；陶瓷晶振：$C1=C2=40\ pF\pm10\ pF$。

2）复位电路设计

复位是单片机的初始化操作，其主要功能是 PC 初始化为 0000H，使单片机从 0000H 单元开始执行程序。除了进入系统的正常初始化之外，当由于程序运行出错或操作错误使系统处于死锁状态时，为使单片机正常工作，也需按复位键以重新启动。除 PC 之外，复位操作还对其他一些特殊功能寄存器有影响，它们的复位状态如表 3－4 所示。

表 3－4　特殊功能寄存器的复位状态

寄存器	复位状态	寄存器	复位状态
PC	0000H	TCON	0X000000H
ACC	00H	TL0	00H
B	00H	TH0	00H
PSW	00H	TL1	00H
SP	07H	TL2	00H
DPTR	0000H	SCON	00H
P0～P3	FFH	SBUF	不定
TMOD	XX000000B	PCON	0XXX0000B

复位初始化操作只需给 AT89S51 复位引脚 RST 加上大于 2 个机器周期（即 24 个时钟振荡周期）的高电平就可以完成复位。复位电路根据使用场合的不同可以分为简单复位电路和复杂复位电路两种，根据复位方式的不同又可分为上电自动复位和手动按钮复位两种。本章采用的是简单上电自动复位。

3.2.3　传感器电路设计

1. 加速度计电路设计

加速度计是非常重要的传感器，首要问题是对加速度计进行选择。根据使用条件及用途选用微加速度计 ADXL202，它采用先进的 MEMS 技术，是美国 AD 公司 ADXL202 系列单片集成差动电容式加速度计，用于测量汽车纵向加速度和侧向加速度。

ADXL202 是一种低成本、低功耗、功能完善的双轴加速度传感器，其测量范围为 $\pm2g$，既能测量动态加速度，又能测量静态加速度，可输出数字信号，其脉宽占空比与两个传感器各自所感受到的加速度成正比。这些信号可直接传输给微处理器，而无须 A/D 转换或附加其他电路。输出信号周期在 0.5～10 ms 内，可用外接电阻 R_{SET} 调节。如果需要与加速度成正比的模拟电压输出，则可从 X_{FILT} 和 Y_{FILT} 引脚输出信号，或使用对脉宽占空比输出信号滤波后的信号。

1）ADXL202 的引脚功能与性能特点

ADXL202 的带宽可以通过电容 C_X 和 C_Y 在 0.01 Hz ~ 5 kHz 的范围内设定，其典型噪声值为 500 μg/Hz$^{1/2}$，60 Hz 带宽时的分辨率为 5 mg。采用 14 引脚表面封装，有两种工作温度范围：商业温度范围 0 ℃ ~ 70 ℃，工业温度范围为 −40 ℃ ~ 85 ℃。图 3−12、图 3−13 和图 3−14 所示分别为 ADXL202 的实物、引脚排列和功能结构框图。表 3−5 所列的是其引脚名称及功能。ADXL202 具有以下特点：

（1）它是集双轴加速度传感器于一体的单块集成电路。

（2）既可测动态加速度，又可测静态加速度。

（3）具有脉宽占空比输出。

（4）低功耗，工作电流小于 0.6 mA。

（5）响应快。

（6）每根轴的带宽均可通过电容调整。

图 3−12　ADXL202 双轴加速度计实物

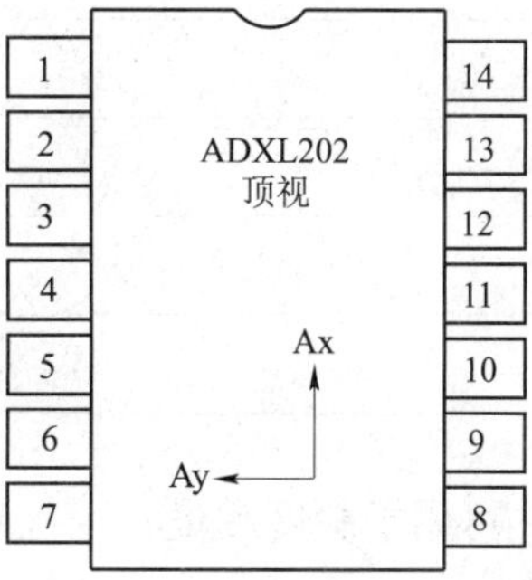

图 3−13　ADXL202 的引脚排列

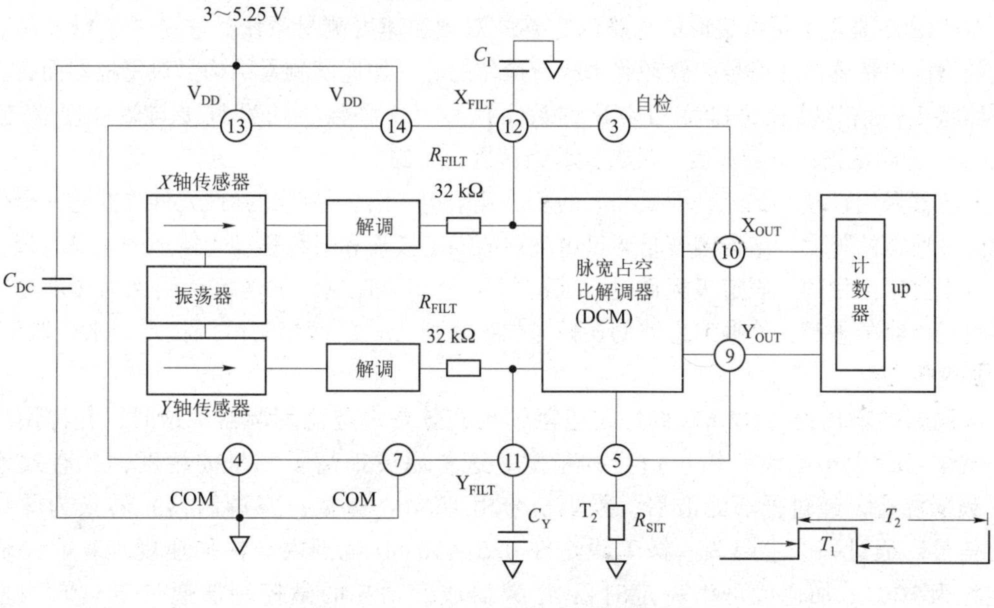

图 3−14　ADXL202 的功能结构框图

（7）60 Hz 宽带时的分辨率为 5 mg。

（8）直流工作电压为 3 ~ 5.25 V。

（9）可承受 1 000 g 的剧烈冲击。

表 3-5　ADXL202 的引脚名称及功能

管脚序号	名称	功能
1、6、8	NC	空置端
2	VTP	检测端
3	ST	自检输入端
4、7	COM	公共接地端
5	T_2	外接 R_{OUT}，可设定 T_2 周期
9	Y_{OUT}	Y 轴脉宽信号输出端
10	X_{OUT}	X 轴脉宽信号输出端
11	Y_{FILT}	连接 Y 滤波电容
12	X_{FILT}	连接 X 滤波电容
13	V_{DD}	电源端，接 3 ~ 5.25 V，与 14 脚连接
14	V_{DD}	电源端，接 3 ~ 5.25 V，与 13 脚连接

ADXL202 可用于斜度测量、惯性导航、地震监测、交通安全系统、电池供电的运动测量装置等领域。

2）ADXL202 的工作原理

ADXL202 是基于单块集成的电路的完善的双轴加速度测量系统。它是一个以多晶硅为表面的微电机传感器和信号空置环路来执行操作的开环加速度测量结构。对每根轴而言，输出环路将模拟信号转换为脉宽占空比的数字信号。这些数字信号直接与微处理器连接。ADXL202 可测量正、负加速度，其最大测量范围为 ±2g。

传感器采用在硅片上经表面微加工的多晶硅结构，用多晶硅的弹性元件支撑它并提供平衡加速度所需的阻力。结构偏转是通过由独立的固定极板和附在移动物体上的中央极板组成的可变电容来测量的。固定极板通过方波的每 π 个相位控制。加速度计受到加速度力后改变了可变电容的平衡，使输出方波的振幅与加速度成正比。而相位解调技术用来提取信息，判断加速度方向。

解调器的输出通过 32 kΩ 的固定电阻输出到脉宽占空比解调器。这时，允许用户改变滤波电容的大小来设置输出信号的带宽。这种滤波提高了测量的精度，并有效地防止了频率混叠。经过低通滤波后，模拟信号由 DCM（脉宽占空调制器）转换为脉宽占空比信号。通过一个电阻 R_{SET} 将 T_2 设定在 0.5 ~ 10 ms 范围内。在加速度为 0 时使输出占空比为 50%。加速度可由一定时器/计数器或低功耗的微控制器通过 T_1、T_2 测量来测得。

3）ADXL202 具体电路的设计

ADXL202 的电路设计包括选择信号周期、滤波电容（决定信号的频带）、分辨率和测量时间。

（1）引脚连接。

V_{DD}：ADXL202 有两个电压输入引脚 13 和 14，这两个引脚可直接与电源相连。本系统经过 100 Ω 的去耦电阻接电源。

COM：ADXL202 有两个接地引脚 4 和 7，它们应直接相连并接地。

VTP：该引脚应保持开路，不与其他任何引脚相连。

V_{DD}：与 COM 引脚相连，其间连接退耦电容，使用 0.1 μF，形成电源退耦电路。

ST：自检输入端，当 ST 接 V_{DD}时，将加一个静电压使传感器的中心电容极板发生偏转，等效于施加一个加速度力，帮助用户检查加速度计的功能。输出信号脉宽占空比为 10%，相当于 80mg 的加速度。平时可开路，也可与 COM 引脚相连。

T_2：经电阻 R_{SET}接地，调节输出信号周期。输出信号周期 $T_2 = R_{SET}/(125\ \text{k}\Omega)$。也可由表 3－6 来选择 R_{SET}。

（2）信号带宽的计算。

通过 C_X和 C_Y来设定带宽，在 X_{FILT}和 Y_{FILT}引脚接上电容，电容必须安装在紧靠引脚处，用以去混叠和抑制噪声。3 dB 带宽的公式为：$F_{-3\ dB} = 5F/C_{(X,Y)}$。在任何情况下，$C_{(X,Y)}$的电容最小值为 1 000 pF，表 3－7 所示为滤波电容 C_X和 C_Y与信号带宽的关系。

表 3－6　T_2与 R_{SET}的关系

T_2/ms	R_{SET}/kΩ
1	125
2	250
5	625
10	1 250

表 3－7　滤波电容 C_X和 C_Y的选择

带宽/Hz	电容/μF
10	0.47
50	0.10
100	0.05
200	0.027
500	0.01
5 000	0.001

（3）加速度的计算。

输出信号周期 $T_2 = R_{SET}/(125\ \text{k}\Omega)$，信号通过低通滤波器之后，占空比调制器把信号转换为数字信号输出。通过 T_2 引脚的外接电阻可以改变 T_2的周期（0.5～10 ms），适于在精度要求不同的场合下使用。输出的占空比信号通过计数器可以计算出占空比。加速度的计算可以通过下式得到：$a = (T_1/T_2 - 50\%)/12.5\%$ （g）。

本系统取 $R_{SET} = 125\ \text{k}\Omega$ 得信号周期 1 ms，取滤波电容 C_X和 C_Y都为 0.1 μF 得到信号带宽 50 Hz。

3.2.4　键盘及制动灯开关信号的设计

本设计是由驾驶员根据天气、道路状况来判断路面类型的，通过按键来实现对汽车行驶路面类型的选择。键盘是若干按键的集合，是单片机的常用输入设备，操作人员可以通过键盘输入数据或命令，实现人机通信。系统通过制动灯开关信号来告知单片机汽车已制动，由于在汽车中发动机火花塞会产生电磁干扰，因此对于制动灯开关信号开关量必须进行一定的隔离，本系统采用光电耦合器件来实现信号在电器上的隔离。

1. 键盘输入

键盘可以分为独立连接式和行列（矩阵）式两类，每一类又可根据对按键的译码方法分为编码键盘和非编码键盘两种类型。编码键盘主要通过硬件电路产生被按按键的键码和一个选通脉冲，选通脉冲常用作 CPU 的中断请求信号，以便通知 CPU 以中断方式接受被按按键的键码。这种键盘使用方便，但硬件电路复杂，通常不被微型计算机采用。

在非编码键盘中，每个按键的作用只是使相应接点接通或断开，每个按键的键码并非由硬件电路产生，而是由相应扫描处理程序对它扫描形成的。因此非编码键盘硬件电路极为简单，在微型计算机中得到了广泛应用。在独立连接式非编码中，每个按键都是彼此独立的，均需占用 CPU 的一条 I/O 输入数据线。行列式非编码键盘是一种把所有按键排列成行列矩阵的键盘。在这种键盘中，每根行线（水平线）和列线（垂直线）的交叉处都接有一个按键，每当某个按键被按下时，与这个按键相连的行线和列线就会接通，否则处于断开状态。因此，一个 $M \times N$ 的行列式非编码键盘只需 M 条行线和 N 条列线，共占 $M+N$ 条单片机的 I/O 端口线。

本研究选择独立连接式键盘，驾驶员只要按相应的按键就可以选择对应的路面类型。相应的硬件电路设计如图 3－15 所示。

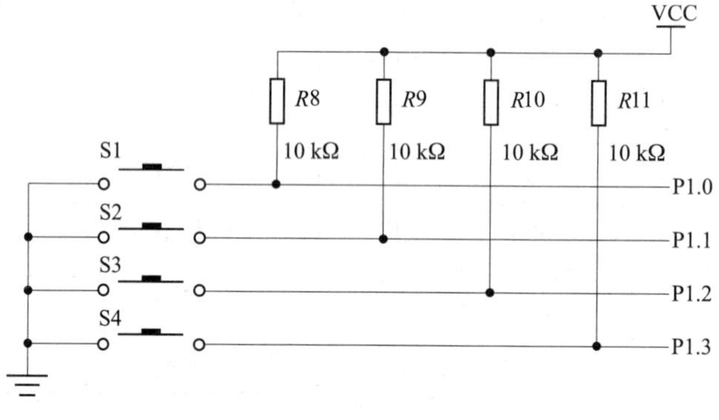

图 3－15　键盘硬件电路设计

2. 制动信号输入电路的设计

数字信号和开关信号输入到单片机应注意两点：

（1）工业现场的开关信号一般情况下都不是和 MCS－51 单片机兼容的 TTL 电平，这时需要将不同的电平信号转换为单片机所需的 TTL 电平，即电平转换。

（2）即使工业现场的开关信号符合 TTL 电平，由于一般情况下各种机械和电磁等干扰都很严重，就需要对信号做一些调理或隔离的处理，即电器隔离。这样经过电平转换和电器隔离后的数字和开关信号才能输入单片机中。

以单片机组成的微处理控制系统，如何解决好抗干扰问题，提高运行可靠性显得十分重要。干扰对单片机系统的影响有三个部位：

（1）输入系统，它使模拟信号失真、数字信号出错。

（2）输出系统，使各输出信号混乱。

一般来说，这两个部位的干扰均可通过硬件抗干扰和数字滤波加以解决。

（3）单片机系统的内核，它使三总线上的数字信号错乱。

另外，印刷电路板上面装有成百上千个元件，这些元件本身的质量是影响系统可靠性的重要因素。印刷电路板制成后，往往会出现各种不正常的现象或者错误动作，因此必须采取相应的抗干扰措施。

本系统制动信号取自制动灯开关信号，通过光电隔离器输入给单片机，告知单片机汽车已制动。对于开关电路，往往要求控制电路和开关电路之间有较好的电隔离，这对一般的电子开关来说是很难做到的，但采用光电隔离器就很容易做到了。光电隔离器的作用是在电隔离的情况下，以光为媒介传送信号，对输入和输出电路可以进行隔离，因而能有效地抑制系统噪声、消除接地回路的干扰。

光电隔离器又称为光电耦合器、光电去耦器或光子耦合器等。光电耦合器由光源（如发光二极管）和光传感器（如光敏三极管）组成，如图 3－16 所示。图中，当 12 V 脉冲加到光电耦合器输入端时，发光二极管因导通而发光，通过光耦合作用使光敏三极管导通，故可在 V_{OUT}输出高电平；当 V_{IN}端输入 0 时，发光二极管熄灭，光敏三极管截止，V_{OUT}输出低电平。

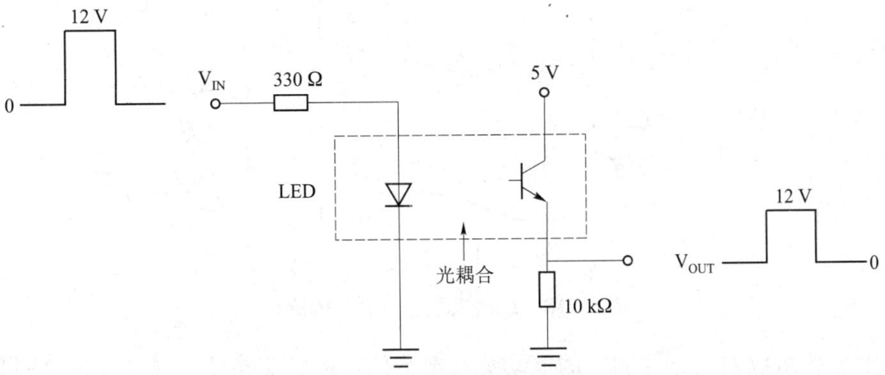

图 3－16　光电耦合器结构原理

制动信号硬件电路的设计如图 3－17 所示。

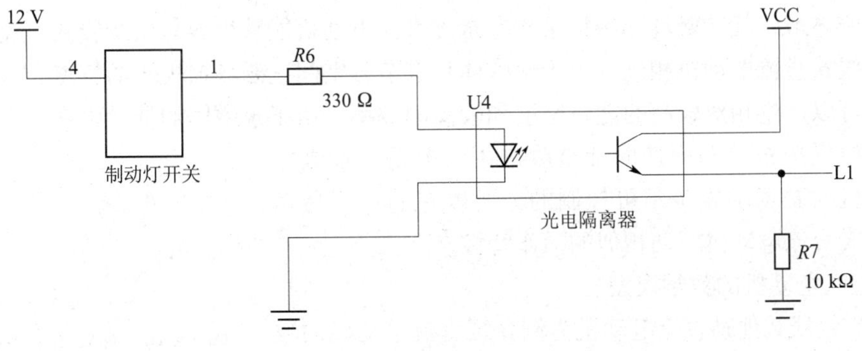

图 3－17　制动信号硬件电路

3.2.5　直流电动机的选型及电路设计

直流电动机具有较好的启、制动性能，适于在大范围内平滑调速，在许多需要调速和快速正反向的电力拖动领域得到了非常广泛的应用。工业领域的应用，如轧钢机、电气机车、无轨电车等调速范围大的大型设备；民用领域的应用，如电动自行车、电动玩具等。

1. 直流电动机的工作原理

1）直流电动机的结构和分类

直流电动机由静止的定子和旋转的转子构成。定子是由机座、主磁极、换向极和电刷装置等组成的。电刷的作用是把转动的电枢绕组与静止的外电路相连接，并与转换器相配合，起到整流或逆变器的作用。转子又称为电枢，它由电枢铁芯、电枢绕组、转换器、轴和轴承等组成。其中，电枢绕组是由很多按一定规律连接的线圈组成，它是直流电动机的主要电路部分，也是通过电流和感应电动势，从而实现机电能量转换的关键性部件。

直流电动机按照定子可分为永磁式和绕线式两大类。绕线式直流电动机的原理如图 3－18 所示，由于转子换向片和电刷的作用，线圈无论怎样转动，总是上半边的电流向里，下半边的电流向外。电刷压在换向片上。由左手定则，通电线圈在磁场的作用下，使线圈逆时针旋转。同时，由右手定则，线圈在磁场中旋转，将在线圈中产生感应电动势，感应电动势的方向与电流的方向相反。

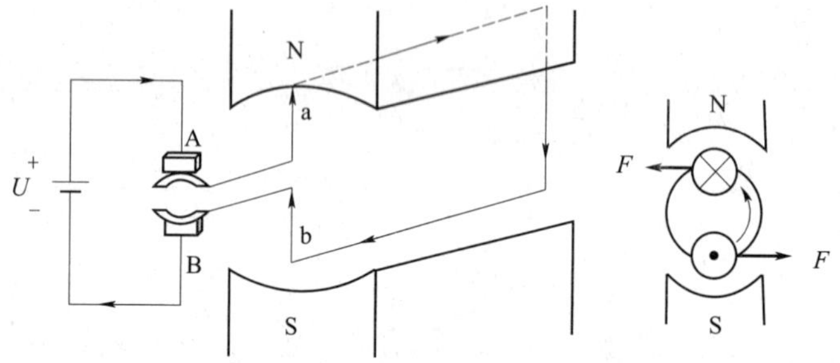

图 3－18　绕线式直流电动机的原理

由以上分析可以看出，线圈中的电动势及电流的方向是交换的，只是经过电刷和换向片的整流作用，才使外电路得到方向不变的直流电。

根据励磁线圈和转子绕组的连接关系，绕线式直流电动机又可细分为他励电动机、并励电动机、串励电动机和复励电动机 4 种。

以永磁体取代旋转磁场和磁极结构，永磁直流电动机能够很容易由绕线式直流电动机产生。与绕线式直流电动机相比，由于永磁体具有节省空间、磁场损失小的特点，永磁体直流电动机便可以产生相对较高的能量密度和较高的效率。由于永磁体的低导磁率，它与空气差不多，电枢反应被减弱而换向却被改进了。但是，永磁体直流电动机的磁场励磁是不可控制的，所以它们不容易实现与绕线式直流电动机驱动相似的操作特性。

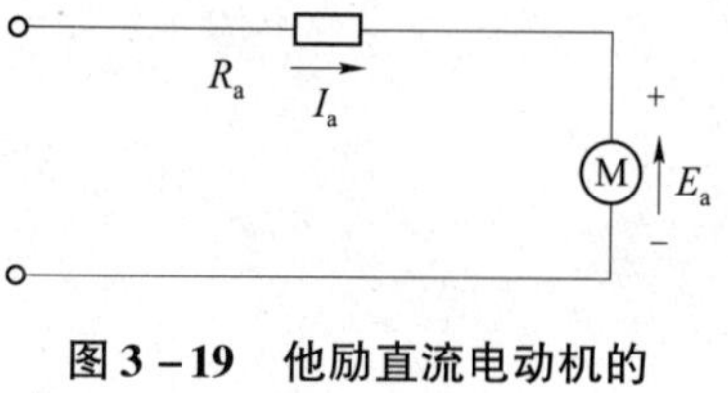

图 3－19　他励直流电动机的稳态等效电路

2）直流电动机的数学模型

下面以绕线式他励直流电动机为例介绍直流电动机的数学模型。他励直流电动机的稳态等效电路如图 3－19 所示。

直流电动机的稳态电压平衡方程为

$$U = E_a + I_a R_a \tag{3.1}$$

式中，U 为外加电压；R_a为绕组电阻；E_a为反电动势；I_a为电枢绕组电流。电枢反电动势 E_a 的大小和每极磁通、转速成正比：

$$E_a = K_E \Phi n \tag{3.2}$$

式中，K_E为感应电动势常数。若想改变 E_a，只能改变 Φ 或 n。

若忽略绕组中的电阻 R_a，则

$$U \approx E_a = K_E \Phi n \tag{3.3}$$

可见当外加电压一定时，电动机转速和磁通成反比，通过改变磁通可调速。

电磁转矩满足

$$T = K_T \Phi I_a \tag{3.4}$$

式中，K_T为与线圈结构有关的常数（与线圈大小、磁极的对数有关）。

由转矩公式可知：

(1) 产生转矩的条件，必须有励磁磁通和电枢电流。

(2) 改变电动机旋转的方向，可通过改变电枢电流的方向或者改变磁通的方向进行。

在电动机运行时，电磁转矩必须与外加负载和空载损耗的转矩平衡，即

$$T = T_L + T_0 \tag{3.5}$$

式中，T_L 为负载转矩；T_0 为空载转矩。

3）直流电动机的机械特性

直流电动机的机械特性就是在电动机的电枢电压、励磁电流、电枢回路电阻为恒值条件下，电动机的转速与电磁转矩之间的关系。

由式（3.1）、式（3.2）和式（3.4）可以推出

$$n = \frac{U}{K_E \Phi} - \frac{R_a}{K_T K_E \Phi^2} T \tag{3.6}$$

即

$$n = n_0 - \Delta n \tag{3.7}$$

式中

$$n_0 = \frac{U}{K_E \Phi},\quad \Delta n = \frac{R_a}{K_T K_E \Phi^2} T \tag{3.8}$$

n_0为理想空载转速，即 $T=0$ 时的转速（实际工作时，由于有空载损耗，电动机的 T 不会为 0）。

直流他励电动机的机械特性曲线如图 3－20 所示。当 T 增大时，n 减小，但由于他励电动机的电枢电阻 R_a很小，所以在负载变化时，转速 n 的变化不大，属硬机械特性。

图 3－21 所示为串励电动机的机械特性曲线，在串励直流电动机中，磁场电流和转子电流一样大，随着转矩的增大，转子电流也很大，因此磁通量增加。为了保持供给电压和感应电压的平衡，速度必须下降，因此，转速与转矩成反比关系。随着转矩的增大，n 下降得很快，这种特性属于软机械特性。

通常，对于恒定转矩的生产机械，可以选硬特性的电动机，如金属加工、起重机械等。对于恒功率负载，可以选用软特性电动机拖动，如电力机车。

2. 直流电动机的选择

选择电动机的基本原则有两点：

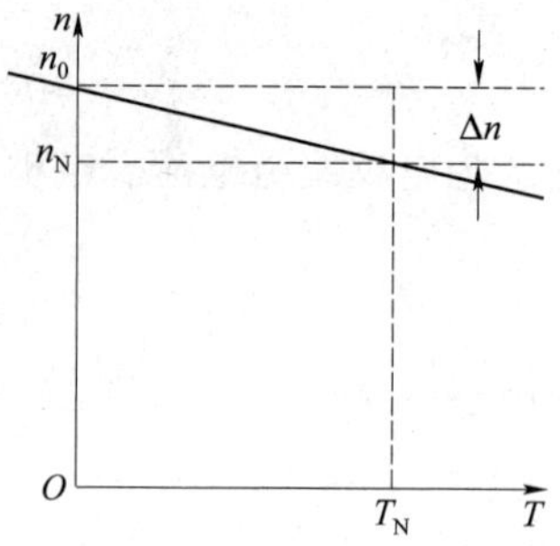

图 3-20　直流他励电动机的机械特性曲线

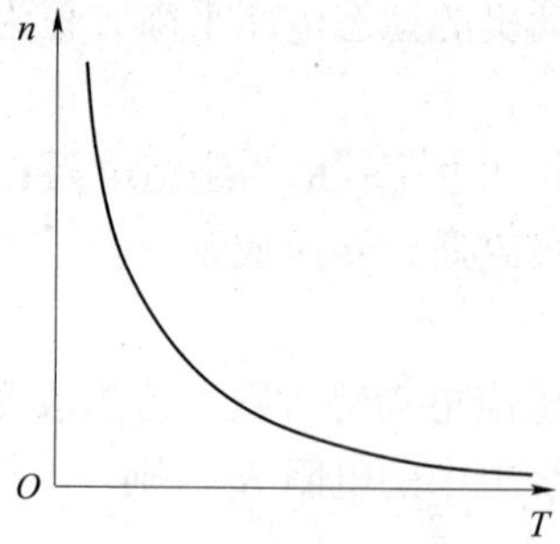

图 3-21　串励电动机的机械特性曲线

（1）电动机的主要性能（启动、过载及调速等）、额定功率大小、额定转速及结构形式等方面要满足生产机械的要求。

（2）在以上前提下优先选用结构简单、运行可靠、维护方便又价格合理的电动机。

选择电动的方法和主要步骤如图 3-22 所示。

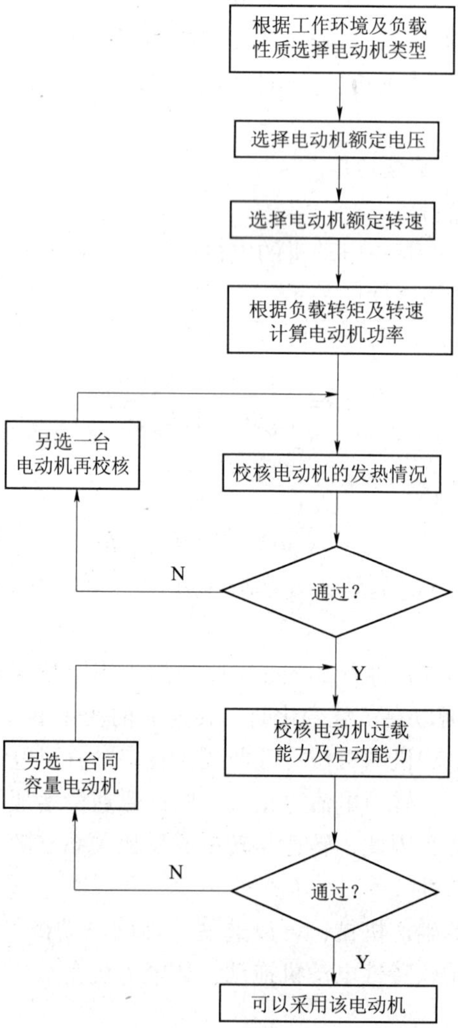

图 3-22　选择电动机的方法和主要步骤

电动机的额定电压一般选择与供电电压一致，汽车上的直流电压为 12 V，所以确定电动机的额定电压为 12 V。电动机的额定转速要根据生产机械的具体情况来选，本系统不要求调试，电动机应选择与 CST 装置相应的转速。确定电动机额定功率的方法和步骤如下：

(1) 根据生产机械的静载荷功率或负载图或其他给定条件计算负载功率 P_L。

(2) 参照电动机的技术数据表预选电动机型号，使其额定功率 $P_N \geqslant P_L$，并且使 P_N 尽量接近 P_L。

(3) 校核预选电动机的发热情况、过载能力及启动能力，直到适合为止。

计算出负载功率后，电动机额定功率的计算方法如表 3-8 所示。

表 3-8　电动机额定功率的计算方法

序号	工作方式及负载性质	计算公式	校核情况
1	长期工作方式，恒定负载	$P_N \geqslant P_L$	实际运行条件符合标准散热条件和标准环境温度时，不进行发热校核
2	长期工作方式，周期性变化负载	$P_N = (1.1 \sim 1.6) P_{Lav}$，$P_{Lav}$ 为平均负载功率	进行发热校核
3	短时工作方式，短时工作制	$P_N \geqslant P_L \sqrt{\frac{t_g}{t_{gb}}}$，$t_g$ 为电动机实际工作时间，下同；t_{gb} 为电动机标准工作时间（30 min、60 min、90 min）	不进行发热校核
4	短时工作方式，长期工作制	$P_N \geqslant P_L \sqrt{\frac{1 - e^{\frac{t_g}{T_\theta}}}{1 + \alpha e^{\frac{t_g}{T_\theta}}}}$，$T_\theta$ 为电动机发热时间常数；α 为电动机额定运行时的比值，普通直流电动机 $\alpha = 1.0 \sim 1.5$，普通三相鼠笼型电动机 $\alpha = 0.5 \sim 0.7$，小型三相绕接转子异步电动机 $\alpha = 0.45 \sim 0.60$。 当 $t_g < (0.3 \sim 0.4) T_0$ 时，需按过载能力选择 P_N：$P_N \geqslant P_L/\lambda_m$，$\lambda_m$ 为电动机允许过载倍数	进行过载能力和启动能力校核
5	周期性断续工作方式，周期性断续工作制	$P_N = (1.1 \sim 1.6) \frac{\sum_{i=1}^{n} P_{Li} t_i}{t_g} \sqrt{\frac{FC(\%)}{FCB(\%)}}$ t_i 为每段工作周期；P_{Li} 为每段工作周期内的负载功率；$FC(\%)$ 为负载持续性；$FCB(\%)$ 为标准负载特性	进行发热校核

CST 装置是常值负载且做的是直线运动，常值负载中直线运动的机械负载功率的计算公式如下：

$$P_{L}=\frac{F_{L}v}{\eta}\times10^{-3}(\mathrm{kW}) \tag{3.9}$$

式中，F_L为负载力（N）；v 为运动速度（m/s）；η 为传动装置的效率。

各种电动机的转矩过载倍数 λ_m如表 3－9 所示。

表 3－9　各种电动机的转矩过载倍数 λ_m

电动机类型	直流电动机	绕线转子异步电动机	鼠笼型异步电动机	同步电动机
转矩过载倍数 λ_m	1.5～2.0（特殊型 3～4）	2.0～2.5（特殊型 3～4）	1.8～2.0（双笼型 2.7）	2.0～2.5（特殊型 3～4）

本系统的计算参数如下：

冲击杆及保险杠质量：$M=15$ kg；

冲击杆长度：$L=1.1$ m；

冲击杆直径：$D=0.044$ m；

冲击杆导程：$P=0.012$ m；

联轴器质量：$M_C=0.2$ kg；

联轴器外径：$D_C=0.03$ m；

摩擦系数：$\mu=0.3$；

移动距离：$l=0.38$ m；

移动时间：$t=6$ s；

机械效率：$\eta=0.9$；

速度：$v=3.8$ m/min。

本系统直流电动机实际工作时间极短，电动机的发热与温升已不成问题，只需从过载能力及启动能力方面来选择电动机连续工作方式下的额定功率。

电动机转速：

$$n_{N}=\frac{v}{P}=\frac{3.8}{0.012}\approx317(\mathrm{r/min}) \tag{3.10}$$

负荷转矩：

$$T_{L}=\frac{\mu MgP}{2\pi\eta}=\frac{0.3\times15\times10\times0.012}{2\times3.14\times0.9}\approx0.096(\mathrm{N\cdot m}) \tag{3.11}$$

机械负载功率：由式（3.9）得

$$P_{L}=\frac{F_{L}v}{\eta}\times10^{-3}=\frac{\mu Mgv}{\eta}=\frac{0.3\times15\times10\times3.8}{0.9}=190(\mathrm{W}) \tag{3.12}$$

电动机额定功率：

$$P_{N}\geqslant P_{L}=190\ \mathrm{W}$$

电动机额定转矩：

$$T_{N}=9.55\frac{P_{N}}{n_{N}}\geqslant9.55\times\frac{190}{317}\approx5.72(\mathrm{N\cdot m}) \tag{3.13}$$

电动机启动转矩：

$$T_{S}=\lambda_{m}T_{N}=2.0\times5.75\approx11.45(\mathrm{N\cdot m}) \tag{3.14}$$

所以本系统取电动机转速 $n_N=350$ r/min，电动机额定功率 $P_N=200$ W。

根据以上计算结果及表 3－10 直流电动机主要技术参数，本系统选择 ZYT80 B 系列

200 W 永磁直流电动机的 ZYT80/B01 - 12。它的安装尺寸如图 3 - 23 所示，实物如图 3 - 24 所示。

表 3 - 10　直流电动机主要技术参数（ZYT80 B 系列 200 W 永磁直流电动机）

型号	ZYT80/B01 - 12	ZYT80/B01 - 24	ZYT80/B01 - 90	ZYT80/B01 - 180
输出功率/W	200	200	200	200
额定电压/V	12	24	90	180
额定电流/A	20.8	10.4	2.8	1.4
转速/(r·min^{-1})	3 000	3 000	3 000	3 000
绝缘等级	F	F	F	F
本系统工作时的额定转矩/(N·m)	6.03	6.03	6.03	6.03

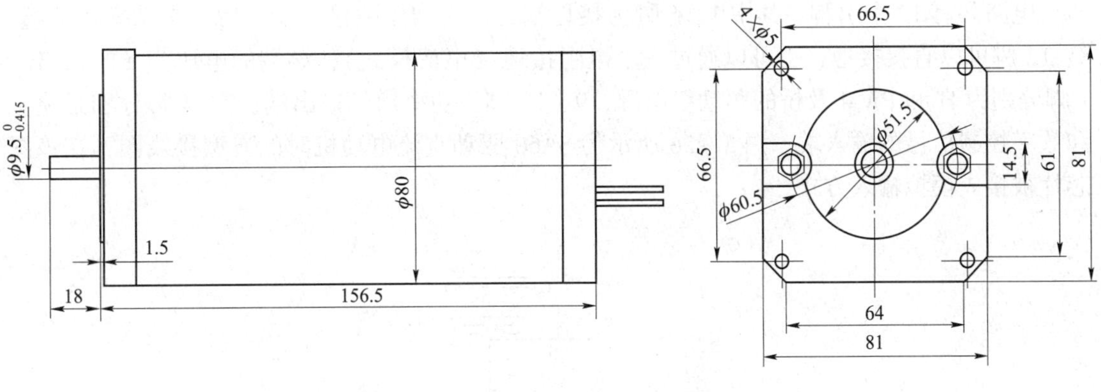

图 3 - 23　ZYT80/B01 - 12 的安装尺寸

3. 直流电动机驱动器及电路设计

图 3 - 24　ZYT80/B01 - 12 的实物

自从全控型电力电子器件问世以后，就出现了采用脉冲宽度调制（PWM）的高频开关控制方式形成的脉宽调制变换器——直流 PWM 调速系统。直流 PWM 驱动器的主要电路有多种形式，主要分为不可逆与可逆两大类。实际设计直流电动机驱动芯片时，用分离元器件制作 H 桥式驱动电路是一件很麻烦的工作，而且效果不一定好，所以，在市场上就出现了很多封装好的 H 桥式集成电路芯片，接上电源，电动机和控制信号就可以工作，在额定的电源和电流内使用非常可靠。市场上常用的 H 桥式集成电路芯片有 L293D、L298N、LMD18200、SA60 等。

本系统实际用的驱动芯片是 SA60。SA60 是一种 PWM 型功率输出芯片，电路提供给电动机的电源电压可达到 80 V，能连续向负载提供 10 A 的电流。最大模拟输入 5 V，PWM 载波频率可以到 250 kHz，而效率高达 97%。SA60 主要用于驱动中小型直流电动机。SA60 的内部结构框图如图 3 - 25 所示。

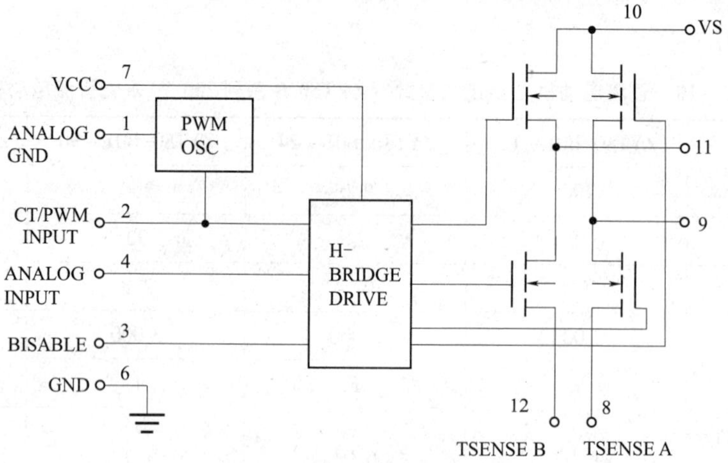

图 3－25　SA60 的内部结构框图

电路共有 12 个引脚，其中 1、6 脚为接地端，前者为模拟接地端，后者是功率接地端；8、12 脚可以直接接地，也可以通过一个电阻接地（电流模式），该端的电压为 ±2 V；10、7 脚分别为 H 和 PWM 及桥的驱动级电源；9、11 脚为功率信号输出端；2、4 脚分别是模拟和数字控制信号的输入端。图 3－26 所示为 SA60 驱动直流电动机时的典型接线图，在该图芯片被接成模拟输入方式。

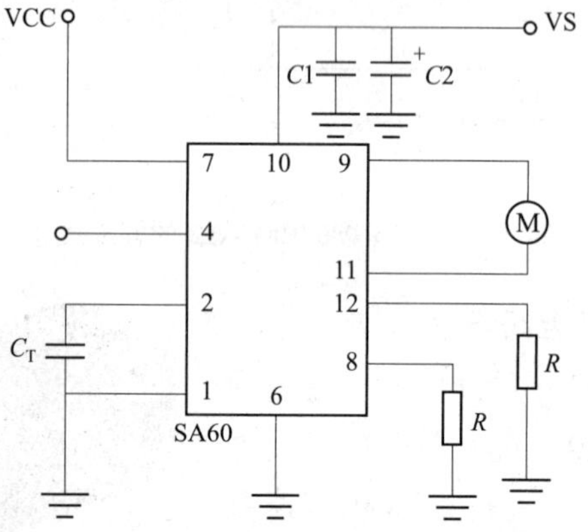

图 3－26　SA60 驱动直流电动机时的典型接线图

为了提高系统效率、降低功耗，本系统采用 L298N 作为直流电动机的驱动芯片来进行电路仿真、联调。L298N 是 SGS 公司的产品，内部包含两个 H 桥的高电压大电流桥式驱动器，接受标准 TTL 逻辑电平信号，可驱动 46 V、2 A 以下的电动机，工作温度范围为 －25 ℃～130 ℃。其内部的 H 桥原理如图 3－27 所示。ENA 是控制使能端，控制 OUT1 和 OUT2 之间电动机的停转，IN1、IN2 脚接入控制电平，控制 OUT1 和 OUT2 之间电动机的转向。当使能端 ENA 有效，IN1 为低电平，IN2 为高电平时，三极管 2、3 导通，1、4 截止，电动机反转。当 IN1 和 IN2 电平相同时，电动机停转。表 3－11 所示为其使能引脚、输入引脚和输出引脚之间的逻辑关系。另一个 H 桥的工作原理同上，由 ENB 控制 OUT3 和 OUT4 之间电动机的转向。

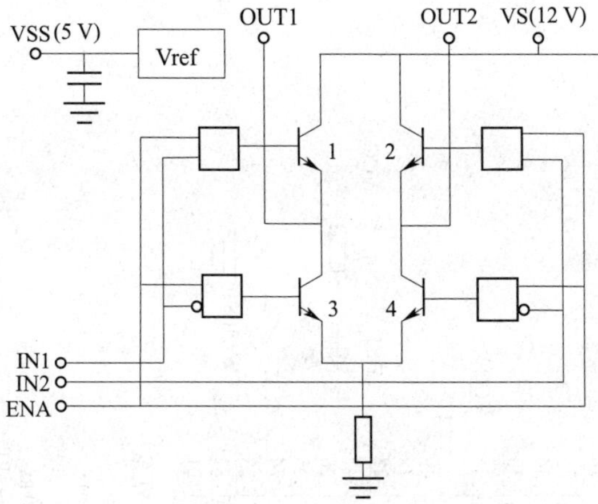

图 3－27　L298N 内部 H 桥原理

表 3－11　电动机运行逻辑关系

ENA	IN1	IN2	电动机转向
H	H	L	正转
H	L	H	反转
H	同 IN2	同 IN1	停止
L	X	X	停止

L298N 芯片驱动直流电动机硬件电路如图 3－28 所示。

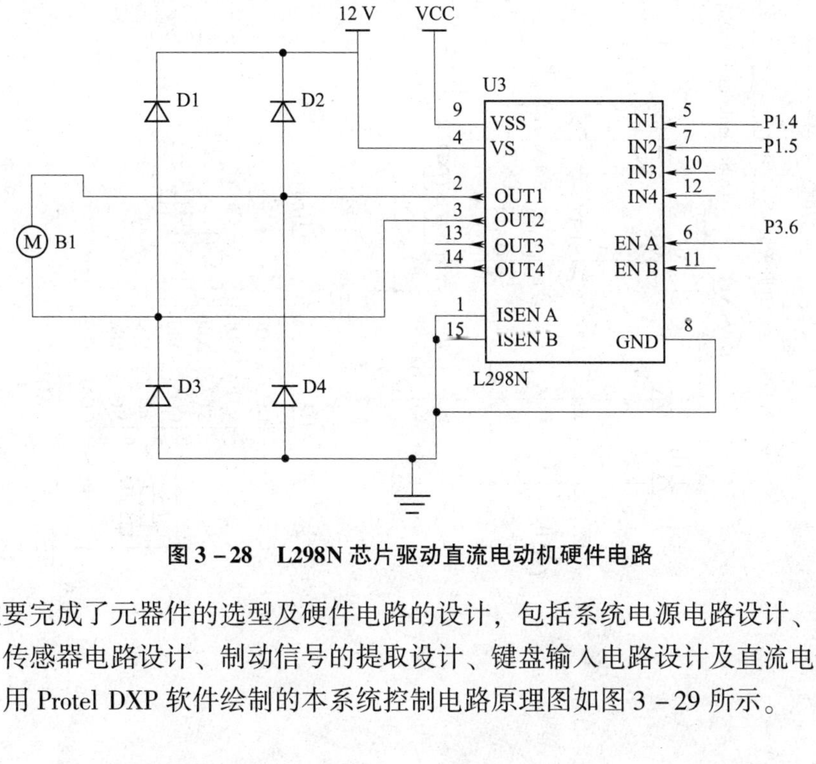

图 3－28　L298N 芯片驱动直流电动机硬件电路

本节主要完成了元器件的选型及硬件电路的设计，包括系统电源电路设计、单片机基本电路设计、传感器电路设计、制动信号的提取设计、键盘输入电路设计及直流电动机驱动电路的设计。用 Protel DXP 软件绘制的本系统控制电路原理图如图 3－29 所示。

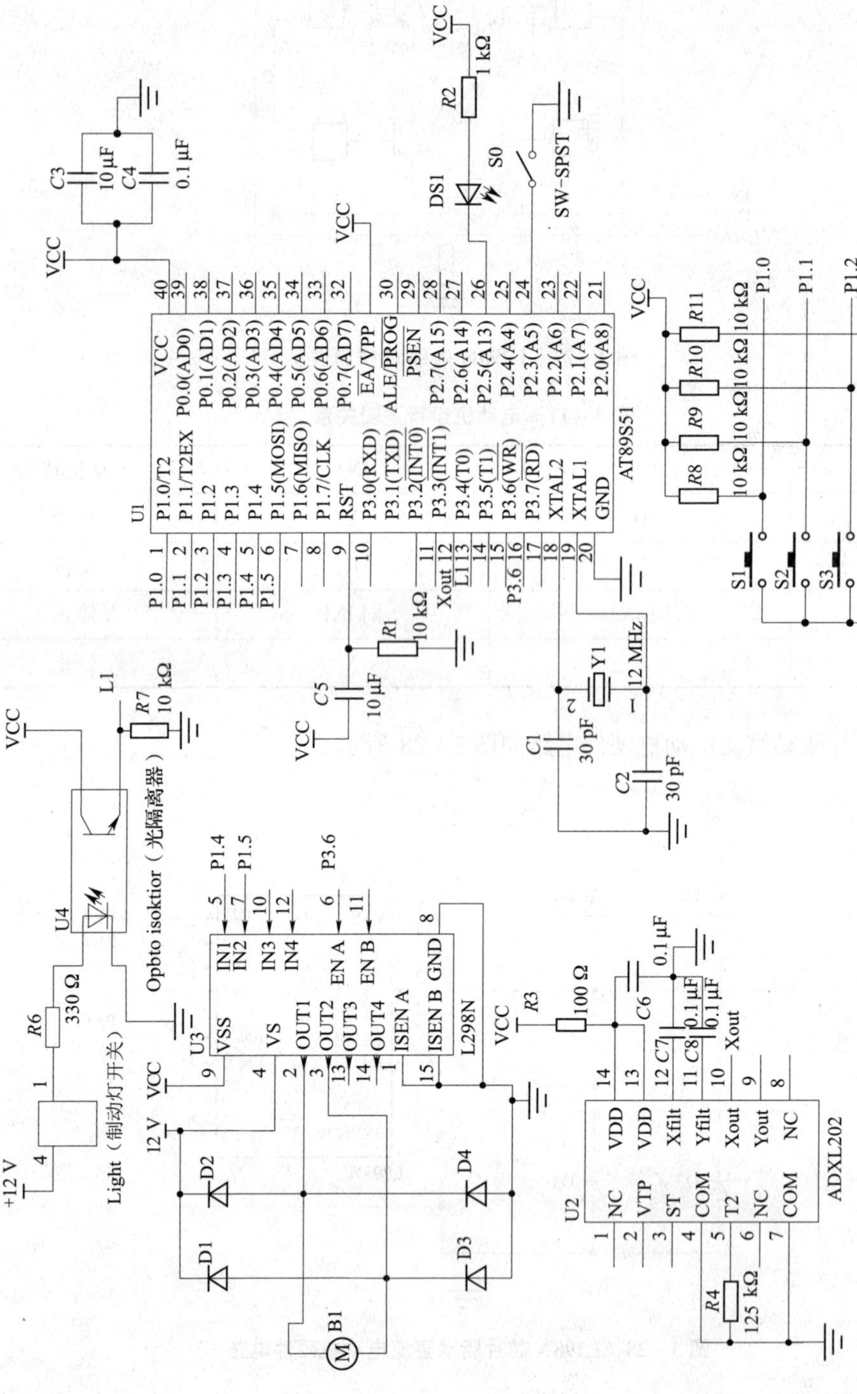

图 3-29 系统控制电路原理图

本系统输入电路：

（1）行程开关由 P2.4 输入，检测 CST 装置是否处于全缩状态。

（2）P1.0～P1.3 为独立式键盘接口，用来根据路面及天气情况选择。

（3）制动灯开关信号经过光电耦合器，光电耦合器能够有效地抑制接地回路的噪声，消除地干扰，使信号现场与主控制端在电气上完全隔离，避免了主控制系统受到意外损坏，由 P3.3 输入，判断制动系统是否制动。

（4）制动减速度信号由 ADXL202 监测并转化成占空比形式输出，由 P3.2 输入。

输出电路：

（1）直流电动机执行电路接单片机接口 P1.4～P1.6。

（2）P2.6 接报警电路，判断 CST 装置是否处于全伸状态。

3.3 软件设计

软件设计主要包括：键盘输入信号程序设计、制动信号处理程序设计、加速度计信号处理程序设计、直流电动机驱动与执行程序设计及软件抗干扰措施。所有这些单片机程序都用 Keil C51 高级语言进行开发。Keil C51 Vision2 集成开发环境是基于 80C51 内核的微处理器软件开发平台，内嵌多种符合当前工业标准的开发工具，可以完成从工程建立到管理、编译、连接、目标代码的生成、软件仿真、硬件仿真等完整的开发流程。

C51 高级语言是 C 语言移植到单片机上的一种语言，在 C 语言的基础上加了一些专门用在单片机上的指令。具有以下特点：

（1）开发周期短。

（2）可移植性好。

（3）表达能力强。

（4）可进行结构化程序设计。

本系统就是采用 C51 高级语言进行编程的。本系统的主程序流程如图 3－30 所示。

3.3.1 键盘输入信号程序设计

键盘最根本的功能就是当该按键被按下后，单片机应用系统能够完成该按键所设定的功能。对于一组键盘，必须通过一个接口电路与单片机相连。CPU 要检测是否有键盘信息输入而且要判断是哪一个键被按下，然后根据键值进行相应的工作。

目前，无论是按键还是键盘，大部分是利用机械触点的合、断作用。机械触点由于弹性作用的影响，在闭合、断开的瞬间均有抖动现象，从而会引起电压信号的抖动，抖动时间与按键的机械特性有关，一般为 5～10 ms。为了确保正确的键输入，必须进行消抖处理。常用的按键消抖方法有硬件消抖和软件消抖两种。硬件消抖主要可以通过双稳态电路和滤波电路等消抖电路对按键进行消抖处理。常用消抖电路如图 3－31 所示。

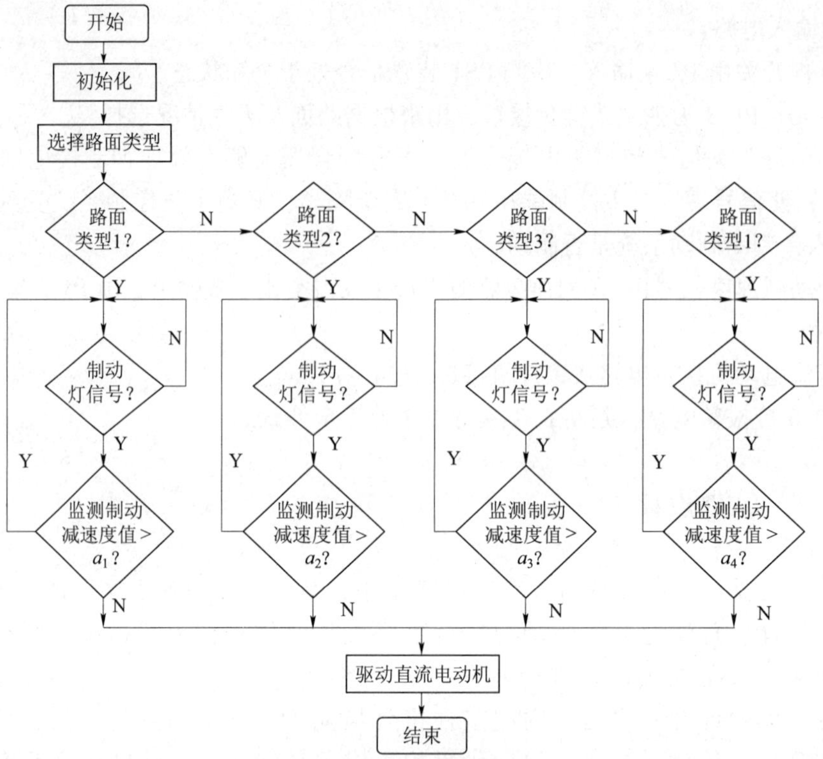

图 3-30　系统主程序流程

通过消抖电路可以实现按键的消抖，但是增加了电路的元器件数目，也增加了硬件的成本。如果按键较多，则硬件开销会很大，因此本章使用软件的方法进行消抖。软件消抖其实很简单，就是要查询该按键两次，两次按键之间执行一段 10 ms 的延时程序，第二次查询该按键时，如果该按键的状态仍然为闭合电平状态，则确认键真正被按下；若第二次查询按键不是闭合电平状态，则为干扰。同样，第一次查询到该按键松开时，执行一段 10 ms 的延时程序，然后，再一次查询该按键，如果该按键的状态仍然为断开电平状态，则确认键真正松开；若第二次查询按键不是断开电平状态，则为干扰。通常情况按下一次松开视为一次按键动作。软件消抖的流程如图 3-32 所示。

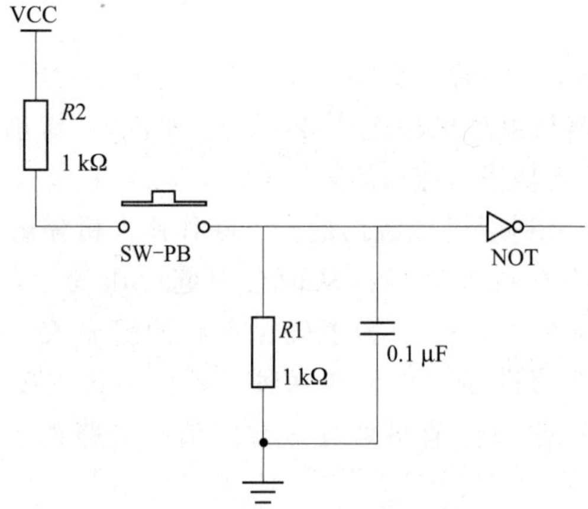

图 3-31　滤波消抖电路

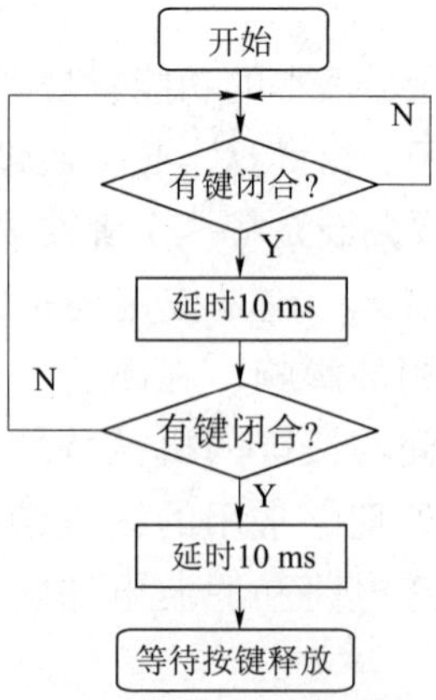

图 3-32　软件消抖流程

查键子程序：

```
sbit start =0;                          //start 为 P^0 按下标志位
void scan (void)
{
    P1 =0 xff;                          //每次读 I/O 口输入数据时需先拉高电平
    if (P1^0 = =0)
    {
        for (delay =0; delay < =200; delay + +)      //延时程序
        P1 =0xff;
        if (P1^0 = =0) start =1;
    }
}
```

这个程序有个问题，因为每次按键都有一个延时的子程序，这就造成了这种按键查询方式只能在 CPU 资源的浪费。用定时中断进行键盘扫描则可以避免这种情况，而且在编程上更合理且可读性强。

定时扫描工作方式的本质是中断方式，每 10 ms 进入一次键盘扫描子程序。定时扫描键盘的流程如图 3－33 所示。

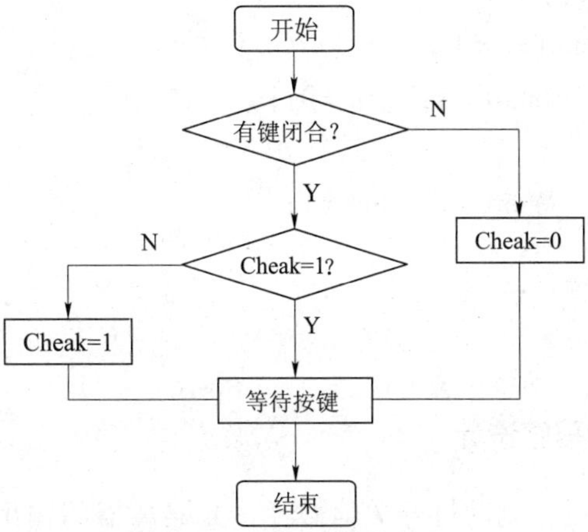

图 3－33　定时扫描键盘流程

图 3－33 为其中一个键查键的流程，Cheak 为该键消抖标志位。当没有键被按下时，则 Cheak 置于 0，并返回。当有键被按下时，则检查消抖标志位 Cheak，如果该标志位为 0，则说明还没有进行消抖处理，将 Cheak 置于 1 同时返回。因为经过 10 ms 才再进入一次查键，所以相当于进行了 10 ms 的延时效果，程序不需要进行延时。若再次查键的时候发现该键的消抖标志位 Cheak 为 1，则说明此键已经过消抖处理。

定时扫描键盘的子程序如下：

```
sbit Cheak;                  //Cheak 为 P1^0 的消抖标志位
sbit keydown;                //keydown 为 P1^0 按下的标志位
sbit start;                  //相应路面类型启动标志位
```

```
sbit stop;                                  //相应路面类型停止标志位
void scan (void)
{
     P1 =0xff;
       if (P1^0 = =0)
       {
            if (Cheak = =0) Cheak =1;
            else
            {
                 keydown =1;
                 Cheak =0;
            }
       }
       if (P1^0 = =0)
       {
            while (keydown = =1)
            {
                keydown =0;
                if (start = =0)
                    {start =1; stop =0;}
                else
                    {start =1; stop =1;}
            }
       }
}
```

3.3.2 制动信号处理程序设计

当驾驶员踩下制动踏板，制动灯开关信号经过光隔离器的输出端 L1 输出高电平，并输入到单片机的 P3.3，即单片机 P3.3 口为高电平时，说明驾驶员踩了制动踏板，这就告知单片机汽车已制动。

3.3.3 加速度计信号处理程序设计

汽车一上高速公路，驾驶员就通过按键功能实现了路面类型的选择，即 P1.0 ~ P1.3 的任意口为低电平；当驾驶员踩制动踏板时 P3.3 为高电平，单片机就知道汽车已制动，制动减速度信号将被 MEMS 加速度计 ADXL202 监测并转化成占空比形式输出，单片机负责监测占空比，并由监测结果利用加速度计算公式计算制动减速度值来判断汽车制动系统是否失效。

加速度计信号处理程序设计需实现如下功能：单片机完成对 ADXL202 占空比信号的检测；设计制动减速度计算模型，完成误差修正，实现信号的数值转换。其中占空比信号的监测和制动减速度计算模型的设计是软件设计中最重要的组成部分。制动减速度计算理论上采用公式：

$$a=\frac{\dfrac{T_1}{T_2}-50\%}{12.5\%}(g) \tag{3.15}$$

由于理论偏差、制造及装配误差和各种噪声的窜入，用式（3.15）计算的制动减速度值与实际值相差较大，因此必须对该公式进行校正。校正后系统采用公式：

$$\begin{cases} a=\dfrac{8\ 000T_X}{T_2}-4\ 238(\mathrm{mg}) \\ a=\dfrac{8\ 000T_Y}{T_2}-3\ 860(\mathrm{mg}) \end{cases} \tag{3.16}$$

由传感器电路设计中的表 3－6 可知，本系统周期 $T_2=1$ ms。现在最重要的是如何得到 T_1，本系统利用定时器 T1，测量 ADXL202 占空比信号高电平 T1 的程序流程和加速度计算程序流程如图 3－34 所示。

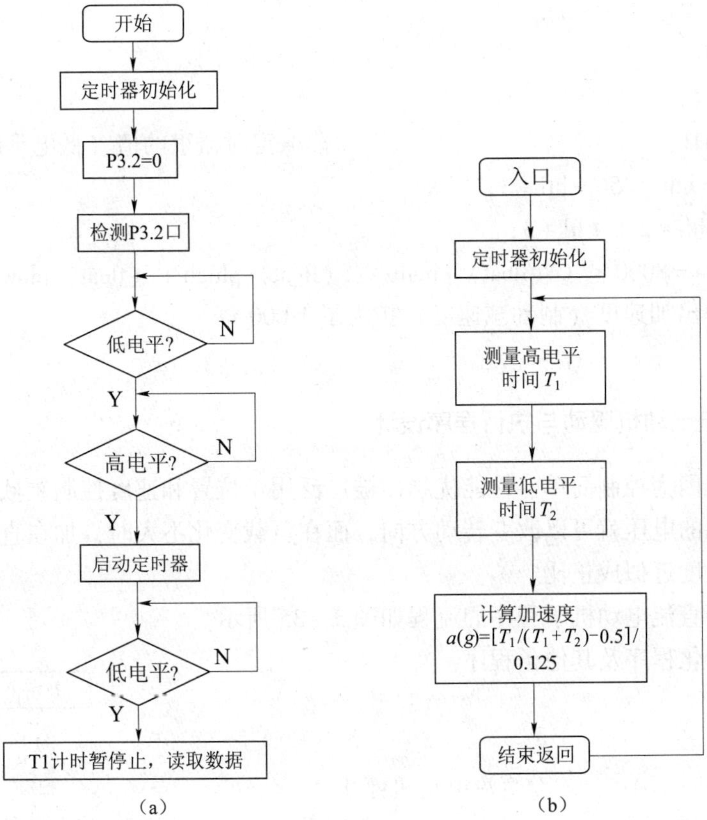

图 3－34　T1 监测及加速度计算程序流程

（a）T1 监测程序流程；（b）加速度计算程序流程

计算加速度的程序如下：

```
pwm_ js ()
{                                          //根据公式计算加速度（制动减速度）
    unsigned char lth, ltl, hth, htl;
```

```
        TMOD =0x11;                        //设置定时器1
        while (P3_ 2 = =1);
        while (P3_ 2 = =0);
        TH1 =0; TL1 =0;
        TR1 =1;                            //打开定时器1
        while (P3_ 2 = =1);
        TR1 =0;                            //关掉定时器
        htl = TL1;                         //读取定时器里的值(高电平时间)
        hth = TH1;
        while (P3_ 2 = =0);
        while (P3_ 2 = =1);
        TH1 =0; TL1 =0;
        TR1 =1;
        while (P3_ 2 = =0);
        TR1 =0;
        ltl = TL1;
        lth = TH1;                         //读取定时器里的值(低电平时间)
        phigh = hth * 256 + htl +3;
        plow = lth * 256 + ltl +3;
        pwm_ a =8000 * ( (float) phigh/ ( (float) phigh + (float) plow)) -4000;
        //计算出加速度(制动减速度)扩大了1 000倍
}
```

3.3.4 直流电动机驱动与执行程序设计

直流电动机因为控制简单、性能优越而被广泛用于位置和速度控制领域。直流电动机只要改变加在两端的电压就可以改变转动方向，而在负载变化不大时，加在直流电动机两端的电压大小与其速度近似成正比。

本系统控制直流电动机子程序的流程如图 3－35 所示。

相应的初始化程序及其他子程序：

```
void init ()
{
    dianji_ en =0;        //直流电动机停止
    dianji_ n1 =0;
    dianji_ n2 =0;
}
dianji_ zheng ()          //－－－－电动机正转
{
    dianji_ n1 =0;
    dianji_ n2 =1;
```

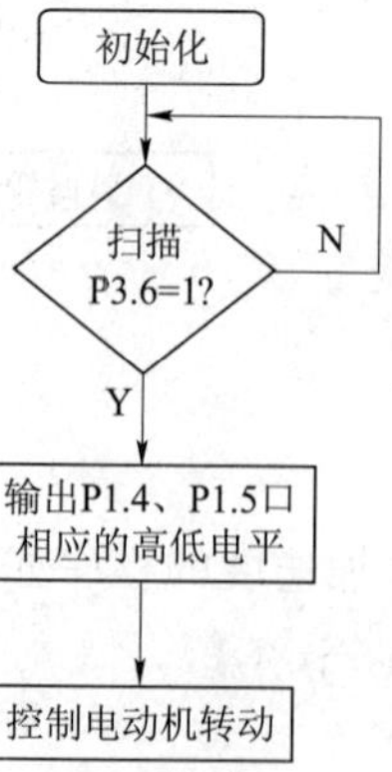

图 3－35 控制直流电动机子程序流程

```
}
dianji_fan ()          //----电动机反转
{
    dianji_n1 =1;
    dianji_n2 =0;
}
```

3.3.5 软件抗干扰措施

软件抗干扰技术是当系统受到干扰后恢复正常运行或输入信号受干扰去伪存真的一种辅助方法。软件抗干扰虽然是一种被动技术，但软件设计灵活，节省硬件资源。软件抗干扰技术主要包括：数字滤波方法、软件拦截（指令冗余、软件陷阱）技术、定时器监视器（看门狗）技术等。这里只介绍数字滤波和定时器监视器技术。

1. 数字滤波

采用数字滤波算法可以克服随机干扰引起的误差。在单片机系统中，常用的滤波算法主要有以下 10 种：

（1）限幅滤波法。

（2）中位值滤波法。

（3）平滑滤波法。

（4）算术平均滤波法。

（5）递推平均滤波法。

（6）加权移动平均滤波法。

（7）一阶惯性滤波法。

（8）复合滤波法。

（9）防脉冲干扰平均值滤波法。

（10）一阶滞后滤波法。

为了提高系统的实时性，本书采用滑动平均滤波法，这种算法只采样一次，将这一采样值和过去的若干采样值一起求平均，得到有效采样值即可投入使用。如果取 *N* 个采样值求平均，存储器中必须开辟 *N* 个数据的暂存区。每采取一个数据存入暂存区中，同时去掉一个最老的数据，保持这 *N* 个数据始终是最新的数据。

2. 单片机看门狗定时器

有时程序受到干扰而进入“死循环”，看门狗（WatchDog）定时器的作用就是使程序摆脱这种“死循环”。如果 WatchDog 定时器监测到程序运行时间超过正常的定时周期，就会使单片机复位，使程序得以重复执行。早期 MCS-51 单片机需外接 WatchDog 定时器，AT89S51 自带一个可编程 WatchDog 定时器，给使用带来了很大的方便。WatchDog 定时器的使用也极为方便，其工作受片内的特殊功能寄存器 WMCON（Watchdog and Control Register）控制。

寄存器 WMCON 的地址为 96H，复位地址为 00000000H，其内容如下：

MSB　　　　　　　　　　　　　　　　　　　　　　　　LSB

PS2	PS1	PS0	EEMWE	EEMEN	DPS	WDTRST	WDTEN

其中，WDTEN 为定时监视器（WDT）工作允许位，WDTEN =1，WDT 工作；WDTEN =0，WDT 不工作。PS0、PS1、PS2 为定时周期设定位。WDTRST 为 WDT 置位及 EEPROM 闲/忙标志位。DPS 用于数据指针选择位。EEMWE 和 EEMEN 为 EEPROM 设置位。

通过设置特殊功能寄存器 WMCON 的 PS0、PS1、PS2，可以方便地设置“看门狗”的定时周期，从 16 ms 到 2 048 ms。AT89S51 的 WatchDog 定时器的周期选择如表 3 –12 所示。

表 3 –12　WatchDog 定时器的周期选择

WDT 选择位			周期/ms	WDT 选择位			周期/ms
PS2	PS1	PS0		PS2	PS1	PS0	
0	0	0	16	1	0	0	256
0	0	1	32	1	0	1	512
0	1	0	64	1	1	0	1 024
0	1	1	128	1	1	1	2 048

在系统电源上电复位及电源下拉期间，WatchDog 是无效的，对 WatchDog 的使用是通过特殊功能寄存器 WMCON 的 WDTEN 和 WDTRST 位来实现的。首先在初始化程序中设置好定时器的定时周期，并置 WDTEN 为 1，启动 WatchDog，然后每隔一段时间（最好是在设定的定时周期的 2/3 时间内）执行一次“喂狗”，即将 WDTRST 位置 1，之后不必清除此位，这个位会被自动被清除。当程序遇到干扰时，无法执行“喂狗”程序，定时器溢出，CPU 自动运行。AT89S51 这一功能大大提高了系统的可靠性。

在实际应用中，为防止 WDT 启动后产生不必要的溢出，应在执行运行程序过程中，周期性地复位 WDTRST，但周期应小于 16 383 个机器周期。当单片机因干扰而使程序不能正常运行时，也就不可以定期复位 WDTRST，导致 WDT 溢出。

3.3.6　本节小结

本节完成了软件设计，主要包括键盘输入信号程序设计、制动信号处理程序设计、加速度计信号处理程序设计、直流电动机驱动与执行程序设计及软件抗干扰措施。软件的编程语言采用 C51 高级语言，并对软件的抗干扰方法进行了研究。

3.4　系统的调试仿真

3.4.1　系统相关工具介绍

单片机应用系统的开发工具分为硬件开发工具和软件开发工具。硬件开发工具主要包括以下几种：通用开发板、仿真器、编程器等专用工具以及数字万用表、螺丝刀、电烙铁等普通工具。条件运行的情况下，最好配备一个示波器，这样会给调试带来较大的方便。软件开发工具主要是 C51 编译器。目前，使用比较广泛的编译器是德国 Keil 公司的 Keil C51 编译器。单片机在很多产品中得到广泛的应用，无论是 51 系列、AVR，还是 PIC 系列，它们各有各的特点。在开发过程中，往往在确定方案后做试验的开支比较大，使用软件便大大节省了时间和开发费用。

本书用 Protel DXP 绘制系统电路原理图，用 Keil IDE Vision2 软件进行编程、编译及调试等，用 Protues 7.5 软件与 Keil 软件相结合对系统进行软硬件联调、仿真。

下面将对 Protel、Keil 和 Protues 三种软件详细介绍。

1. Protel DXP 软件介绍

Protel 是 Portel 公司在 20 世纪 80 年代末推出的电路行业的 CAD 软件，它当之无愧地排在众多 EDA 的前面，是电路设计者的首选软件。它较早在国内使用，普及率也最高，不少高校的电路专业还专门开设课程来学习这个软件。早期的 Protel 主要作为印刷电路板自动布线工具使用，运行在 DOS 环境，对硬件的要求很低，在无硬盘 286 机的 1 MB 内存下就能运行。它的功能较少，只有电路原理图绘制于印刷电路板设计功能，印刷电路板自动布线的布通率也较低。Protel DXP 是在 Altium 的 Design Explorer 软件集成平台上构建的，Design Explorer 允许 Protel DXP 系统的所有零件能够像一个设计应用程序那样表现，为用户所希望的工作方式提供支持集成，可定制用户界面。Protel DXP 用户界面已被全面重新设计，为设计空间带来了超强的功能性，且更注重于使用方便和直观控制，以及跨编辑器的界面一致性，通过增强界面，Protel DXP 带来了获得和编辑设计数据的新方法，使查看、编辑对象或应用规则时能拥有完整的控制能力。Protel DXP 还对项目中的所有对象进行通用的列表查看，同时还能够方便地过滤和选择多个对象，使用户快速方便地对设计进行全局变换。

Protel DXP 的主要功能如下：

（1）完成集成的直观设计环境。

（2）双显示支持。

（3）在每个编辑环境下提供一致的增强界面。

（4）可以固定、浮动或不用时自动隐藏工作区面板。

（5）当工作区执行任何编辑操作时，浮动面板和工具条会自动弹出。

（6）完全定制工具条和外观。

（7）通用的查询驱动过滤系统，用来隐藏、选择或放大选定对象。

（8）新的对象查看面板，同时编辑所有选定目标的一般属性。

（9）新的列表查看功能，使用户能够以工具条列表方式查看设计对象。

（10）可以通过简单的“点击和拉动”操作来定制所有工作环境，对多显示器的本地支持可在设计过程中获得最佳的查看效果。

2. Keil IDE Vision2 软件介绍

Keil IDE Vision2 集成开发环境是 Keil Software Inc/Keil Electronik Gmbh 开发的基于 80C51 内核的微处理器软件开发平台，内嵌多种符合当前工业标准的开发工具，可以完成从工程的建立和管理、程序的编译和连接、目标代码的生成、软件仿真到硬件仿真等一套完整的开发流程。尤其 C 编译工具在产生代码的准确性和效率方面达到了较高的水平，而且可以附加灵活的控制选项，在开发大型项目时非常理想。它可以在完全没有 80C51 单片机硬件的情况下模拟调试各种程序，既可以对单片机内部过程特殊集成功能编程，也可以找到对应的模拟窗口。Keil 本身是一个纯软件的东西，不能直接进行硬件仿真，必须接硬件仿真器才可以进行仿真。

Keil C51 集成开发环境的主要功能如下：

（1）它是一个集成开发环境，将项目管理、源代码编辑和程序调试等组合在一个功能强大的环境中。

（2）C51 国际标准化 C 交叉编译器，从 C 源代码产生可重定的目标模块。

（3）A51 宏汇编器，从 80C51 汇编源代码产生可重定位的目标模块。

（4）BL51 链接器/定位器，组合由 C51 和 A51 产生的可重定位的目标模块，生成绝对目标模块。

（5）LIB51 库管理器，从目标模块生成连接器可以使用的库文件。

（6）OH51 目标文件至 HEX 格式的转换器，从绝对目标模块生成 Intel HEX 文件。

（7）RTX－51 实时操作系统，简化复杂的实时应用软件项目的设计。

3. 单片机仿真软件 Proteus ISIS 介绍

Proteus ISIS 是英国 Labcenter 公司开发的电路分析与实物仿真软件，可以仿真、分析（SPICE）各种模拟器件和集成电路，该软件的特点是：

（1）实现了单片机仿真和 SPICE 电路仿真相结合。具有模拟电路仿真、数字电路仿真、单片机及其外围电路组成的系统的仿真、RS232 动态仿真、I^2C 调试器、SPI 调试器、键盘和 LCD 系统仿真的功能；有各种虚拟仪器，如示波器、逻辑分析仪、信号发生器等。

（2）支持主流单片机系统的仿真。目前支持的单片机类型有 68000 系列、8051 系列、AVR 系列、PIC12 系列、PIC16 系列、Z80 系列、HC11 系列以及各种外围芯片。

（3）提供软件调试功能。在硬件仿真系统中也具有全速、单步、设置断点等调试功能。同时，还可以观察各个变量、寄存器等的当前状态，因此在该软件仿真系统中也具有这些功能。

（4）具有强大的原理图绘制功能。

用 Proteus 软件虚拟单片机实验的优点是：

（1）内容全面。实验内容包括软件部分的汇编、C51 等语言的调试过程，也包括硬件接口电路中的大部分类型。

（2）硬件投入少，经济优势明显。Proteus 所提供的元件库中，大部分可以直接用于接口电路的搭建完成，同时该软件所提供的仪表，不管在数量还是在质量上都是可靠和经济的。

（3）可自行实验，锻炼解决实际工程问题的能力。采用仿真软件后，对于实际工程问题的研究，可以先在软件环境中模拟通过，再进行硬件投入。这样处理，不仅省时省力，还可以节省因方案不正确所造成的硬件投入的浪费。

（4）实验过程损耗小，基本没有元器件的损耗问题。

（5）与工程实践最为接近，可以了解实际问题的解决过程。

3.4.2 系统程序编译、调试及联调仿真

单片机应用系统调试是系统开发的重要环节。当完成单片机应用系统的硬件、软件设

计和硬件组装后，便可进入单片机应用系统调试阶段。

系统调试的目的是查出系统中硬件设计与软件设计中存在的错误及可能出现的不协调问题，以便修改设计，最终使系统能正确地工作。系统调试的一般过程如图 3－36 所示。

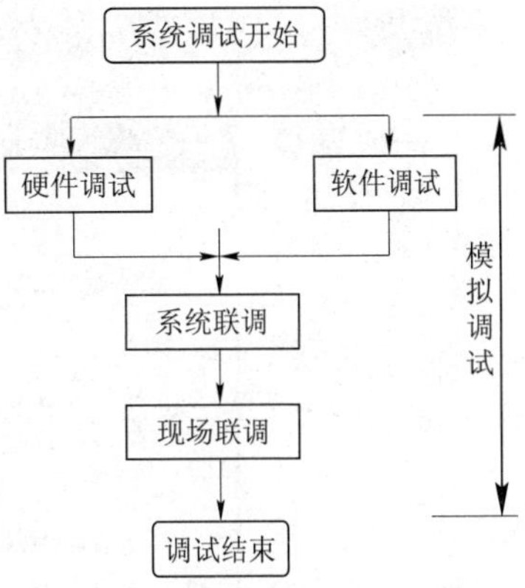

图 3－36　系统调试的一般过程

1. 系统程序的编译与调试

用 Keil Vision2 建立工程文件并从器件数据库里挑出项目实际使用的器件 AT89C51，建立一个本系统的源文件，并且把这个源文件添加到工程中去。在源程序编写完成之后要对项目进行管理配置，使编译器能按照当前项目的情况对代码进行编译，步骤如下：

（1）在菜单“Project”→“Targets”“Groups”“Add Files”中，选择使用的项目目标平台，使用默认的设置，直接单击“确定”按钮，如图 3－37 所示。

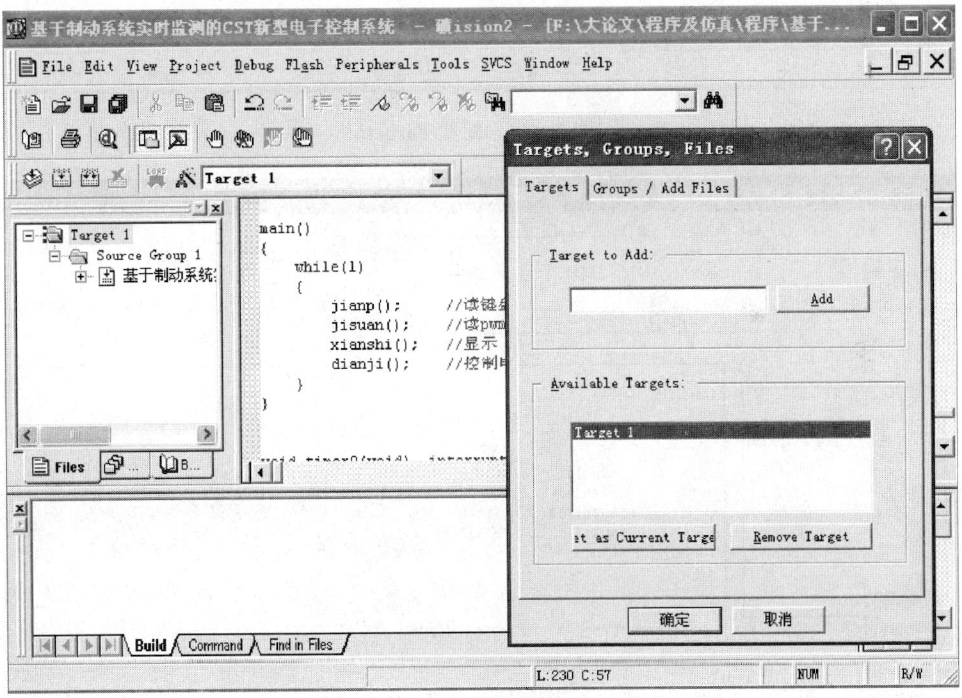

图 3－37　配置编译目标

（2）设置完目标后，可以在“Project”菜单下看到“Option for Target ‘Target 1’”，选择该项目后出现当前项目的配置选项，在这个过程中只需将“Output”选项中的“Create HEX File”选中即可，目的是生成供单片机运行的 HEX 文件，如图 3－38 所示。

（3）选择“Project”→“Built Target”选项，对项目进行编译、连接并且生成对应的 HEX 文件。如果修改之后的编译，选择“Rebuilt all Files”即可。图 3－39 所示为本系统程序编译、连接显示结果。生成的对应的 HEX 文件将用于后面的软硬件联调以及烧录到单片机中用于系统模拟。

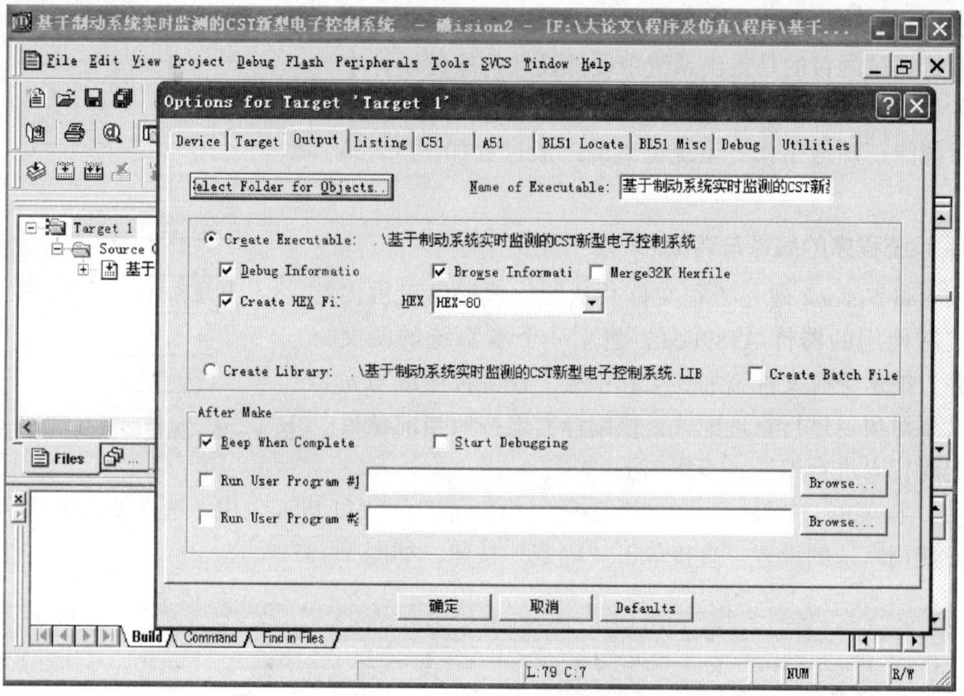

图 3-38 配置 Target

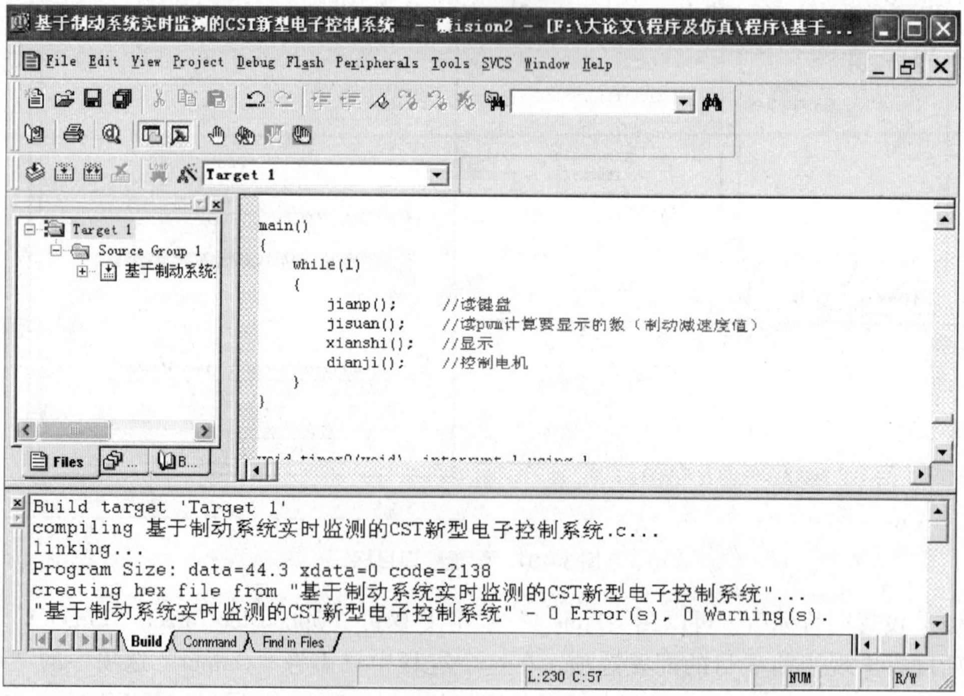

图 3-39 系统程序编译、连接显示结果

上面的过程完成了对本系统程序的编写、编译、连接并产生了相应的 HEX 文件，同时也验证了所编写的程序无语法错误，如图 3-39 所示。但即使做到了这一步，也不能判断此程序已经没有问题了。Keil 中的调试可以全部用 Keil 软件进行模拟，也可以将 Keil 和其他

软硬件相结合进行模拟。在进行软硬件联调之前往往先用 Keil 进行全程软件模拟，因为用 Keil 进行软件模拟可以很直观地观察在程序运行过程中单片机 I/O 口、中断口等值的变化，是发现错误、实现系统要求很有效的调试方法。

对已经确定无语法错误的源程序，在 Keil 中进行软件调试时，首先要设置软件仿真，选择“Project”→“Option for Targe‘Target 1’”→“Debug”→“Use Simulator”选项，单击“确定”按钮即可，如图 3-40 所示。然后选择“Debug”→“Start”→“Stop Debug Session”选项，便可以进行单步跟踪（Step into）、单步运行（Step over）、跳出当前程序段运行（Step out）、运行到光标（Run to cursor line）、全速运行（Go）等程序软件调试。首先进行全速运行程序，如果所编写的源程序本身存在逻辑上的错误，则停止运行，弹出错误对话框。全速运行通过后也不意味着此程序可以实现系统要求，还必须通过以上所说的五种方式中的几种运行程序，在运行程序过程中观察系统所用到的各个 I/O 口、中断口等，以及界面显示单片机内存地址内容等的变化情况，还有通过观察窗口来观察变量的具体变化等。通过这些步骤来确定源程序是否符合实际要求。

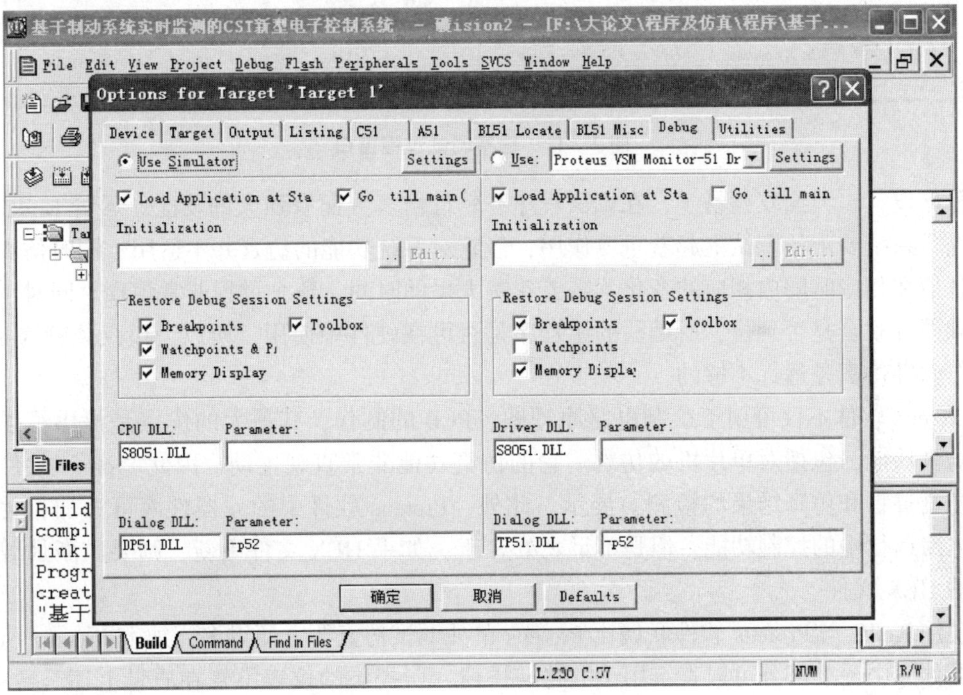

图 3-40　Debug 选项设置窗口

图 3-41 所示为本系统在 Keil 软件中调试过程窗口。通过以上所述步骤对系统详细调试，观察单片机各个 I/O 口的具体变化情况，确定本系统所编写的控制源程序完全满足本系统设计的要求。

2. KeilC 与 Proteus 联调

1）KeilC 与 Proteus 联调的原因

选择 KeilC 与 Proteus 软件联调对本系统进行联调，原因是 KeilC 软件支持众多不同公司的 MCS-51 架构的芯片，集编辑、编译和程序仿真等于一体，同时还支持 PLM、汇编和 C 语

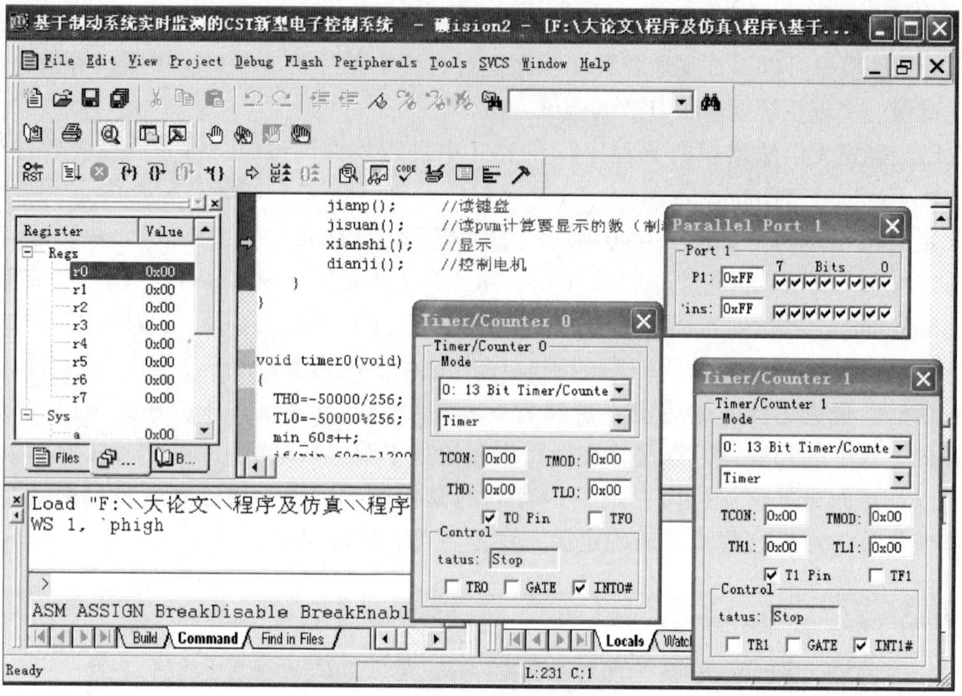

图 3-41 程序调试过程窗口

言的程序设计；界面友好易学，在调试程序、软件仿真方面有强大的功能。尽管 KeilC 在对程序满足系统要求的调试上起着重要作用，但它对系统功能的仿真并不适用，同时仿真过程涉及各值在相应时间内相应的变化，需要花费大量的时间，整个过程非常烦琐。同时也不能确定软硬件联合是否到位，所编写的源程序是否可在硬件中使用。所以，仅仅依赖 KeilC 软件进行软件仿真是远远不够的。

Proteus 软件不仅可用于绘制电路原理图、PCB 的制作，其最大的优点是提供了强大的电路仿真功能，包括对单片机的仿真。它的仿真功能非常直观生动，因此 Proteus 软件非常适合仿真过程和仿真结果的检测与展示。此外，Proteus 软件中的元器件库可添加相关软件实现电路运行中的控制功能，但是不足之处在于，如果 HEX 文件更新，则要重新加载对应更新的 HEX 文件。

使用 KeilC 与 Proteus 软件联调比 Proteus 单独调试仿真要方便得多，加上 Proteus 所提供的元器件库中，大部分可以直接用于电路的搭建，所提供的仪表不管在质量上还是数量上，都是可靠和经济的。

2）KeilC 与 Proteus 联调步骤

通过上面系统程序的编译与调试过程确定了本系统所编写的源程序可以用来进行软硬联调。本系统用 KeilC 与 Proteus 软件联调的具体过程如下：

（1）先将 KeilC 与 Proteus 均安装在同一个目录里，比如 F：\ Program Files，再将 F：\ Program Files \ Labcenter Electronics \ Proteus 7 Professional \ MODELS \ VDM51. dll 复制到 F：\ Program Files \ keilC \ C51 \ BIN 目录中。

（2）用记事本打开 F：\ Program Files \ keilC \ C51 \ TOOLS. INI 文件，在 “C51” 栏目中加入 TDRV4 = BIN \ VDM51. DLL （“Proteus VSM Monitor - 51 Driver”）。其中 “TDRV4”

中的“4”要根据实际情况写，不要和原有的重复。步骤（1）和步骤（2）只需在初次使用时设置。

（3）进入本系统在 Keil Vision2 开发集成环境中所创建的项目中已经编写好的 C51 源程序界面。单击“Project”→“Options for Target ‘Target 1’”→“Debug”选项，出现如图 3－42 所示的页面。

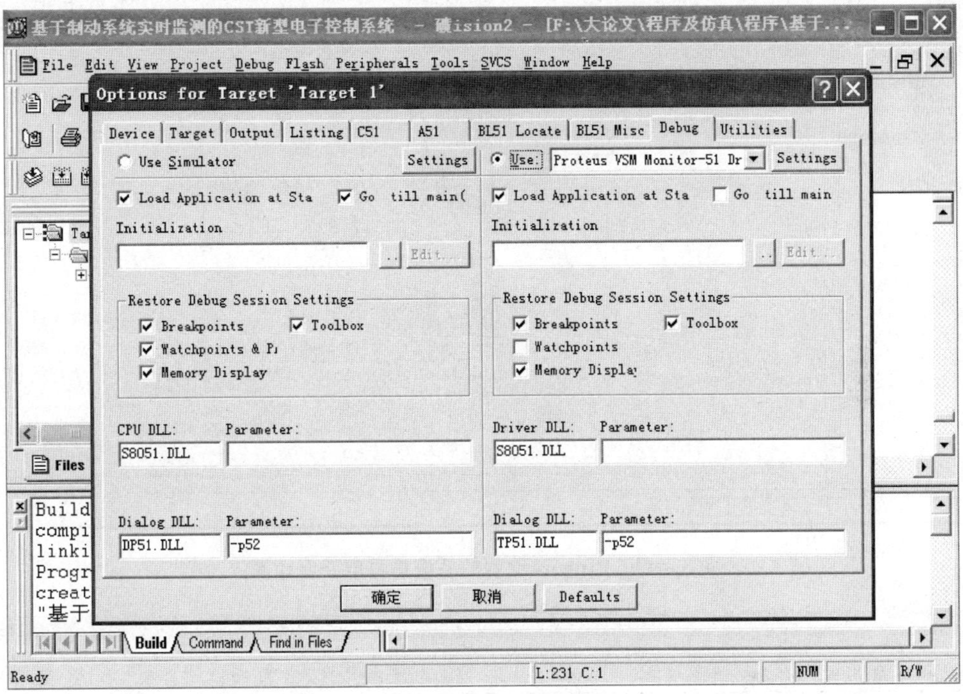

图 3－42　目标选项对话框

在出现的对话框右栏上部的下拉菜单中选中“Proteus VSM Monitor－51 Driver”项。还要单击“Use”前面表面选中的小圆点。再单击“Settings”按钮，设置通信接口，在“Host”后面添加“127. 0. 0. 1”。

（4）Proteus 的设置。进入 Proteus 的 ISIS，单击“Debug”菜单，选中“Use Romote Debuger Monitor”项。这样就实现了 KeilC 与 Proteus 联调。

3. KcilC 与 Proteus 联调仿真分析

Proteus 仿真软件中没有本系统设计所需的加速度传感器 ADXL202 芯片这一仿真模块，由于 ADXL202 输出的是占空比信号，所以用模拟脉冲发生器，即模拟脉冲激励源这种发生器来代替加速度传感器 ADXL202，因为通过对模拟脉冲发生器中的脉冲宽度（Pulse Width）项中占空比（Pulse Width（%））设置就可以控制占空比信号的输出。此外，制动灯开关信号是一种开关信号，由于路面类型选择时用了按键，因此在模拟仿真中用锁存按钮代替制动灯开关信号。路面类型选择按键用一个四位拨码开关代替。Proteus 对本系统设计的电路原理图的仿真如图 3－43 所示，图 3－43 中的数码管用来显示加速度值。通过选择“Generator Mode”→“Pulse”来放置模拟脉冲发生器，本系统 Pulse 信号发生器指标设置如图 3－44 所示。

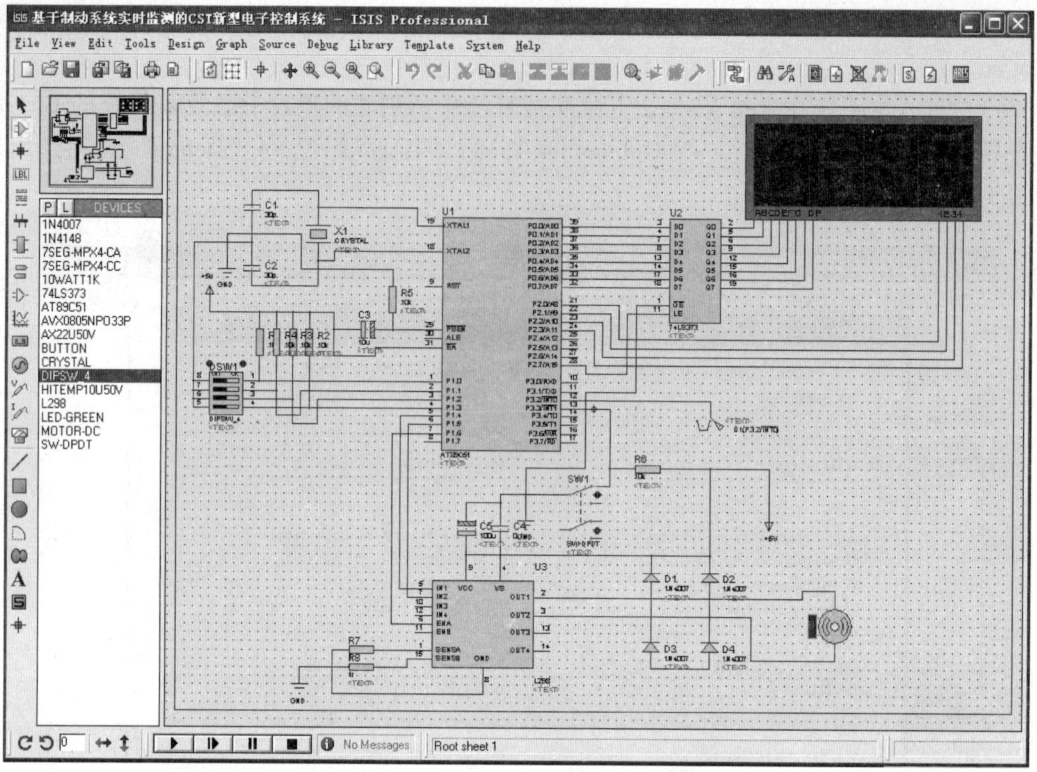

图 3－43　Proteus 绘制的系统仿真电路原理图

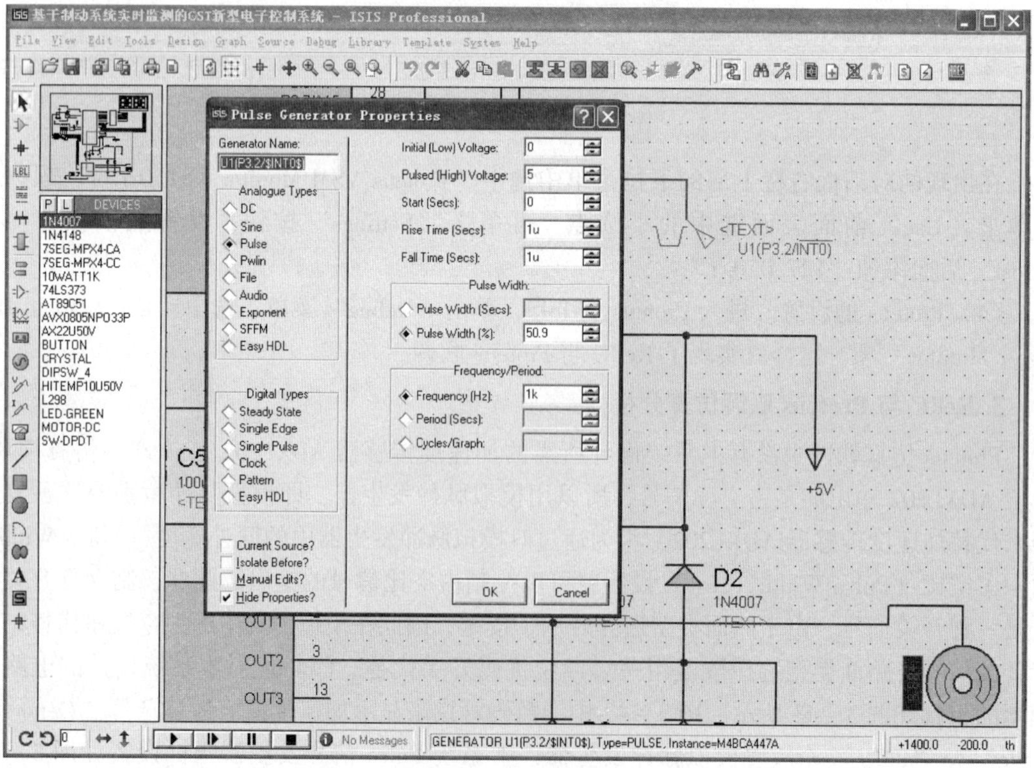

图 3－44　模拟脉冲发生器编辑对话框

本系统设计要求是：在制动期间，制动减速度值小于门限值时，说明汽车制动系统失效，单片机便立即控制直流电动机将 CST 装置的冲击杆处于全伸状态，即要求直流电动机正转；若制动系统正常，直流电动机不动作；若根据判断确定是汽车制动系统失效了，然而实际并未失效，直流电动机动作之后必须反转回来。本系统模拟仿真让直流电动机在没有达到门限值的状况下正转 60 s，再反转 60 s，然后停止，这样便可说明本系统达到了设计要求。

本系统的联调仿真：首先，利用制动减速度门限值公式（3.17）和制动减速度理论计算公式（3.18）计算出各路面类型的各门限占空比，即将制动减速度的门限值转换为占空比的门限值，如表 3－13 所示。此占空比的门限值用来对模拟脉冲信号发生器进行占空比设置，改变不同的占空比看直流电动机是否转动、数码管显示的加速度来确定本系统的设计能否达到设计要求。

$$a = 50\% \varphi_s g \tag{3.17}$$

$$a = \frac{\frac{T_1}{T_2} - 50\%}{12.5\%} g \tag{3.18}$$

表 3－13　各路面类型的门限值和占空比

路面类型	制动减速度门限值	占空比门限值/%
干路面	0.375g	54.687 5
湿沥青路面	0.225g	52.812 5
湿混凝土路面	0.350g	54.375 0
雪压紧路面	0.075g	50.937 5

根据上面的分析，表 3－14 是对本系统联调仿真的试验数据。从表中的试验仿真数据中可以看到，当占空比小于占空比门限值时，电动机转动，大于等于占空比门限值时电动机不转。从软件联调仿真中足以说明本系统的设计是可行的。

表 3－14　联调仿真试验数据

路面类型	占空比门限值/%	占空比/%	电动机是否转动
干路面	54.6	54.6	不转
		54.75	不转
		54.7	不转
		54.55	转动
		54.5	转动
		50	转动
湿沥青路面	52.8	52.8	不转
		53	不转
		54	不转
		52.7	转动
		52.75	转动
		45	转动

续表

路面类型	占空比门限值/%	占空比/%	电动机是否转动
湿混凝土路面	54.3	54.3	不转
		54.31	不转
		55	不转
		54.25	转动
		54.29	转动
		50	转动
雪压紧路面	50.9	50.9	不转
		50.95	不转
		56	不转
		50.8	转动
		50.85	转动
		50.6	转动

图3-45和图3-46所示为干路面和湿沥青路面的其中一幅联调仿真图。仿真中由于软件本身的原因，数码管不能正常显示加速度的值，在实物模拟中数码管是能正常显示加速度值的，具体见后面的3.4.3节。

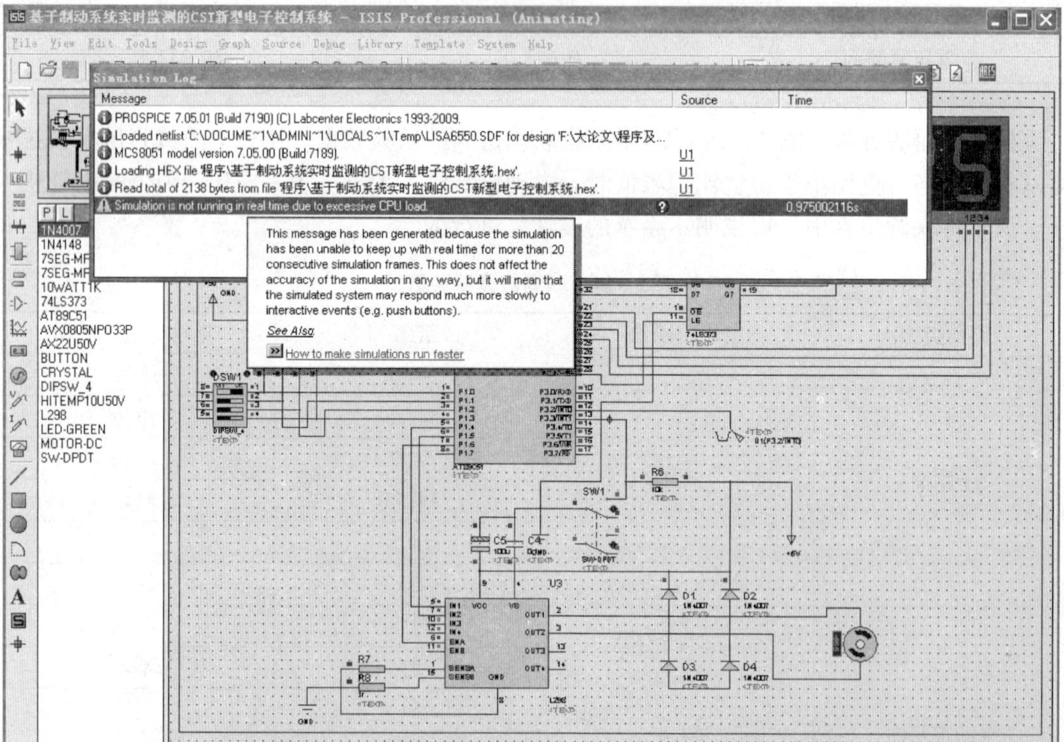

图3-45 干路面占空比设置为54.59%时的仿真图

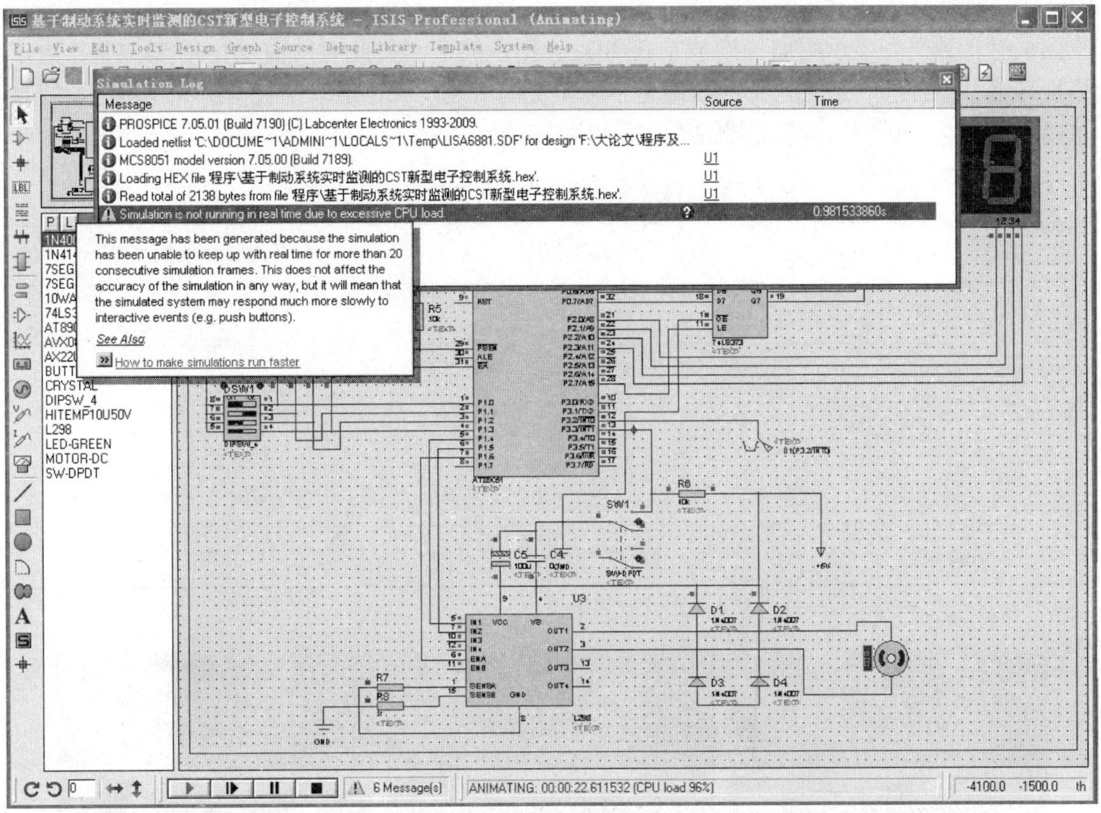

图 3 – 46　湿沥青路面占空比设置为 53% 时的仿真图

3.4.3　系统控制装置的硬件模拟

系统加工流程如图 3 – 47 所示。CST 装置零件加工出来的样品如图 3 – 48 所示。

图 3 – 47　系统加工流程

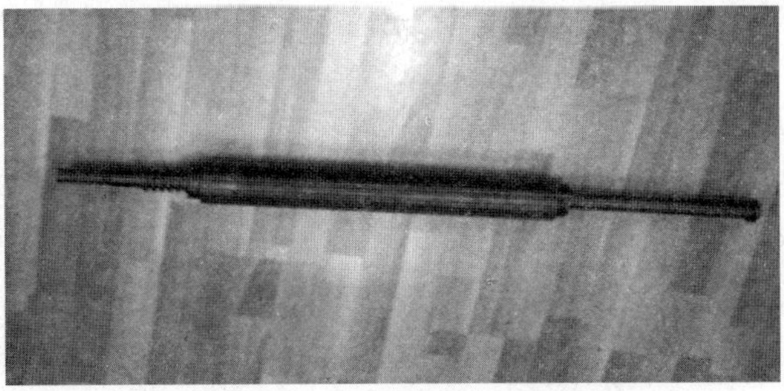

图 3 – 48　CST 装置零件样品实物

将程序用软件 STC－ISP V35 下载到单片机中，首先用信号发生器代替芯片 ADXL202 时，占空比与数码管显示数据如表 3－15 所示。将芯片 ADXL202 模块插入系统中，系统静止测试时，数码管显示的加速度值是 0.203g，用示波器测得此时的占空比是 52.7%，由于模拟环境、器件等，造成这样的误差是不可避免的。表 3－15 足以说明本系统程序的编写是正确的。图 3－49 所示为现场测试拍摄的几幅画面。

表 3－15　信号发生器占空比与数码管显示数据

信号发生器占空比/%	理论值/g	数码管显示数据/g
50	0	0
53	0.24	0.24
60	0.8	0.8
70	1.6	1.6
80	2.4	2.4

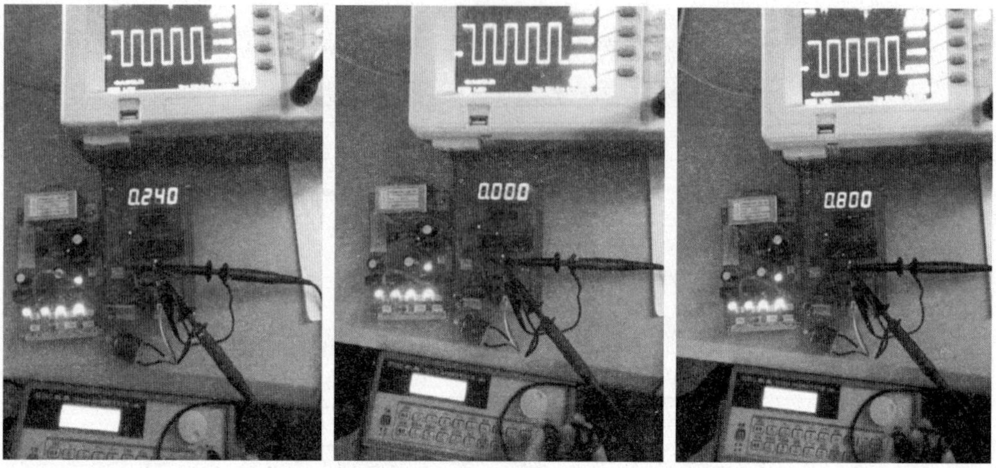

图 3－49　现场测试

本系统加速度传感器 ADXL202 元件是用转接板焊接的，图 3－50 所示为本系统设计的实物电路板。图 3－51 所示为本系统程序的插写结果。进行实物模拟时，只要让系统放在运动的物体上或用手动就可以模拟了。但由于加速度是瞬间的，数码管很难做到实时显示加速度，本系统加速度传感器 ADXL202 是用转接板焊接的，这样便可以把 ADXL202 芯片这块拔下来用信号发生器来代替 ADXL202 芯片模拟。实际模拟中，当占空比信号小于所设定的占空比门限值时，直流电动机正转（60 s）—反转（60 s）—停止；当占空比信号大于或等于占空比门限值时；直流电动机不动作。结果表明，本书所设计的电子控制系统完全可用，达到了设计目的。

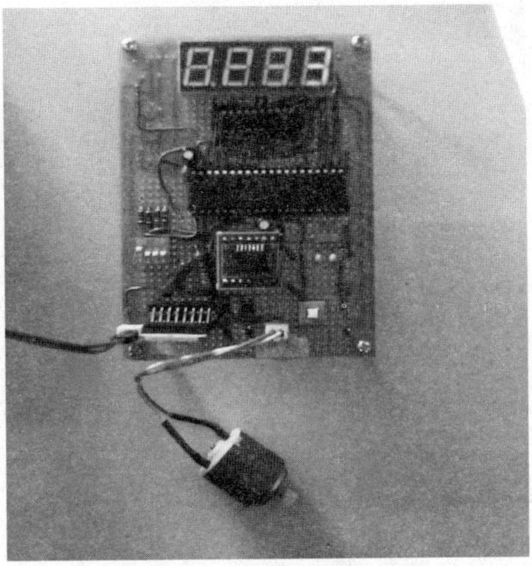

图 3－50　系统实物电路板

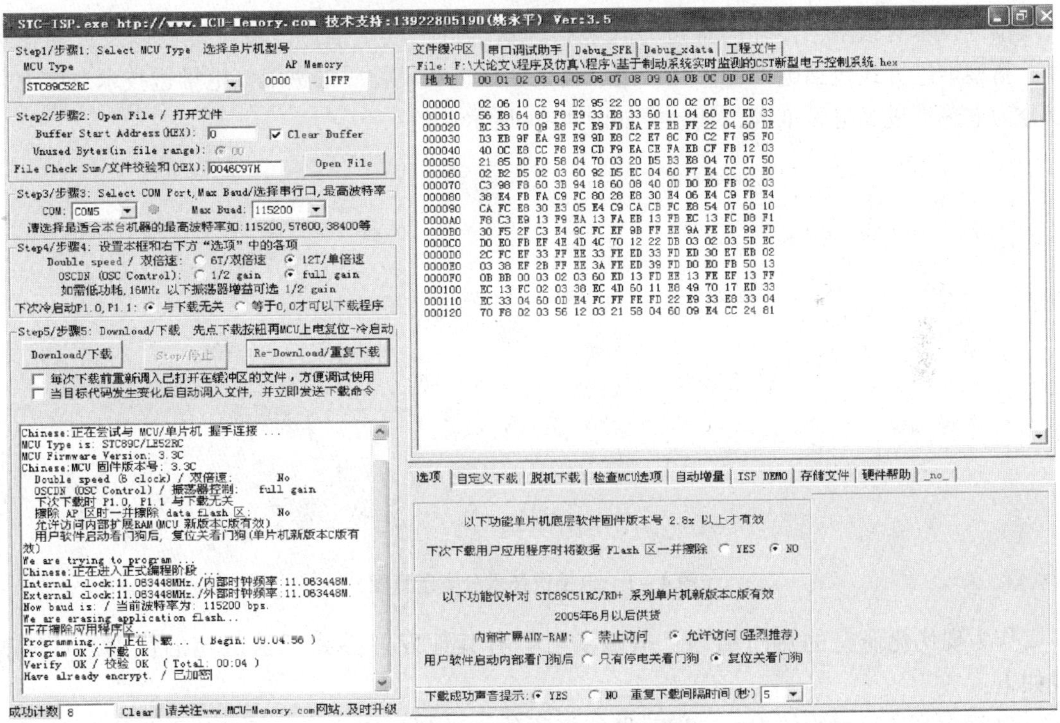

图 3－51　系统程序插写结果

3.4.4　本节小结

本节详细介绍了系统相关工具，运用 Protel DXP 软件绘制了系统电路原理图，用 Keil 和 Proteus 两种软件对系统程序编译与调试、联调仿真，并在此基础之上进行了系统的硬件实物模拟。结果表明，本系统的设计达到了要求。

第4章

吸能系统的快速推进装置

4.1 电磁推进理论及有限元方法

4.1.1 电磁推进理论简介

推进技术有很多，传统的推进方式包括弹簧推进、气压推进、液压推进以及火药推进等，新型推进方式包括电推进、光推进、核聚变推进和反物质推进等。电推进技术总体上可以分为电热推进和电磁推进，其分类如图 4－1 所示。

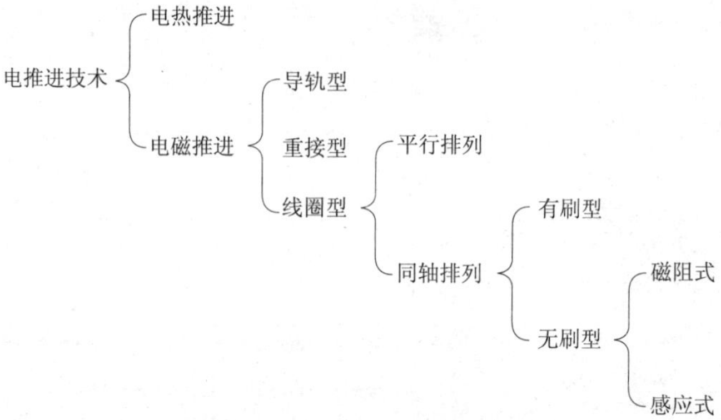

图 4－1 电推进技术分类示意图

作为现代化研究的热门话题，电磁发射具有其他发射方式无法赶超的优点，具体表现如下：

（1）超高速发射物体。电磁发射器能把物体推进到超高速，这是单级化学发射器所望尘莫及的。人类一直追求以高速度发射物体，因为这对军事、航天、材料等研究有重要意义。例如作为动能武器，弹丸高初速一直是兵家梦寐以求的，因为高速度能增大弹丸射程和穿甲深度，并可缩短射击的提前量，从而提高命中率。至于在航天领域提高发射速度，那对人类未来进入太空生活有着不可估量的意义。

（2）发射大吨位物体。火炮发射质量大于 100 kg 的弹丸很困难，而电磁发射器不仅可以发射克级质量的小弹丸，还可以发射吨级质量的射弹或航天器。在发射（弹射）带侧翼的航空器或航天器时，可把固定飞机和航天飞机的弹丸线圈做成马鞍形，“骑”放在驱动线圈外面由驱动线圈驱动。由于速度高、动能大，故可在作战平台、坦克、舰船或飞机上携带众多质量相对小的弹丸，有利于弹药储存。

(3) 能源简易和效率高。电磁发射器不像用液体发射药火炮和火箭那样需要优良的合成燃料或推进剂，在固定工作时仅用电厂的电力即可运行；机动工作时初级能源仅用低烃类燃料发电便可，其成本仅是上述化学推进剂的1%左右。此外，尚不存在燃料爆炸的危险和处理废燃料的麻烦。轨道和线圈发射器的电能转换效率的理论值分别是50%和100%，大有发展和利用的潜力。

(4) 性能优良和可控性好。化学发射器是用改变发射药或推进剂装药量来改变射程的，而电磁发射器是用电流变化精确控制发射速度和改变射程的，因此不存在延迟点火、突然撞击和加速度突变等现象。使用电磁发射器还可获得近似的恒加速度。总之，电磁发射器工作稳定、重复性好。此外，试验证明，后坐力因分散在电路中而较小。

(5) 结构多样。电磁发射器的轨道和线圈数量不限，而且口径形状可各种各样，因此发射的有效载荷形状不受限制。因线圈发射器存在磁浮力，故所用的弹丸线圈可被磁悬浮起来，被驱动线圈非接触地悬浮加速，因此不存在摩擦。电磁发射器一般需做成多级接力式，因此可在一个多级发射器中前后同时推进几个射弹。此外，由于少有烟雾、火光和冲击波，故电磁发射器易于隐蔽。

本书重点研究电磁推进技术，其推进的机理实质都是按电动机原理，所有的电磁推力都是洛伦兹力或安培力，但电磁发射装置有不同的类型，按其结构不同，可分为导轨型、重接型和线圈型三种，三种发射方式的原理及特点各有不同。

1. 导轨型

简单来说，导轨型电磁推进装置实际上是一个单匝的直流直线电动机，由两条平行的金属导轨、一个电枢、发射体及高功率脉冲电源组成。脉冲电源提供很高的电压。电枢位于两导轨间，由导电材料构成，可以是固态金属，也可以是等离子体，或者是二者的混合体；电枢起滑动开关和电短路作用。为减少磨损，在超高速（>3 km/s）时常采用等离子体电枢。

军事中广泛应用的电磁炮包括导轨型，军方对轨道炮特别感兴趣，把它看成现在大型火炮的替代品。轨道炮采用的弹药是小型的钨制导弹，质量较小，便于运输和使用。轨道炮发射的导弹速度极快，因此，与现在的火炮炮弹相比，它受弹体下落和风向改变的影响较小。弹道修正很重要，但由轨道炮发射的所有导弹都是由卫星导航的。

电磁轨道炮由两根相当于炮管长短的固定平行导轨和一个沿导轨轴线方向滑动的电枢组成（见图4-2），弹丸放置在电枢前面的导轨上，与导轨形成闭合回路。导轨与电容器或旋转电动机构成的脉冲形成网络联结。当发射弹丸时，脉冲形成网络向一根导轨供电，经过电枢，流向另一根导轨。强大的电流流经两平行导轨，在两导轨间产生强大的、方向相反的线性磁场，并与电枢形成的第三个磁场相互作用，产生强大的电磁力。电磁力推动电枢和置于电枢前面的弹丸沿导轨加速运动，从而获得很高的初速度，弹丸沿导轨向外运动直到从炮口末端发射出去。电枢和包裹弹丸的软壳脱落，弹丸飞向目标。作用于导轨的电磁力仅持续几毫秒，当弹丸离开炮口，剩余能量或通过炮口分流器导向脉冲形成网络，或在空中形成电弧散放。

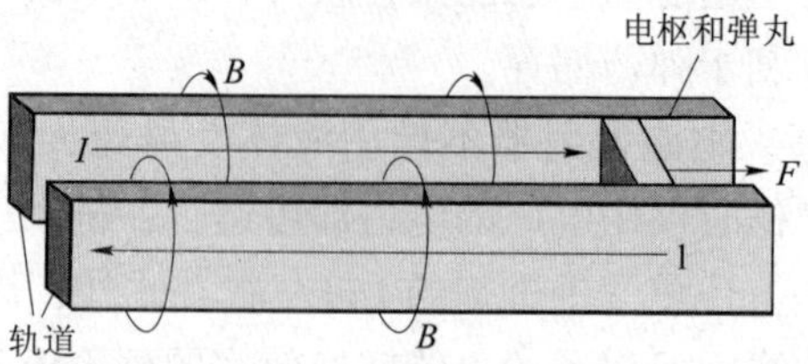

图 4－2　电磁轨道炮原理

轨道炮是绝佳的解决方案，但在现实中，它存在几个严重问题：

（1）电源：生成轨道炮弹体加速时所需的能量，这是个真正的难题。电容器必须储存电荷，直至积累到能够产生足够大的电流为止。虽然在一些应用中可以使用较小的电容器，但轨道炮中的电容器体积却高达数立方米。

（2）电阻发热：当电流通过导体时会在导电材料中遇到电阻，电流会激发轨道中的分子，使它们发热。在轨道炮中，这一效应会产生大量的热。

（3）熔化：由于电枢的速度很快，加上电阻发热带来的热量，会导致轨道的表面受损。

（4）斥力：在轨道炮中，两条轨道的电流方向相反。这会产生一股与电流大小成正比的斥力，它推动两条轨道，试图将它们分开。由于轨道炮中的电流极强，因此两条轨道之间的斥力相当大。

（5）磨损：轨道炮的磨损是一个严重的问题。在使用几次后，轨道炮将出现多处裂缝，有时它们只能使用一次。

轨道炮在非军事领域也有一些有趣的应用。首先，它们可以将卫星或航天飞机发射到高层大气，在那里再由助推火箭将其送入太空。化学推进剂需要空气才能工作，而在没有大气层的星球（如月球），轨道炮无须化学推进剂就能将弹体送入太空。

轨道炮还被列为战略防御计划（俗称“星球大战”）中的一个重要组成部分。“星球大战”是美国政府的一项计划，旨在研究和开发一个基于太空的系统，以保护美国免遭战略弹道导弹的袭击。轨道炮可以发射弹体，拦截来袭的导弹。一些科学家认为，轨道炮还可以在地球轨道上发射高速弹体，使地球不致受到游荡的小行星的撞击。当小行星来袭时，弹体会将其摧毁，或者改变它的轨道。

2. 重接型

美国科学家 Cowan 等于 1986 年在美国的桑迪亚国立实验室提出了重接型电磁发射器的概念，从原理上证明了重接型电磁发射装置相当于其他发射装置的优越性，并申请了美国专利。

典型的重接型电磁发射装置具有无接触、稳定性好、适合于发射大载荷弹体等优点，能产生很高的加速度且随发射体质量的增加而加速度并不降低，它的发射体所受的峰值压力和平均压力之差很小。另外，它不需要身管和磁浮装置，因此整个系统装置的复杂程度大大降低。

典型的重接型电磁发射装置是由一对或多对线圈和一个实心发射体组成的，单极重接型电磁发射装置上下各有一个驱动线圈，其组成如图 4－3 所示。上下线圈与轴对称放置，中间为由抗磁性良导电材料做成的实心发射载体，可防止磁场快速渗透，其面积略大于线圈空心口的面积，能完全将空心口遮住；上下驱动线圈使用同一电源串联，且磁力线方向一致，并垂直于发射载体。

3. 线圈型

1831 年，英国科学家法拉第发现了电磁感应现象以后，各国军事专家深受启发，随即考虑利用电磁力发射物体的原理来制造武器。最早研究的电磁炮是线圈炮，也称高斯炮（Gauss Gun）。线圈炮的工作原理是：炮管由许多个同轴同口径线圈构成，炮弹上嵌有线圈，当向炮管的第一个线圈输送强电流时形成磁场，炮弹上的线圈感应产生电流，磁场与感应电流相互作用，推动炮弹前进；当炮弹到达第二个线圈时，向第二个线圈供电，又推动炮弹前进，然后经第三个线圈、第四个线圈……直至最后一个线圈，逐级把炮弹加速到很高的速度。

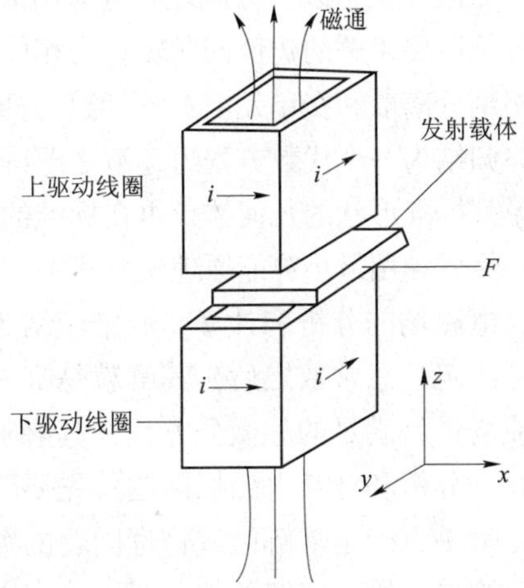

图 4-3　平板式单极重接型电磁发射装置

线圈炮是一种电磁发射装置，与轨道炮相比，它具有一些优势。线圈炮的“炮管”由一系列铜线圈组成，这些线圈会依次通电，从而在炮管的内壁形成一个活动的磁场。这个磁场会吸引一个铁磁性的弹体沿炮管移动。由于线圈炮的弹体悬浮在炮管中，从不与线圈接触，因此线圈炮受到的磨损较少，而且不会发出一点声音。线圈炮已被证实能够使弹体以超声速飞行，但是它的效率和性能不如轨道炮。

早期的线圈型电磁发射器又称为“同轴发射器”“质量驱动器”“行波加速器”等。目前较为常见的线圈型发射装置包括无刷直流式、有刷直流式、磁阻式、同步感应式和异步感应式等，后两种把驱动线圈与电源直接相连，省去了电刷换向环节，是线圈型的主要形式。

同轴线圈炮是由普通的直线电动机拓扑出来的，研究的历史最为久远。在线圈型电磁发射中发射线圈和驱动线圈不接触，故速度不受摩擦的限制；可按较大比例增加发射线圈的尺寸，利于发射大体积、大质量的发射体；效率大于 50%，同样电流时线圈型的推力比轨道型大 100 倍。单级线圈型电磁发射装置发射体的初速度比较小，但是可以用多级形式来补偿这一缺点。因此，线圈型电磁发射特别适用于空间应用和飞机弹射等大质量发射场合。桑迪亚国立实验室计划用多级线圈型电磁发射方式发射小卫星，设计速度 4.2 km/s，再需一级火箭即可入轨，有效载荷将达到 47% 左右，这样费用仅为传统发射方式的 1%。一旦线圈型电磁发射技术成功应用于航天领域，那它对卫星发射、太空运输等方面都会带来难以想象的价值。

4.1.2　有限元方法

所谓有限元方法，就是将整个区域分割成许多很小的子区域，这些子区域通常称为“单元”或“有限元”，将求解边界问题的原理应用于这些子区域中，求解每个小区域，通过选取恰当的尝试函数，使得对每一个单元的计算变得非常简单，经过对每个单元进行重复而简单的计算，再将其结果综合起来，便可以得到用整体矩阵表达的整个区域的解，这一整体矩阵又常常是稀疏矩阵，可以更进一步简化和加快求解过程。由于计算机非常适合重复性的计算和处理过程，因此整体矩阵的形成过程很容易使用计算机来实现。

有限元法是以变分原理和近似插值离散为基础的一种数值计算方法。该方法首先利用变分原理把所要求解的边值问题转化为相应的变分问题，也就是泛函极值问题，然后利用对场域的网格剖分离散和在单元上对场函数的插值近似，将变分问题转化为普通多元函数的极值问题，最终归结为一个代数方程组，解之即得待求边值问题的数值解。将复杂的几何物体等效离散为一系列标准形状的几何体，再在标准的几何体上研究规范化的试探函数表达及其全场函数的构建，然后利用最小势能原理建立相关问题的线性方程组，这就是有限元法的基本思路。

电磁场的分析和计算，通常归结为求微分方程的解。对于常微分方程来说，只要由辅助条件决定任意常数之后，其解就是唯一的。而在电磁场计算中，一般归结为求解电磁场位函数或场量所满足的偏微分方程，其解唯一的条件就是在初始条件和边界条件的基础上稳定。因此，分析和计算电磁场问题首先要明确以下两点：

第一，确定求解区域物理问题的数学模型，包括选择位函数和导出所求解的微分方程。

第二，给出定解条件。对于稳态电磁场问题，只需给出边界条件。

直线感应电动机中存在多处不同媒质的交界面，比如初级线圈和铁芯、初级与气隙、气隙与次级等媒质，这些媒质的交界面必须用第三类边界条件加以约束和规定，才能进行正确的分析和运算。

有限元法电磁计算的广泛应用以及对广阔发展前景的展望，首先来自于工程应用发展的压力，如产品制造规模的不断扩大，即设备的大型化；产品设计制造的复杂性和难度不断增加，即设备的集成性；对产品性能指标要求的不断提高，即设备的高技术含量；产品应用范围的不断扩充，即产品种类的多样化。这些都要求对电气设备或其部件进行高精确度的定量计算和优化设计。

从当前电磁计算的前沿发展来看，有限元法不仅本身在应用方面具有很大的潜力，而且结合其他理论和方法还有广阔的发展前景。这些前沿性发展部分已经取得了重大进展，并有相当的应用范围的成果，如自适应网格划分、三维场建模求解、耦合问题、高磁性材料及具有滋滞及饱和非线性特性介质的处理等。它们进一步开拓了有限元法的应用范围，也适应于更复杂的、精确度要求更高的问题求解的需要。此外，这些前沿性发展还包括一些尚处于探索性阶段的工作，如逆问题、人工智能和专家系统在电磁装置优化设计中的应用及边界有限元法等。

4.1.3 本节小结

本节重点介绍了电磁推进理论，对其优点进行了分析，并分别对导轨型、重接型和线圈型电磁炮的推进原理和过程及工程应用进行了分析，接着阐述了电磁场有限元设计方法，为进一步研究准备了理论基础。

4.2 快速推进装置方案设计

4.2.1 CST 系统介绍

CST 系统是针对压溃式吸能结构在功能、性能方面存在的局限性和问题，创新地提出的一种新概念智能化汽车碰撞吸能结构，这种结构创新形成了一种新的碰撞能量吸收与吸能能力自适应控制原理，它能使碰撞过程更平稳、吸能能力更强、可靠性更高、质量更小、造价更低、碰撞安全性更好。

1. CST 系统的工作原理

图 4－4 所示为 CST 系统的工作原理示意图。该系统由螺纹管、螺杆、定位支承等组成，螺杆由定位支承导向，螺纹管固定在车身上，定位支承既可与螺纹管做成一体，也可以独立设置。当碰撞力作用在螺杆上后，螺杆上的凸缘沿轴向对螺纹管的螺纹实施应变率较高的剪切（绝热剪切），剪切的过程将一直持续下去，直至轴向碰撞力不足以剪切螺纹而处于平衡状态，碰撞能量就这样被逐渐吸收。在螺纹剪切过程中，由于螺纹圈是连续的，所以整个吸能过程是连续、渐进的。理论上，对于给定的螺纹，发生剪切破坏所需的力基本为常数，则作用在螺杆上的减速度值也近似为常值，故碰撞过程平稳，符合汽车碰撞时理想吸能特性的全部要求。

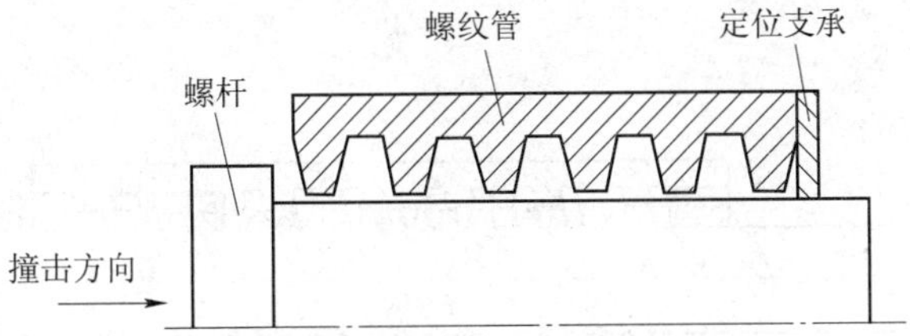

图 4－4　CST 系统的工作原理示意图

2. CST 系统的特点

根据汽车结构设计的需要，受剪切螺纹既可以是内螺纹，也可以是外螺纹。与压溃式吸能结构相比，CST 系统具有以下特点：

（1）平稳、渐进、可控制的力－变形特性，碰撞过程更平稳。

（2）可用最短的吸能区长度吸收给定的碰撞动能，从而可最大限度地增加汽车的有效空间，并使汽车质量更小。

（3）当吸能区长度相同时，由于最大限度地减少了碰撞瞬间的减速度峰值，大大减少了汽车前、后方向碰撞时对安全气囊的依赖，可使汽车的造价更低。

（4）适合所有类别的汽车，包括特种车辆，推广应用前景更广。

3. 典型 CST 系统结构

基于螺纹剪切吸能机理的吸能系统可有多种结构形式，如图 4－5 所示。

吸能装置由螺纹套管、冲击杆、电动机、保险杠组件、前后支承、固定销组成。冲击杆 2 一端套装于螺纹套管 1 内，另一端伸出螺纹套管 1 外，并与电动机 3 的输出端相连。

如图 4－5（e）所示，保险杠组件包括法兰 14、套筒 15、轴承 16 和保险杠 17，法兰 14 与套筒 15 通过螺钉连接在一起，法兰 14 通过螺栓与保险杠 17 连接，电动机 3 机身固定于保险杠 17 上，冲击杆 2 通过轴承 16 支承于套筒 15 上，冲击杆 2 端部与电动机 3 输出端相连。轴承 16 通过轴用挡圈以及法兰 14 进行限位，保证连接整体的稳定性，由毡圈进行密封，保证轴承 16 的润滑系统洁净、无灰尘。

螺纹套管 1 内一端设内螺纹段 7，另一端设通孔段 8，冲击杆 2 上套装有通过螺纹连接的冲击套 10，冲击套 10 位于通孔段 8 内，冲击套 10 的外径大于内螺纹段 7 的内径，冲击杆 2 上的螺纹外径小于内螺纹段 7 的内径。

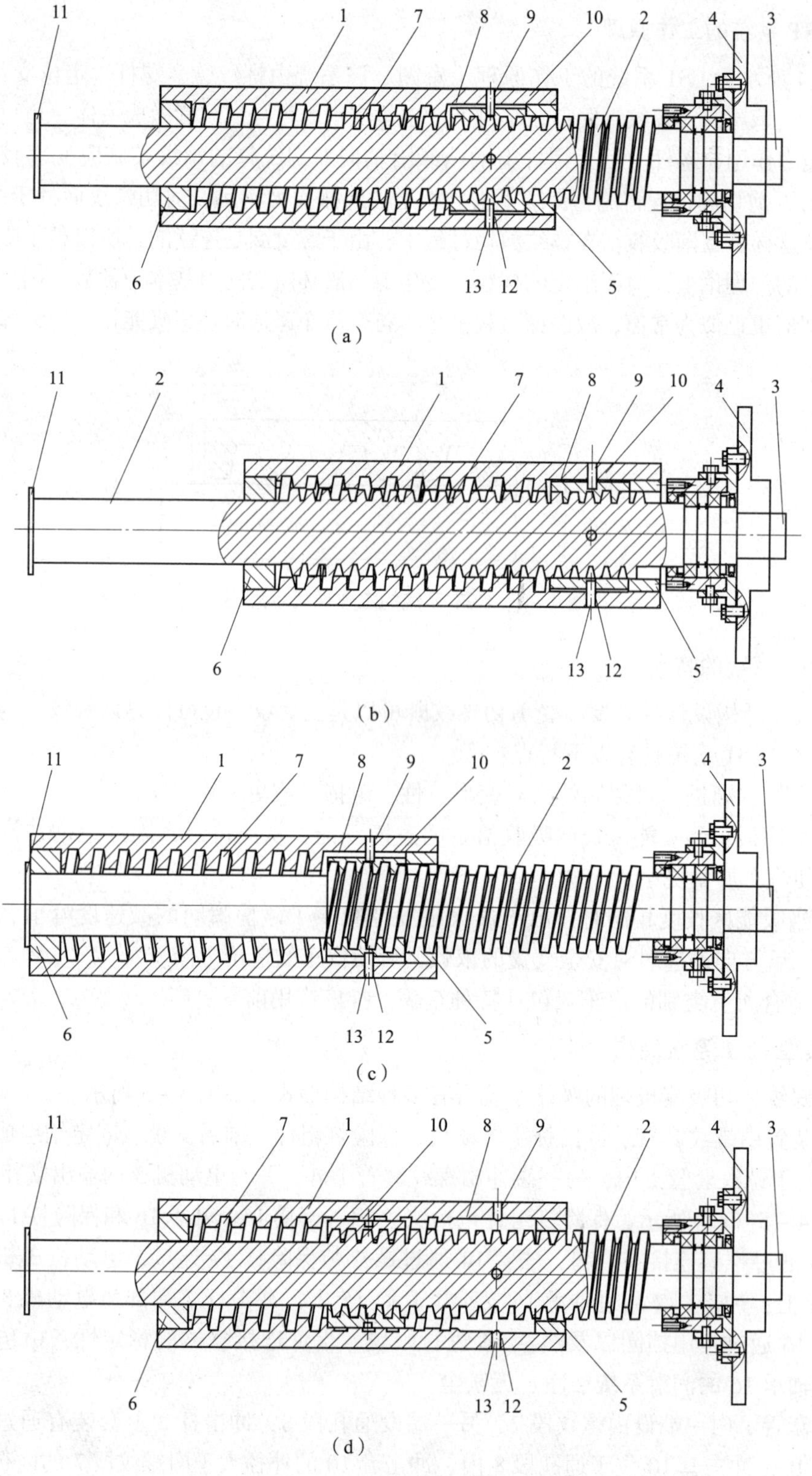

图 4-5　基于螺纹剪切吸能机理的吸能系统

(a) 一般工作状态；(b) 冲击杆全缩状态；(c) 冲击杆全伸状态；(d) 碰撞剪切状态

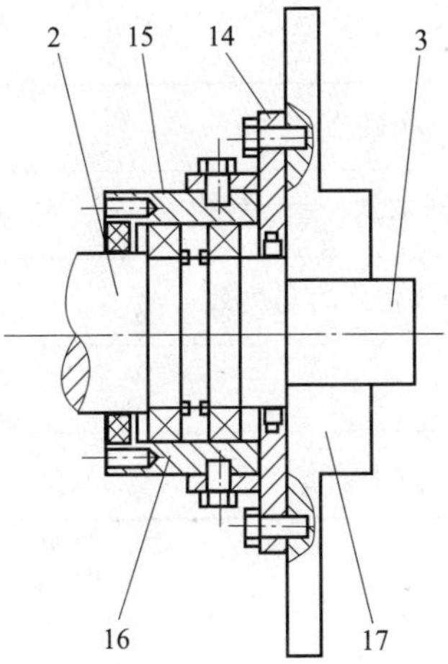

（e）

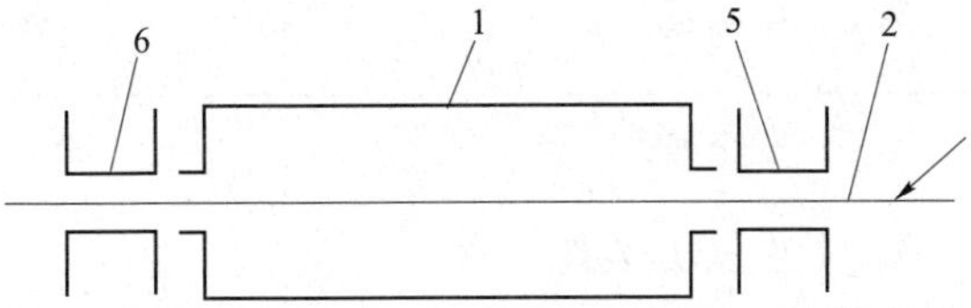

（f）

图 4－5　基于螺纹剪切吸能机理的吸能系统（续）

（e）保险杠组件；（f）前支承与后支承原理图

1—螺纹套管；2—冲击杆；3—电动机；4—保险杠组件；5—前支承；6—后支承；7—内螺纹段；8—通孔段；9—销孔；10—冲击套；11—限位凸台；12—定位孔；13—固定销；14—法兰；15—套筒；16—轴承；17—保险杠

螺纹套管 1 的通孔段 8 设有两个或两个以上销孔 9，冲击杆 2 的冲击套 10 上设有分别与各销孔 9 相对应的定位孔 12，各销孔 9 内设有延伸至相对应的定位孔 12 内的固定销 13，在未发生碰撞时，冲击套 10 通过两个或两个以上固定销 13 进行轴向和径向定位，便于对冲击杆 2 长度的调整，当发生碰撞时，固定销 13 先被冲击套 10 剪切脱离，固定销 13 的剪切力大小可以通过增减固定销 13 的数量、改变固定销 13 本身的强度来调整。

螺纹套管 1 靠近保险杠组件 4 的一端设有支承冲击杆 2 的前支承 5，另一端设有支承冲击杆 2 的后支承 6，冲击杆 2 位于后支承 6 的一端设有限位凸台 11。

如图 4－5（f）所示，前支承 5 和后支承 6 套设于螺纹套管 1 内，与螺纹套管 1 过盈连接。

冲击套 10 设有多圈内螺纹，承受剪切力的螺纹圈数和强度均高于螺纹套管 1 的内螺纹，故能保证冲击套 10 能够剪断螺纹套管 1 的内螺纹。前支承 5 和后支承 6 通过螺栓固定在螺纹套管 1 两端。

4.2.2　快速推进装置的探讨

国内外能实现将吸能装置送出的装置主要有弹簧、安全气囊、液压装置、气压装置、电动机等，如表 4－1 所示。利用电动机来实现吸能装置的伸缩功能，可以实现自适应性的吸能要求，但由于其采用的是螺旋运动，而螺旋运动具有可靠性不高、响应较慢等缺陷，故吸能效果不够理想；湖南大学研究主被动结合新型汽车碰撞缓冲吸能装置，采用弹簧作为其吸能结构的推进装置，弹簧比较容易实现，然而其反应太慢，推进效果不理想，且容易失效，难以有效保障吸能装置发挥作用；安全气囊和气压、液压装置也可实现推进，但成本高、响应慢，均不能达到理想的效果。国内外对电磁发射技术的研究已经非常成熟，其广泛应用于军事和工程领域，如电磁炮、磁浮列车等，但尚未有用于推进汽车吸能结构的应用和研究。

表 4-1 常见推进装置及缺点

推进方式	缺点
电动机	可靠性不高、响应较慢
弹簧	响应较慢、容易失效
安全气囊	成本高
气压、液压装置	响应慢

4.2.3 初步设计的两种快速推进方案

1. 方案一：电磁感应式快速推进装置

1）电磁感应式快速推进装置的机理

电磁感应式快速推进装置是靠感应电流来加速的，电流的变化率较大，故装置中要求至少有两个线圈，一个作为驱动线圈，缠绕于螺线管套筒上，另一个为反向驱动线圈，用于使螺杆在推进过程末端减速至停止。当给驱动线圈施加脉冲电流时，螺杆会感应出环形电流，并与驱动线圈电流相互作用产生安培力，从而推动螺杆朝着车体外部伸出。

2）电磁感应式快速推进装置的工作过程

电磁感应式快速推进装置由脉冲电源、螺杆、驱动线圈、反向驱动线圈、螺线管、电磁铁等组成（见图 4-6），反向驱动线圈用于推进时给螺杆减速，以及缩回时的回推。具体工作原理如下：

当传感器检测到危险信号时，立即将触发信号传递给控制器，如图 4-6（a）所示过程，控制器给电磁铁 7 通电，使插销 9 离开底座上的定位孔。当插销 9 完全离开定位孔后，控制器控制脉冲电源依次对驱动线圈 4 和反向驱动线圈 3 进行供电，两者通电间隔时间为 t（t 很小），t 与电磁力的大小及螺杆 2 和驱动线圈 4 的相对位置等有关，可以通过仿真优化计算得到。驱动线圈 4 通过瞬间大电流时将对磁性体——螺杆 2 产生大的电磁力，推动 2 加速向外推进。间隔 t 时间，螺杆 2 加速到达反向驱动线圈 3 磁场区域，反向驱动线圈 3 通电产生反向的驱动力使其迅速减速运动。当到达极限位置时，吸能部件 2 在反向力和限位块 15 的共同作用下，停止相对运动，这时，控制器控制电磁铁 14 通电，将凸块 1 推出插入吸能部件后端以限制其运动。此时，吸能部件 2 完全伸出车外，如图 4-6（b）所示过程，等待碰撞危险发生，进行吸能，达到了将汽车碰撞变形空间限制在车体外部的目的，避免或减轻直接撞击车体导致的变形破坏，使吸能部件真正起到保障汽车和乘员的作用。

当碰撞危险并未发生而吸能部件已经伸出车外时，驾驶员可通过手动按下驾驶室的复原按钮将吸能部件 2 缩回，实现装置的复原，如图 4-6（c）所示过程。具体过程是：按下按钮后，控制器首先控制凸块 1 缩回到原来位置，接着依次对反向驱动线圈 3 和驱动线圈 4 进行放电，间隔时间为 t_1（t_1 很小），在电磁力和限位块 8 的共同作用下，重新缩回到原始位置，最后，电磁铁 7 通电将插销 9 推入限位孔内，这样装置实现了复原。

若缓冲吸能部件为非磁性，则可在底座连接吸能部件的轴上缠绕线圈作为次级线圈 17，推进过程与磁性吸能部件一致。

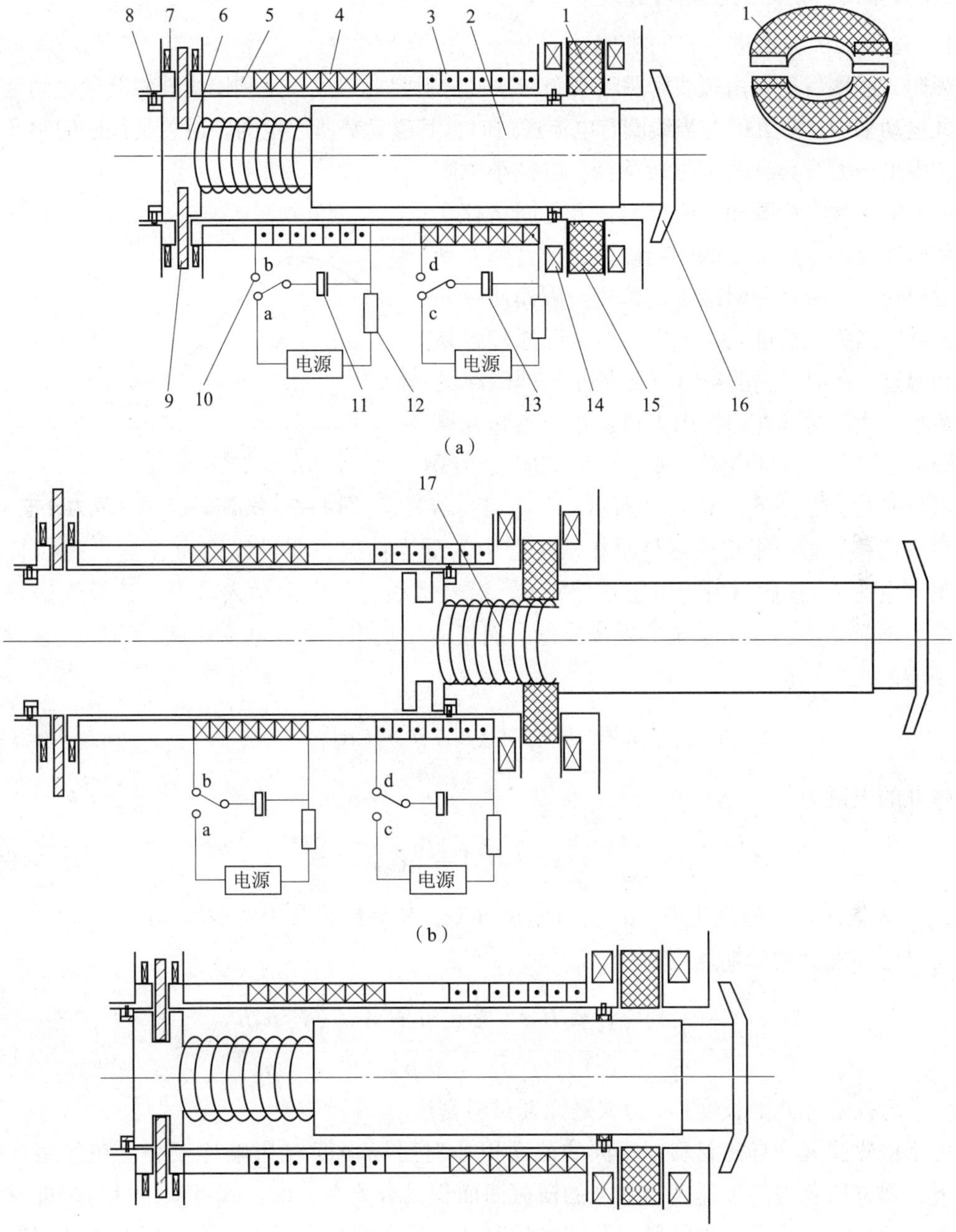

图4－6　电磁感应式快速推进装置的结构和工作过程

(a) 触发前；(b) 触发后；(c) 装置复原

1—凸块；2—螺杆/缓冲吸能部件（磁性体）；3—反向驱动线圈；4—驱动线圈；5—螺线管；6—底座；7，14—电磁铁；8，15—限位块；9—插销；10—单刀双掷开关；11，13—超级电容；12—保护电阻；16—保险杠；17—次级线圈

外壳和凸块均具有足够大的强度和刚度来承受碰撞时吸能部件破坏变形载荷，所以，碰撞不是非常严重的情况下该装置并不会发生损坏，当吸能部件发生破坏时，仅需重新更换吸能部件进行装配即可实现装置的再生使用。

2. 方案二：磁阻式快速推进装置

1）磁阻式快速推进装置的机理

磁阻式线圈发射器由螺线管驱动线圈和铁磁材料弹丸组成，是利用线圈磁路的磁阻变化吸引弹丸运动来加速弹丸的。当线圈有电流通过时，其磁动势所产生的磁通总是往磁阻最小的路径跑，根据磁力线具有缩短磁通路径，以减小磁阻增大磁导的本性，线圈和铁磁材料弹丸之间将存在一种使磁通通路尽量变小的倾向磁力，拉着弹丸到达该磁通对应的磁路磁阻最小的位置，因而使弹丸产生运动。当弹丸行进至线圈中心时，磁通较容易形成和通过，此时磁路的空气气隙最小，即磁路的磁阻最小，线圈对弹丸的作用力也最小。当弹丸离开线圈中心时，向前的电磁力变为向后的阻力。线圈磁阻与弹丸受力分布如图 4－7 所示。

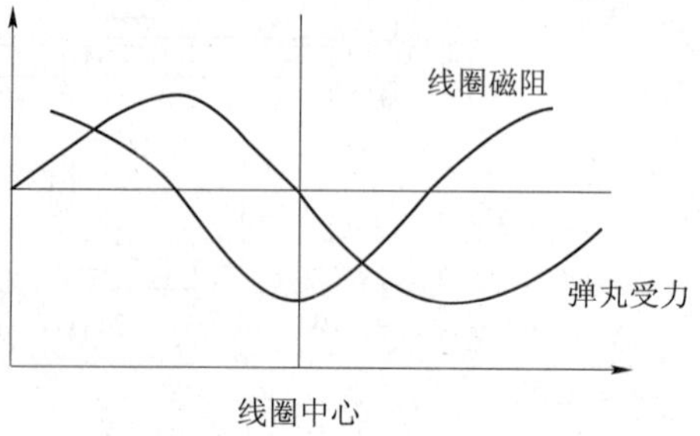

图 4－7　线圈磁阻与弹丸受力分布

由虚位移原理可求得铁磁材料在螺线管中的受力情况，假设线圈为 N 匝，螺线管长 l，通有恒定电流 I，铁磁材料为恒定磁导率 μ，沿着螺线管的方向插入其中，计算铁磁材料弹丸的受力不需要求出整个系统的磁场能量，而仅需要找出弹丸在线圈中两种不同位置时，系统磁场能量之差。即

$$\Delta W_{\mathrm{m}}=\frac{1}{2}\int_{A\cdot\Delta x}(\mu-\mu_0)H^2\mathrm{d}V \tag{4.1}$$

得到弹丸的电磁力：

$$F=\frac{\Delta W}{\Delta x}\approx\frac{1}{2}\chi_{\mathrm{m}}\mu_0H^2A=\frac{1}{2}\chi_{\mathrm{m}}\mu_0\left(\frac{NI}{l}\right)^2A \tag{4.2}$$

式中，χ_{m} 为铁磁弹丸的磁化率，μ_0 为真空磁导率，H 为螺线管中的磁场强度。

所以，弹丸受到的加速度：

$$a=\frac{F}{m}=\frac{\frac{1}{2}\chi_{\mathrm{m}}\mu_0H^2A}{V\rho}=\frac{\frac{1}{2}\chi_{\mathrm{m}}\mu_0H^2A}{Al_{\mathrm{P}}\rho}=\frac{\frac{1}{2}\chi_{\mathrm{m}}\mu_0H^2}{l_{\mathrm{P}}\rho} \tag{4.3}$$

式中，l_{P} 为铁磁弹丸的长度；ρ 为铁磁弹丸材料密度。

由于铁磁弹丸为导磁材料，不同的截面积 A 对磁场强度 H 影响比较小，在忽略变化的情况下，弹丸所获得的加速度与弹丸的横截面面积没有关系，由公式可知，只与弹丸材料的密度和长度有关。不得不提的是，公式推导时，采用了线性分析方法来分析非线性问题，且没有考虑漏磁，所以结果存在误差。

由以上分析可知，磁阻式线圈发射器不要求电源有较大的电流变化量，只要线圈中有电流，不管该电流大小、方向如何，都会产生电磁力，拉动铁磁材料运动，且不影响其加速形式，其推进效果取决于螺线管相对于线圈的位置以及电流的大小。

2）磁阻式快速推进装置的工作过程

给螺线管驱动线圈通以直流电，线圈磁动势产生的磁通总是往磁阻最小的路径跑，拉动螺杆往线圈中心方向加速运动，当离开线圈中心时，向前的拉力变为向后的阻力，螺杆减速向车外推进。在限位机构和向后的阻力的共同作用下，螺杆到达极限位置时停止运动，此时，螺杆完全伸出车体，迎接碰撞危险发生，进行吸能，达到了将汽车碰撞变形空间限制在车体外部的目的，保障CST系统良好吸能作用的有效发挥，避免或减轻直接撞击车体导致的变形和破坏，使碰撞吸能部件真正起到保障汽车和乘员的作用。

磁阻式快速推进装置的结构和工作过程如图4-8所示。

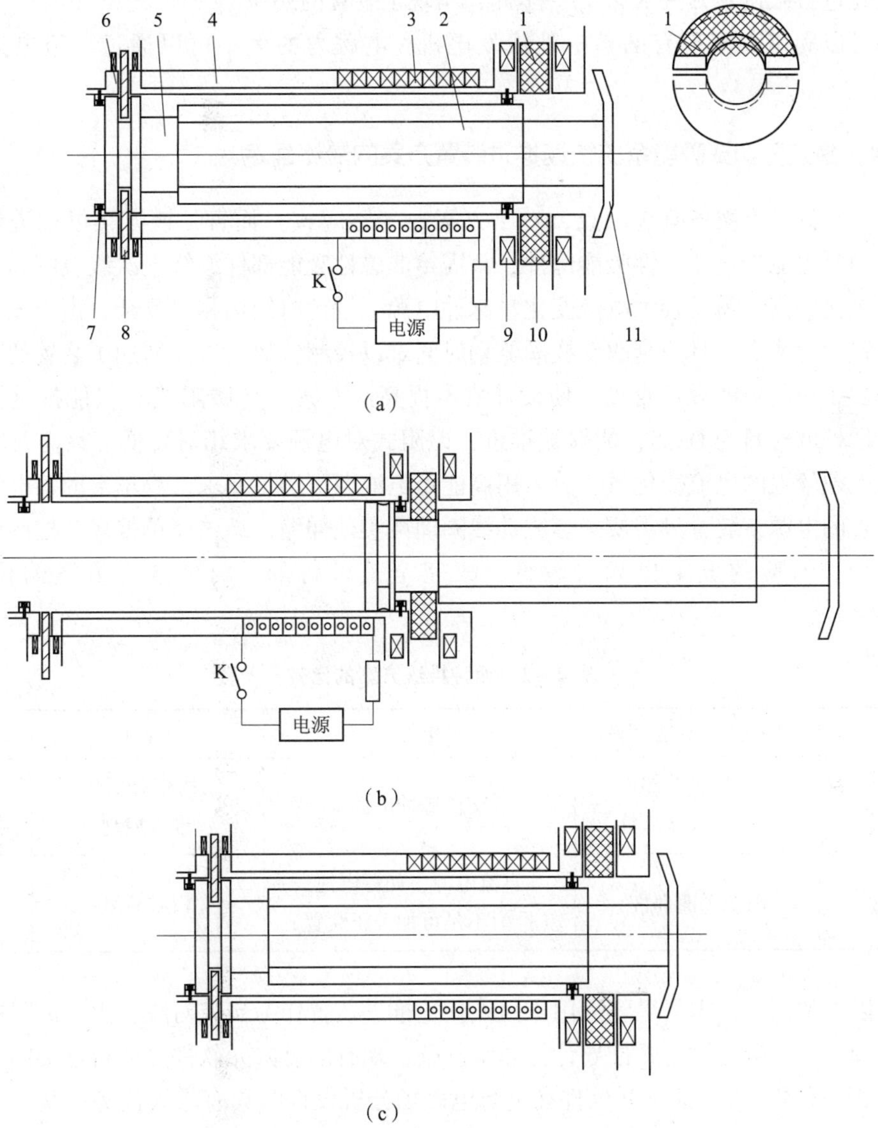

图4-8　磁阻式快速推进装置的结构和工作过程

(a) 触发前；(b) 触发后；(c) 装置复原

1—凸块；2—螺杆；3—驱动线圈；4—螺线管；5—底座；6，9—电磁铁；

7，10—限位块；8—插销；11—保险杠

如图4-8 (a) 所示，当检测到碰撞信号时，控制器给电磁铁通电，使插销离开底座上的定位孔，同时，控制器接通开关K，通电线圈产生磁场力拉动螺杆向车外推进。

如图4-8 (b) 所示，推进终了位置，控制器控制电磁铁通电，将剪切凸块推出插入螺杆后端对其进行限位，螺杆在电磁力以及限位元件的共同作用下停止运动，开关K断开。

此时，螺杆完全伸出车外，推进过程结束。整个运动过程为：静止—加速—减速—静止。

当螺杆被完全推进但危险并未发生时，可将装置缩回实现装置的还原再生。如图4－8（c）所示，具体方式为：可在驾驶室设置手动按钮进行触发，控制器控制剪切凸块缩回原来位置，接通开关K，螺杆受电磁力被反向拉回，到达初始位置时停止运动，插销重新插入限位孔进行限位，开关K断开，至此，实现了装置的还原。

电源可以利用汽车现有的蓄电池或发电机，电磁力的大小可以通过调节电流的大小来实现。

4.2.4 螺纹剪切式吸能系统快速推进装置方案的最终确定

以上两种推进方案各有优缺点，对于方案一（感应式）而言，该方案可推进铁磁性吸能部件，同时也能推进非磁性吸能部件，只需给非磁性吸能部件缠绕上次级线圈即可，但其对电源要求比较高，需要较大电流变化量脉冲电源，设计时结构相对复杂，由于该方案需在套筒上布置两套线圈，且两套驱动线圈驱动时间难以控制，故一方面增加了装置的长度，另一方面增加了控制器的设计难度，使设计成本提高；方案二（磁阻式）只能推进铁磁性吸能部件，螺杆的材料为Q235，能够被推进，磁阻式对电源要求相对要低，只需要较大的电流量，而无须较大的电流变化量，故采用高能蓄电池即可满足要求，汽车上的蓄电池可以作为推进装置的电源，装置只需要一套驱动线圈即可实现伸缩，结构简单得多，控制单元的设计相对简单，对应的成本也相对较低，故完全是可行的。两种推进方案的比较如表4－2所示。

表4－2 两种推进方案的比较

	可推进的吸能部件	电源	结构	成本
方案一（感应式）	铁磁性吸能部件 非磁性吸能部件	交流脉冲电源	结构相对复杂，难以控制	较高
方案二（磁阻式）	磁性吸能部件	直流电源，如蓄电池（推力不足可加升压装置）	相对简单	较低

通过以上的探讨，本书最终采用磁阻式快速推进装置作为研究对象，由于磁阻式原理属于非线性理论，直接通过公式推导计算非常复杂，现有的有限元软件是分析这类问题的适用工具，如Ansoft公司的Maxwell软件在进行电磁场分析设计时具有较大优势。基于电磁发射理论及有限元分析方法，本课题利用电磁学分析软件对快速推进装置进行开发设计。

4.2.5 本节小结

本节首先对螺纹剪切式吸能系统的工作原理及特点进行了介绍，为保证碰撞危险发生时能够及时将吸能系统伸出车体外“保驾护航”，本节深入探讨了快速推进技术，通过对现有快速推进装置的优缺点进行比较分析，初步设计出两种基于电磁发射理论的快速推进方案，并详细介绍了两种方案的推进机理和工作过程，最后详细比较了两种方案各自的优缺点，并最终确定选用磁阻式快速推进装置来推进螺纹剪切式碰撞吸能系统，为后续的研究做好了铺垫。

4.3 快速推进装置有限元模型的建立

4.3.1 仿真软件及介绍

Ansoft 公司是全球最大的提供以电磁技术为核心的专业电子设计自动化（EDA）软件供应商，成立于 1984 年。30 多年来，Ansoft 公司始终引领着世界上电磁技术的发展方向，并在射频/微波电路仿真、机电系统设计领域保持领导者的地位。近年来，Ansoft 公司又在电路的时域和频域仿真技术方面取得了新的突破，是业界唯一能够提供电磁场、电路和系统设计集成化的设计平台，完成从部件设计、电路设计到系统验证全过程的 EDA 公司。其独有的核心技术使 Ansoft 公司成为全球最大的专业射频/微波、信号完整性/电源完整性、电磁兼容和电磁干扰、电磁场及机电元件与系统仿真软件供应商。

Ansoft 产品被广泛应用于航空、航天、国防、集成电路、通信、电机、汽车、船舶及机电系统设计，公司的使命是用电磁场技术推进部件、电路和系统设计，引领高性能 EDA 工具的发展。其关键技术包括：自适应网格划分技术、切向矢量有限元电磁场求解技术、消除伪解技术、64 位求解技术、大矩阵快速压缩算法技术、全波 Spice 技术、新一代大规模非线性电路的时域/频域求解技术、三维电磁场瞬态仿真、应力和形变耦合分析技术、按需求解和数据管理技术。

Ansoft 产品包括 Maxwell 2D、Maxwell 3D，这是一个功能强大、结果精确、易于使用的二维、三维电磁场有限元分析软件。它包括电场、静磁场、涡流场、瞬态场和温度场分析模块，可以用来分析电机、传感器、变压器、永磁设备、激励器等电磁装置的静态、稳态、瞬态、正常工况和故障工况的特性。它所包含的自上而下执行的用户界面、领先的自适应网格划分技术及用户定义材料库等的特点，使得它在易用性上遥遥领先。它具有高矩阵求解器和多 CPU 处理能力，提供了最快的求解速度。

利用 Maxwell 的直流磁场模块可分析由直流电流、永磁体以及外部激磁引起的磁场。它适用于激励器、传感器、电机以及永磁体等，分析的对象包括非线性的 $B-H$ 曲线（如钢材、铁氧体和永磁体），材料的各向异性和随位直流磁场：XY 或 RZ 对称置变化等特性都包含其中。该模块可自动计算力、转矩、电感和储能。其他感兴趣的物理量可利用后处理器中集成的计算器从磁场计算结果中提取出。此外后处理器还能绘制磁力线、B 和 H 场分布、能量密度以及饱和程度图。

参数分析模块允许设计者在 Maxwell 中设置多项可变设计量。仿真中的设计变量包括位置、形状、材料属性、源/边界设置以及频率。用户只要单击一下鼠标即可自动计算数千种情况的物理问题，而且整个过程无须用户的干预。

Maxwell 的瞬态模块可以方便地求解某些涉及运动和任意波形的电压、电流源激励的装备。电动机、无摩擦轴承以及涡流断路器等设备常需要采用完全的瞬态电磁场分析，从而可精确地预测性能特性。瞬态模块能同时求解磁场、电路以及运动等强耦合的方程，因而可轻而易举地解决上述装置的性能分析问题。用户可输入大量物理参数，如电源、负载、电阻、电感、电容或材料属性，也能以函数、图表的方式输入参数，甚至还可以是设计者编写的文件或者第三方软件。因此为研究电路突开、突短、断路、不平衡或故障运行、负载变化或机械扰动以及电力电子开关动作等现象提供了方便有效的手段。

4.3.2 建模方法

利用 Maxwell 进行仿真分析时，首先要明确求解问题，清楚地知道要求解的目标参数是哪些，图 4－9 所示为仿真分析步骤。

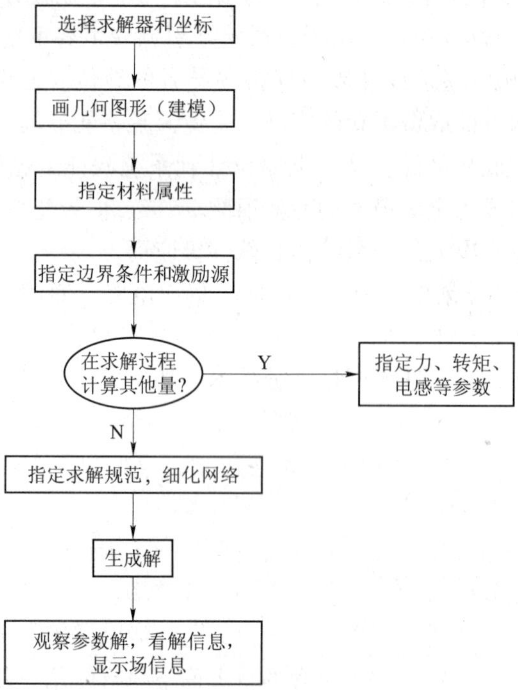

图 4－9 Maxwell 仿真分析步骤

本设计需要用到 Maxwell 3D/2D 的静磁场求解器、瞬态场求解器和参数分析器，来进行快速推进模型的优化设计。建模方法及详细步骤如下：

（1）定义求解问题的类型。

打开软件创建新工程之后，需要进行求解器的选择，包括求解器的类型选择：静电场（Electrostatic）、稳恒磁场（Magnetostatic）和正弦时变涡流场（Eddy Current）等；另外，还需选择求解区域的几何类型，包括平行平面场（*XY* 平面）和轴对称场（*RZ* 平面）。

软件还允许读者选择两种不同类型的几何建模平面：笛卡儿坐标平面、轴对称坐标平面。轴对称坐标平面（*RZ* 平面）上的几何图形，实际上代表该图形绕对称轴旋转后形成的装置，如螺线管，可以看成 *RZ* 截面绕对称轴旋转而成的。

（2）创建模型。

建模器是场模拟器的重要组成部分，可以用来绘制设备的几何模型，使用建模器的第一步就是设定生成模型的单位，单位列表框的默认单位是 mm，当模型相对于默认绘图区域小得多时，可以通过改变绘图区域的大小来适应。为了方便建模，还可以改变网格间距。进入"Define Model"选项后，可以很方便地建立要进行分析的模型。在进行参数化分析时，可设定模型的尺寸变量。

（3）设定模型的材料属性。

进行材料定义时，软件提供了很多常用的工程材料，在材料属性参数栏输入具体的材料属性值，如相对介电常数、电导率、电矫顽力等；对磁场计算还要设定相对磁导率、磁矫顽力、磁记忆力和磁化强度等；对于非线性材料，需要定义 $B-H$ 曲线。材料定义库包括以下三方面：

① 全局材料库。

全局材料库是主材料库，Maxwell 所有软件都可以使用，全局材料库中的材料只能在 Maxwell 控制面板中删除或修改，在材料管理器的材料列表中作为外部材料（External）。

② 用户自定义的材料库。

在 Maxwell 2D 中，用户自定义材料库是全局材料库的复制，可以往一个项目的用户自定义材料库增加材料。添加的材料可以删除或修改，但不能被其他项目使用，在材料列表中显示局部材料（Local）。在项目的材料管理器中，任何 Local 或 Exernal 材料都可以指定给物体。

③ 遗传。

遗传是指可以从材料库中已存在的材料衍生出新材料，从而创建一个材料族，共享或继承基础材料的特性，在必要时修改材料特性。衍生材料的特点是仅通过改变材料的特性来修改一族材料的共性。此外，它有助于更快地获取材料数据，剔除冗余的相关材料。

（4）设定边界条件和激励源。

边界条件管理器主要用于设定电场、磁场、温度场等不同类型工程项目的边界条件和激励源。电磁场求解问题包括以下边界条件：

① 自然边界条件：软件默认的边界条件，是不同媒介交界面场量的切向和法向边界条件。

② 狄利克莱边界条件：第一类边界条件，它规定了边界处势的分布，势是边界位置的函数，也可以是零或常数。

③ 诺伊曼边界条件：第二类边界条件，规定了边界处势的法向导数分布。

④ 对称边界条件：包括奇对称和偶对称，可以减小模型的尺寸，有效节省计算资源。

⑤ 匹配边界条件：模拟周期性结构的对称面，使主边界和从边界场量具有相同的幅度或相位，相同或相反的方向。

⑥ 气球边界条件：这是求解器常见的边界条件，用于模拟绝缘系统。

在默认的情况下，所有物体的表面被指定为诺伊曼边界和自然边界条件，也就是说，磁场被定义为垂直于问题空间的边缘，穿过所有物体的交界面是连续的。

（5）设定求解参数。

该步骤用来完成以下几个集总参数的求解设定：施加在一个物体或一组物体上的电磁力（Force）、力矩（Torque）、电容、电感、电阻值；对于多个物体给出分布参数矩阵（Matrix）、铁芯损耗（Core Loss）和磁链（Flux Line）；利用参数列表器，可以指定求解过程中需要计算的一个或多个参数，如：

① 电容、电感、阻抗或电导等；

② 一个或一组物体上的有用力矩；

③ 一个或一组物体上的有用力；

④ 电流；

⑤ 磁通量或电通量；

⑥ 后处理宏，能够在求解过程中利用后处理场计算器进行计算；

⑦ 一个或一组物体的铁耗。

(6) 设定求解选型及求解。

该部分可以设置网格划分、方程求解精度和求解方法等。Ansoft Maxwell 具有网格自适应功能，这是该软件的一大优点，自适应技术可以实现网格单元的合理分布，从而可以提高计算精度。自适应网格细分是一个迭代过程，程序先生成一个单元较少的初始网格，然后计算场量，根据场量分布细分一些区域的网格，然后再计算场，依次循环，当然网格划分也可以单独进行。

选择不同的求解器，可选择的执行参数也不同，如静电场可计算电容矩阵、力、转矩等参数；静磁场和涡流场可计算电感矩阵、力、转矩、磁通量等；瞬态场可计算速度和转速等；恒定和交变电场可计算电流参数。

(7) 后处理。

对模型进行求解计算后，进入 Post Process 进行结果输出、图像显示和分析界面，可以得到电磁力、磁力线分布图、速度、电感、能量等用户想要的结果。

① 图形显示和分析定解场求解结果。

② 图形显示参数化求解结果。

③ 图形显示瞬态、时间阶段场求解结果，仅限于瞬态场。

有时还需要用到场计算器，场计算器有很多功能，其中最主要的是将后处理的功能进一步扩展，使其不仅仅限于主要场量的计算和图像显示，使用场计算器，依据 Maxwell 方程，可以对基本的场量进行正确和有意义的矢量代数和积分运算：在几何体上显示场量或导出的量；对指定的几何体进行积分运算；将场计算结果输出到用户指定的空间区域或用户指定的一系列位置。

4.3.3 快速推进装置有限元模型的建立

本书利用上述建模方法，应用 Ansoft Maxwell 12.0 软件的静磁场模块对模型进行分析。图 4－10 和图 4－11 所示为利用该方法建立的二维和三维模型，下面具体介绍建模过程中的参数设置情况。

(1) 模型的建立。

选定线圈和螺杆的长度分别为 200 mm，具体参数如表 4－3 所示，线圈选取 1 000 匝，通以 12 A 直流电流。

线圈、螺杆周围被空气所包围，取螺杆进入线圈 20 个位置进行分析。

(2) 材料的设置。

螺杆采用 Q235 材料，其 $B-H$ 值为非线性，故必须手动输入设置，通过“import”输入其 $B-H$ 值（图 4－12）；线圈采用 copper 材料，其他设置为 vacuum，在材料属性表中对这三种材料进行特性参数设置。

(3) 边界条件及施加载荷。

依次选择外围空气模型的边缘线，给模型施加气球边界条件，这是电磁场仿真模型常用的边界条件；选定线圈片体，通过“Assign Excitation”给线圈平面施加恒定的电流，并可定义和改变电流方向。

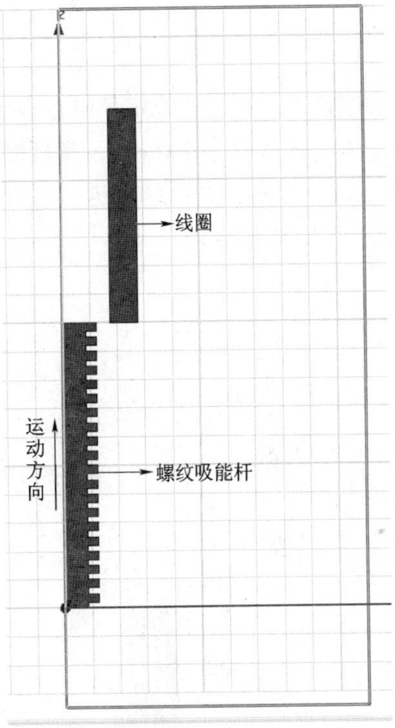

图 4-10　快速推进装置二维模型

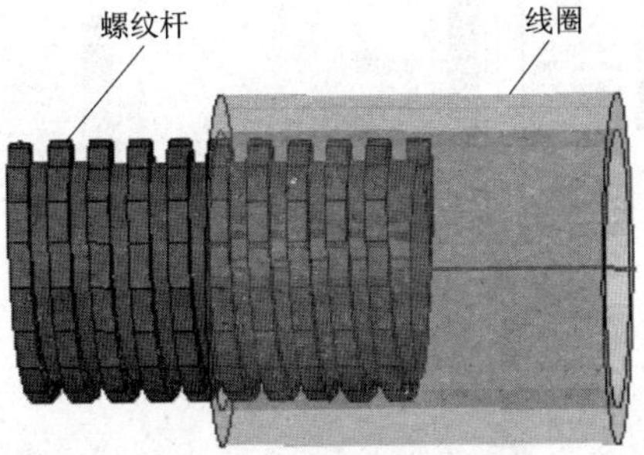

图 4-11　快速推进装置三维模型

表 4-3　螺杆模型参数

参数 \ 名称	长度	直径	螺距	齿高	齿宽
螺杆/mm	200	50	8	6	4

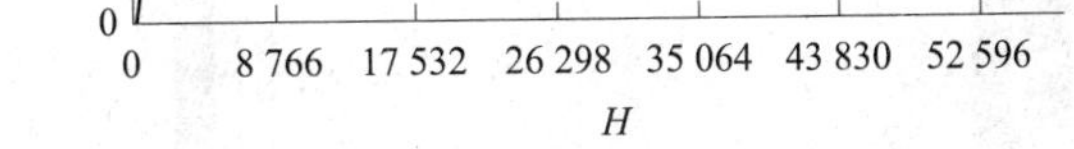

图 4-12　Q235 材料的 $B-H$ 曲线

（4）定义求解参数及网格划分。

将螺杆单元定义为一个组件，设置力求解参数，在网格生成器中需手动设定网格，对于螺杆和线圈部分应进行细化网格。

（5）求解选项设置及求解。

定义求解选项，并用静磁场参数化求解器进行求解。

4.3.4　模型验证

选定线圈和螺杆长度分别为200 mm，当螺杆前端面刚进入线圈时，设定其位置为0，当螺杆前端面到达线圈中心位置时，螺杆进入线圈100 mm，完全进入时为200 mm，螺杆刚好完全离开线圈时的位置为400 mm。利用静磁场求解器对模型进行求解，并对结果进行后处理，可得其磁力线分布云图（图4－13）及各位置对应电磁力大小（表4－4）。

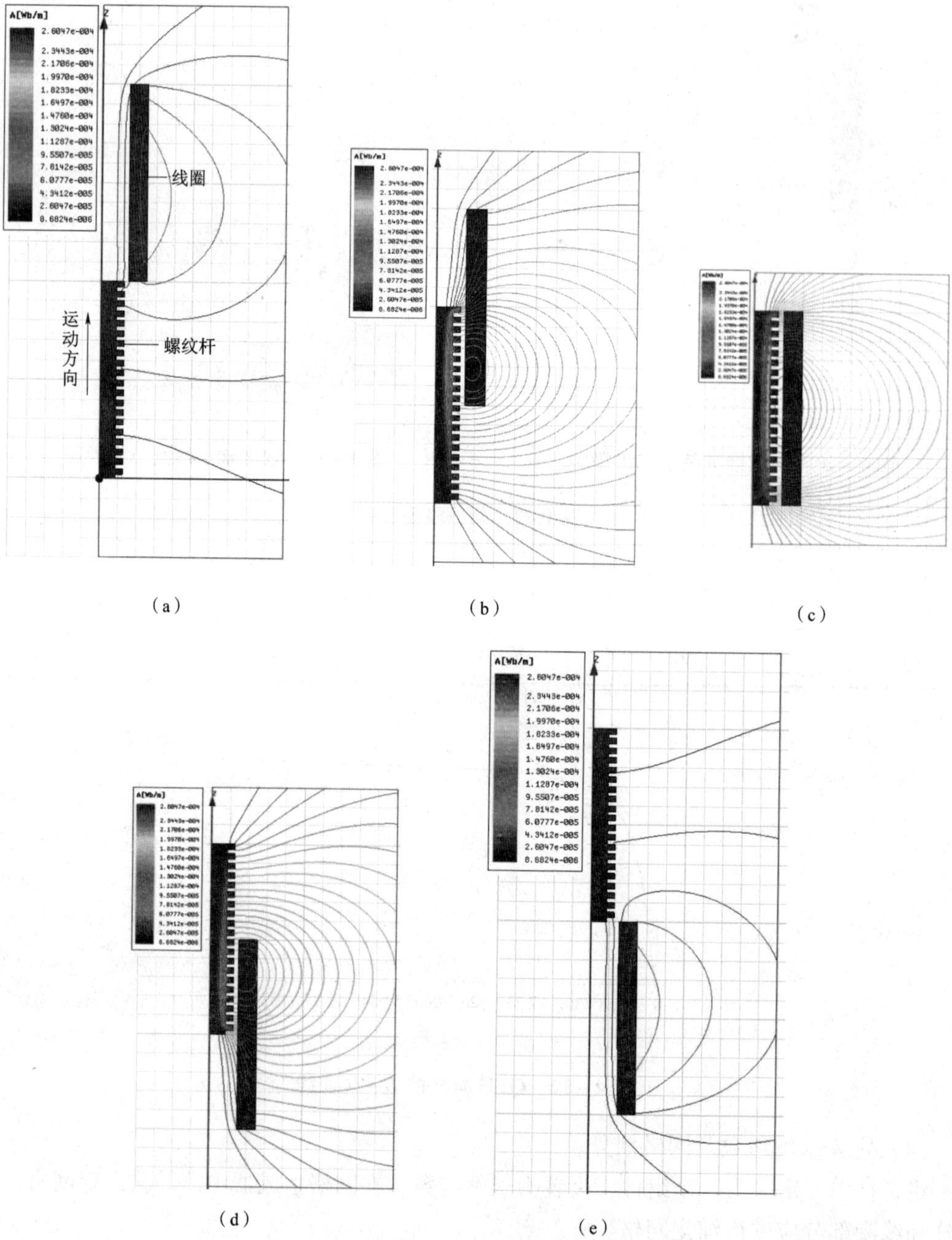

图4－13　装置推进过程磁力线分布云图

（a）0位置；（b）100 mm位置；（c）200 mm位置；（d）300 mm位置；（e）400 mm位置

表 4-4 不同位置对应电磁力大小

D/mm	F/N	D/mm	F/N	D/mm	F/N
0	3.64	140	44.92	280	-45.86
20	10.81	160	38.60	300	-42.24
40	19.65	180	24.26	320	-36.27
60	28.52	200	-2.10	340	-27.54
80	36.60	220	-27.05	360	-18.50
100	42.64	240	-39.91	380	-9.71
120	45.71	260	-45.31	400	-3.13

由图 4-13 和表 4-4 可知，螺杆前端面即将进入线圈时，穿过螺杆的磁力线较稀疏，螺杆受到的电磁力较小，拉动螺杆往线圈里面运动；当螺杆前端面进入线圈 100 mm 位置时，螺杆的 1/2 已经完全进入线圈内部，此时，螺杆所受的电磁力达到最大值，拉着其继续往线圈内部跑；当运动到图 4-13（c）所示位置时，螺杆完全进入线圈内部，此时磁路的空气气隙最小，磁通较容易形成和通过，磁路的磁阻最小，因此线圈对螺杆的磁力最小，通过前面的加速，螺杆获得了最大速度；当螺杆前端离开线圈内部时，向前的电磁拉力变成了向后的阻力，使螺杆减速离开线圈。

图 4-14 所示为将表 4-4 拟合后的静态特性曲线，这与磁阻式电磁推进原理一致。

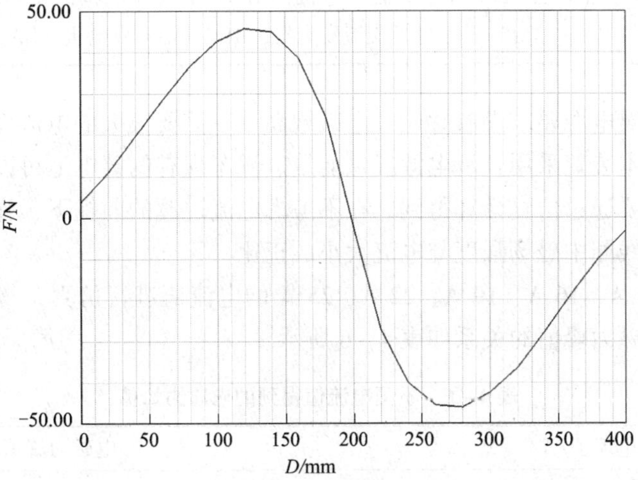

图 4-14 静态特性曲线

综上所述，用该建模方法建立的模型符合电磁推进装置的静态电磁力特性，仿真结果与理论吻合，验证了建模方法的正确性，为下一步仿真设计打下基础。

4.3.5 本节小结

本节首先对 Ansoft 软件及其产品 Maxwell 2D/3D 的优越性进行了详细介绍，接着对后面要用到的建模方法及步骤进行了阐述，最后利用该建模方法建立了快速推进装置的有限元模型并进行求解，通过对结果进行分析，得到仿真结果与理论相一致的结论，验证了建模方法的正确性，进而为下面做好了铺垫。

4.4 快速推进装置有限元仿真设计

快速推进装置功能的实现，能有效地保证螺纹剪切式吸能系统正常发挥其吸能作用，因此，对快速推进装置结构参数的优化设计非常重要。影响推进装置性能的参数包括：电源参数、线圈参数、套筒、螺杆结构以及外加铁轭材料等。本节利用 Ansoft Maxwell 的静磁场参数化模块对装置进行结构参数分析及设计。

4.4.1 电源参数对推进装置性能的影响

电磁炮中常用的电源类型如表 4－5 所示。

表 4－5 各种电磁炮电源类型

电磁炮	电源类型	研究状况
导轨型	C，B，A，HPG，MFCG，MHDG，CAP	即将投入使用
线圈型	REG，DA，CAP，C，A	工程发展研究
重接型	REG，DA，C，CAP，MFCG，MHDG	应用基础研究

注：C—电热器；B—蓄电池；A—普通交流发电机；HPG—单极发电机；MFCG—磁通压缩发生器；MHDG—磁流体脉冲发电机；CAP—补偿脉冲交流发电机；REG—增频发电机；DA—圆盘交流发电机

磁阻式电磁炮对电源要求没有感应式电磁炮高，不需要很大的电流变化量，但需要较大的电流量，因此，本装置采用直流电源提供能量。汽车现有的蓄电池可以作为电源装置，而电流量的大小则需要通过仿真计算得到。在不考虑电流过渡的前提下，弹丸受到的电磁力正比于磁场强度，而线圈中磁场强度与电流大小成正比。

本节分别取 13 A、16 A、19 A、22 A、25 A 的电流值进行仿真，得到不同电流值时整个推进过程中的电磁力峰值的关系如表 4－6 所示。

表 4－6 不同电流值得到的电磁力峰值

电流值/A	电磁力峰值/N
13	93.90
16	130.43
19	162.36
22	195.05
25	228.23

图 4－15 所示为不同电流值对快速推进装置性能的影响曲线，电源的电流越大，弹丸受到的电磁力越大，但过大的电流可能导致过大的涡流损耗，且电流过渡效应明显，同时，这

对电源的要求也会很高，再者，过大电流产生的磁场将会影响到汽车上其他电气设备的使用性能。

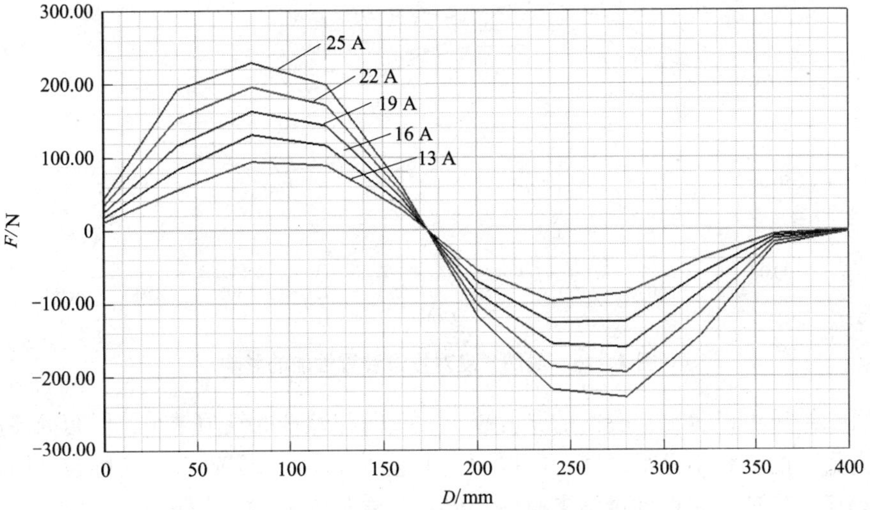

图 4-15　不同电流值对快速推进装置性能的影响

4.4.2　线圈参数对推进装置性能的影响

缠绕后线圈的长度分别取 100 mm、150 mm、200 mm、250 mm、300 mm，对装置进行仿真得到线圈长度与电磁力的大小对应关系如表 4-7 所示，关系曲线如图 4-16 所示。

表 4-7　不同线圈长度与电磁力大小对应关系

线圈长度/mm	电磁力峰值/N
100	98.51
150	60.81
200	36.84
250	24.17
300	16.79

通过对上述五组线圈长度的 20 个位置进行仿真，比较电磁力的峰值，可知：线圈的长度越短，电磁力的峰值越大。图 4-16 所示为整个推进过程中螺杆的受力曲线，整个电磁力曲线包围的面积相对应的是推力能量，当线圈长度为 100 mm 时，峰值虽然最大，但是加速时间过短，故总的推进效果并不是最好的；线圈长度为 150 mm 时，加速效果是最好的，因此，线圈的径向长度定为 150 mm。

4.4.3　套筒参数对推进装置性能的影响

套筒的尺寸决定了线圈与螺杆之间气隙的大小，选取套筒厚度值分别为 2 mm、4 mm、6 mm、8 mm、10 mm 对装置进行仿真，通过对绝缘套筒的不同厚度参数进行求解计算，由

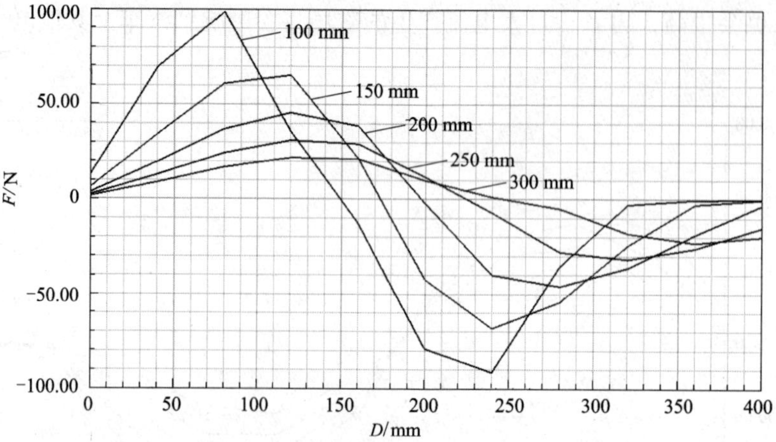

图 4-16　线圈长度对推进装置性能的影响

图 4-17 所示结果可以看出，套筒的厚度越小，线圈与螺杆的气隙越小，但套筒厚度的变化对于电磁力大小的变化不是很敏感，所以原则上选择较小的套筒厚度。实际设计时，由于螺杆推进过程无法保证恰好在推进结束时完全停止，螺杆对套筒上的止动凸块有残留冲击力，所以要求套筒有足够的抗冲击能力，且方便止动凸块的安装。综合考虑，本设计选用厚度为 5 mm 的套筒。

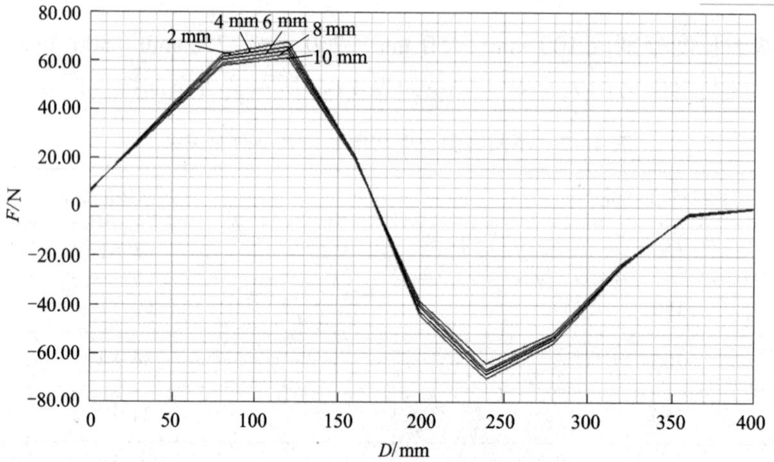

图 4-17　套筒参数对推进装置性能的影响

4.4.4　螺杆的尺寸参数对推进装置性能的影响

螺杆的尺寸是由螺纹剪切吸能系统的吸能性能决定的，因此螺杆上螺纹的尺寸是确定的。下面研究空心螺杆的壁厚对推进装置效果的影响，保持螺纹的尺寸不变，改变螺杆的壁厚，分别取实心，壁厚为 5 mm、10 mm 和 15 mm 进行仿真，结果如图 4-18 所示。

由图 4-18 可以看出，壁厚越大，螺杆所受到的电磁力越大。但是，壁厚越大，也就是说螺杆的质量越大，一方面受到的空气阻力和摩擦阻力越大；另一方面，其获得的加速度不一定越大，特别是螺杆尺寸和质量相对而言是比较大的。所以，壁厚的改变对质量的变化是很大的，故最终获得的加速度肯定是变小的。

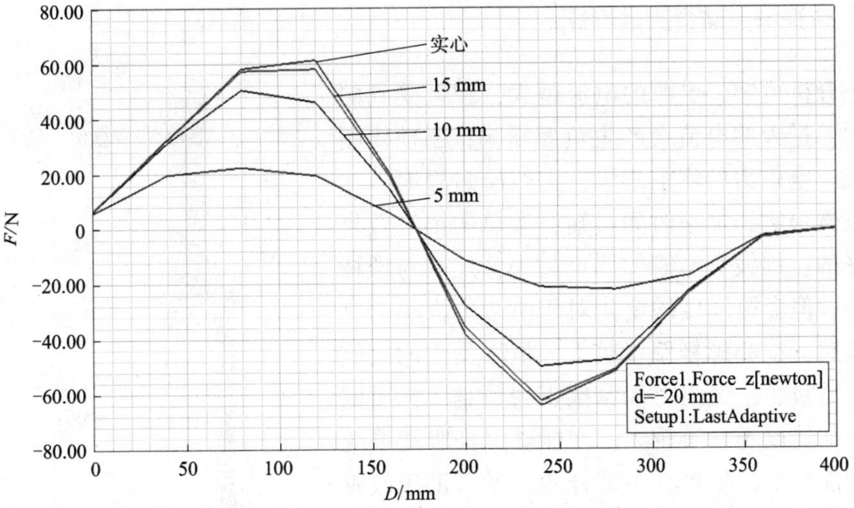

图 4-18　空心螺杆壁厚对推进性能的影响

因此，在能够保证吸能系统吸能效果的前提下，应该尽可能减小螺杆的质量，如采用空心螺杆，或采用同等吸能效果但质量更小的材料。综合考虑，本设计拟采用壁厚为 10 mm 的螺杆。

4.4.5 外加铁轭对推进装置性能的影响

在快速推进装置外加入铁轭之后，铁轭、螺纹杆及线圈之间的气隙形成了一个闭合回路（图 4-19），使得磁力线更加集中。分别对加入不同导磁率铁轭后的快速推进装置进行仿真，由结果可知，引入大导磁率铁轭的装置所受电磁推力大，推进时间短。因此，引入高导磁率铁轭有利于改善推进效果，提高了推进效率，进而减小对电源的要求。

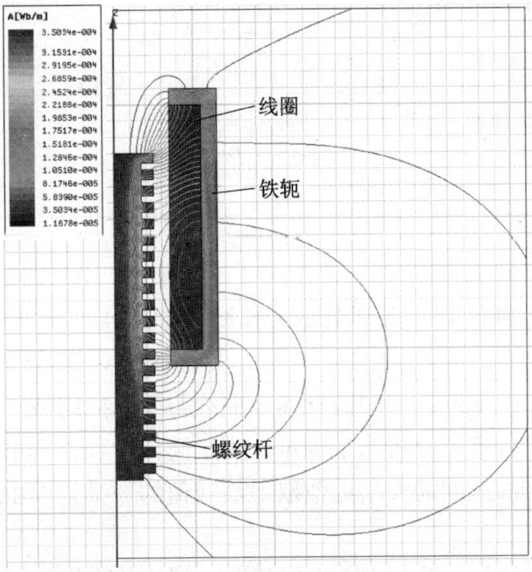

图 4-19　外加铁轭后推进装置受力云图

4.4.6 快速推进装置改进设计

由以上分析可知，电源的电流越大，弹丸受到的电磁力越大，过大的电流会产生负面影响；驱动线圈的长度越短，电磁力的峰值越大，但线圈过短时，加速力峰值虽然最大，加速时间过短，故总的推进效果并不是最好的；螺线管套筒的厚度越小，线圈与螺杆的气隙越小，但套筒厚度的变化对于电磁力大小的变化不是很敏感；空心螺杆壁厚越大，虽然受到的电磁力越大，但质量、空气阻力和摩擦阻力也越大，所以最终获得的加速度不一定越大；在能够保证吸能系统吸能效果的前提下，尽量减小螺杆的质量有助于改善推进效果，缩短推进时间；引入大导磁率铁轭的推进装置推进效果好，推进效率较高。

根据上面的优化结果，选择优化结构参数建立快速推进装置的仿真模型（图 4－20），结构参数如表 4－8 所示。

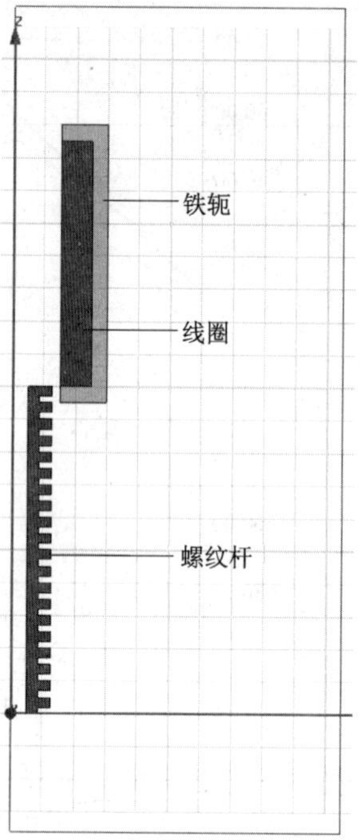

图 4－20　改进后的快速推进装置模型

表 4－8　快速推进装置优化模型参数

名称	参数
螺杆壁厚（空心）	10 mm
螺杆长度	200 mm
螺线管套筒壁厚	5 mm
线圈径向长度	150 mm
线圈匝数	2 000 匝
其他	外加铁轭

通过对模型分别施加大小为 40 A、55 A、70 A、85 A、100 A 的电流值，针对螺杆相对于线圈的不同位置进行仿真计算，得到电磁力曲线，如图 4－21 所示，施加 100 A 电流值时，得到的电磁力峰值为 2 520 N。

由牛顿第二定律可知，推进过程中的加速度曲线与受力曲线波形一致，由于整个推进过程为非线性变化，故要进行定量分析非常困难，为了简化过程，本书将整个过程看作匀加速和匀减速两个对称阶段，加速度的大小近似取最高峰值的一半，即由推进峰值可以大致估算推进时间。

因此，根据上述方法估算出施加 100 A 电流时，螺杆的推进时间约为 0.09 s；施加 85 A 电流时，螺杆的推进时间约为 0.1 s。所以，当电源电流值在 85～100 A 时，改进后的快速

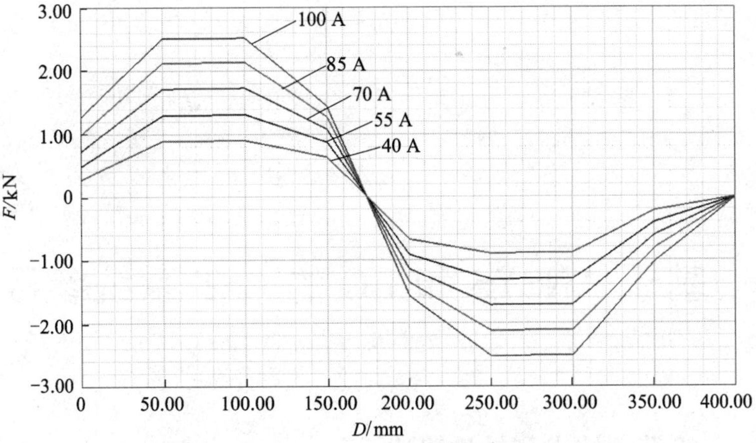

图 4-21　不同电流值时对应的电磁力曲线

推进装置能够在瞬间反应，实现快速推进。由于汽车上蓄电池的电源设备尚不能满足供电条件，故需考虑加升压器，考虑到升压器的工作时间，本装置若能与提前预警系统相结合，将有助于改善推进效果，使螺纹剪切式碰撞吸能系统在碰撞危险发生的瞬间及时快速地伸出车体外部，发挥其优越的吸能作用，保护乘员和汽车的安全。

4.4.7　本节小结

本节建立了快速推进装置的仿真模型，并进行了结构优化设计。通过分析电源参数、线圈参数、螺线管套筒参数、螺杆结构参数及外加铁轭等对推进装置性能的影响，得到了改进方案。研究结果表明，改进设计的快速推进装置能够在碰撞瞬间及时将螺纹剪切式吸能系统伸出，确保其优越的碰撞吸能性能得到充分发挥，保障汽车和乘员的安全。

第 5 章

基于 ANSYS 和 UG 的 CST 系统参数化设计

5.1 三维造型技术和软件概述

5.1.1 三维造型技术

三维造型技术是计算机辅助设计（Computer Aided Design，简称 CAD）中最基本和最常用的部分。它不仅是构成 CAD 的核心内容，也是实施各种 CAD/CAM/CAE 技术，如 NC（数字控制）编程、FEM（有限元分析）计算、模具分析等的前提。

从历史上看，CAD 三维造型技术的发展经历了线框造型、曲面造型、实体造型、参数化造型及变量化造型技术五个阶段。我国的 CAD 技术起步于 20 世纪 60 年代末，当时只有为数不多的几个产业部门（如机械、航空、船舶等）和几所高等院校开始研究 CAD 技术。经过 50 多年的努力，我国 CAD 技术在硬件生产、应用软件的开发与应用方面都取得很大进展，开发出很多三维 CAD 软件产品。就目前国内情况而言，依托高校科研部门或高科技企业长期从事 CAD 三维造型技术研究的人才群落已经形成，并且在已有成熟技术的基础上提倡技术创新，结合时下最前沿的技术发展，我国的三维造型技术已呈日益壮大之势。

5.1.2 UG/NX 软件简介

Unigraphics Solutions 公司（简称 UGS）是全球著名的 CAD 供应商，主要为汽车与交通、航空航天、日用消费品、通用机械以及电子工业等领域通过其虚拟产品开发（VPD）的理念提供多级化的、集成的、企业级的包括软件产品与服务在内的完整的 CAD 解决方案。其主要的 CAD 产品便是 UG/NX（简称 UG）软件。

UG 是当今世界上最先进和紧密集成的、面向制造行业的 CAD/CAE/CAM 高端软件，其在航空航天、汽车、通用机械、工业设备、医疗器械以及其他高科技应用领域的机械设计和模具加工自动化市场上得到了广泛的应用。

UG 软件具有以下特点：

（1）建模的灵活性。复合建模：无须草图，需要时可进行全参数设计，无须定义和参数化新曲线——可直接利用实体边缘。几何特征：具有凸垫、键槽、凸台、斜角、挖壳等特征，用户自定义特征，引用模式。光顺倒圆：业界最好的倒圆技术，可自适应于切口、陡峭边缘及两非邻接面等几何构型，变半径倒圆的最小半径值可退化至极限零。

（2）协同化装配建模。可提供自顶向下、自底向上两种产品结构定义方式并可在上下文中设计/编辑，高级的装配导航工具；可图示装配树结构；可方便快速地确定部件位置；可对装配件进行简化表达；可隐藏或关掉特定组件。可局部着色，具有强大的零件间的相关性、配对条件、零件间的表达式（关系），协同化团队工作，可方便地替换产品中任一零部件，刷新部件以取得最新的工作版本，团队成员可并行设计产品中各子装配或零件。

（3）直观的二维绘图。对制图员来讲，该软件简单并富于逻辑性，剖视图自动相关于模型和剖切线位置，正交视图的计算和定位可简便地由一次鼠标操作完成，自动隐藏线消除，自动尺寸排列——不需要了解设计意图，自动工程图草图尺寸标注。

（4）被业界证实的数控加工。2～5 轴铣、车加工，线切割，钣金件制造，导轨仿真和验证，刀具库/标准工艺数据库功能。

（5）领先的钣金件制造。可在成型或展开的情况下设计或修改产品结构，折弯工序可仿真工艺成型过程，钣料展开几何自动与产品设计相关，可在一幅工程图中直接展示产品设计和钣料展开几何。

（6）集成的数字分析。包括机构运动学分析、硬干涉检查和软干涉检查、运动仿真和分析、动画过程中的动态干涉检查。

（7）广泛的用户开发工具。包括用户命令宏、高级编程语言、可自定义裁剪的用户界面。

（8）内嵌的工程电子表格。可与其他表格软件交换数据，可简便定义零件系列，可方便修改表达式，可生成扇形图、直方图和曲线图等。

（9）照片真实效果渲染。利用基于数字的设计审视，加快产品上市时间，快速成型。

（10）可分阶段实施的数据管理。业界最紧密的 CAD/CAM/CAE 与 PDM 集成，可管理 CAD 数据以及整个产品开发周期中所有相关数据。

5.1.3 UG 主要功能模块

UG 软件提供了包含 CAD/CAM/CAE 等方面的许多功能模块，因篇幅有限，只能选取其中部分模块介绍。

1）UG/Gateway（UG 入口）

该模块为所有 Unigraphics 产品提供一个一致的进入捷径，是 UG 的基本模块，也是所有其他 Uuigraphics 模块的一个必要条件。UG/Gateway 允许用户打开、创建、存储、着色和绘制工程图、部件和装配件，此外，Uuigraphics 支持各种文件类型的读入和写出、导航、着色的动画功能，层功能和对象信息查询和分析。User Tools 用户自定义菜单功能，可以使用户快速访问其常用功能或二次开发的功能。

2）UG/Solid Modeling（UG 实体建模）

UG 实体建模提供业界最强的复合建模功能，使用户能够方便地建立二维和三维线框模型、生成和编辑各种曲线、扫掠和旋转实体、沿导轨扫掠、布尔运算、尺寸驱动、定义和编辑变量及其表达式、非参数化模型后参数化等工具。

3）UG/Features Modeling（UG 特征建模）

UG 特征建模模块提供对建立和编辑标准设计特征的支持，包括各种孔、键槽、凹腔（方形、圆形、异形）凸台、圆柱、球体、管道、杆、倒角等，还包括模型抽空和产生薄壁实体。特征可以相对于任一其他特征或对象定位，也可以被引用阵列拷贝，以建立特征的相关集或是个别地定位或是在一简单图案和阵列中定位。

4）UG/Free Form Modeling（UG 自由曲面建模）

UG 自由曲面建模是合并实体和曲面建模技术到单个强大功能的工具集，包括直纹面、扫描面、通过一组曲线的自由曲面、通过两组类正交曲线的自由曲面、曲线广义扫掠、在两个或更多的其他体间充顺桥接间隙的曲面、等半径和变半径倒圆、广义二次曲线倒圆、动态拉动调整曲面、等距或不等距偏置、曲面裁剪，也支持通过一个曲线/点网格定义形状或对逆向工程任务通过点去拟合建立形状模型，可以或通过修改定义的曲线，改变参数的数值，或通过利用图形的或数字的规律控制来进行编辑。

5）UG/Drafting（UG 工程绘图）

UG 工程绘图模块建立与几何模型相关的尺寸，确保在模型改变时，工程绘图将被更新，减少图更新所需的时间。视图包括消隐线和相关的模型截面视图，当模型修改时也将自动更新，自动的视图布局能力实现了绘图的快速布局，包括剖视图、各向视图、局部放大图和尺寸标注、形位公差、粗糙度符合标注、支持 GB、标准汉字输入、视图手工编辑、装配图剖视、爆炸图、明细表自动生成等工具。

6）UG/Assembly Modeling（UG 装配建模）

UG 装配建模模型可以在总装配的上下文中设计和编辑，灵活地对组件进行配对或定位，减少存储的需求。参数化地装配建模提供了描述组件间配对关系、规定共同的紧固件组和其他重复零件的附加功能，结构体系允许产品结构由设计队伍来创建和共享，这样能够使队伍成员与他人并行地完成自己的工作。UG 装配建模具有诸如装配模型中零件数据是对零件本身的链接映象，保证装配模型和零件设计完全双向相关，改进了软件操作性能；逻辑对齐、贴合、偏移等定位方式和约束关系，操作灵活；在装配层次中快速切换，直接访问任何零件或子装配件；生成支持汉字的装配明细表，当装配结构变化时装配明细表可自动更新；并行计算能力，支持多 CPU 硬件平台等众多优点。

7）UG/ANSYS Interface（UG/ANSYS 软件接口）

UG/ANSYS 软件接口完成全自动网格划分、交互式网格划分、材料特性定义、载荷定义和约束条件定义、ANSYS 接口、有限元分析结果图形化显示、结果动画模拟、输出等值线图和云图。

8）UG/Open（UG/Open 二次开发）

为便于用户进行二次开发工作，UG 软件提供了 UG/Open 二次开发模块，利用该模块可对 UG 系统进行用户化剪裁和开发，满足用户的开发需求。UG/Open 包括以下几个部分：UG/Open Menuscript 开发工具、UG/Open UIStyle 开发工具、UG/Open API 开发工具、UG/Open Grip 开发工具。各个开发工具在下节中详述。

9）UG/Data Exchange（UG 数据交换）

作为业界最可靠的数据交换产品之一，UG/Data Exchange 数据交换模块提供了基于 STEP、IGES 和 DXF 标准的双向数据接口功能。这些产品使得能够实现穿越 Internet 和延伸的客户/供应商—合作伙伴程序的虚拟产品开发（VPD），Unigraphics 强大的数据交换产品确保模型质量和完整性，同时保持简单又易于使用。

5.1.4 UG 的二次开发

目前，对 UG 软件的二次开发有以下几种。

1）UG/Open Grip

UG/Open Grip 语言是一种解释性的编程语言，利用 Grip 可以完成与 UG 的各种交互操作，其与 UG 系统集成，具有通俗、易懂的特点。但是，Grip 没有后续开发的可能性，不能与 UIStyler 或者 MFC 对话框联合使用，这也导致其可视性和交互操作性不理想。

2）UG/Open API

UG/Open API 是 UG 与外部应用程序之间的接口提供的一系列函数和过程的集合。通过 UG/Open API 的编程，用户几乎可以实现所有的 UG 功能，开发者可通过 C 语言或者 C ++ 语言编程来调用这些函数，从而达到实现用户化的需要。

3）UG/Open MenuScript

UG/Open MenuScript 是 UG 提供定制菜单的专用模块，可以生成用户自已的菜单，替换 UG 的原有菜单，也可以实现对 UG 某个菜单的编辑并生成自己的菜单。它支持 UG 主菜单和快速弹出式下拉菜单的修改，可以改变 UG 菜单的布局、添加新的菜单项以执行用户二次开发程序。

4）UG/Open UIStyler

UG/Open UIStyler 是开发 UG 对话框的可视化工具。使用其最大的优点是可以避免复杂的图形用户接口编程。其设计对话框的方式与 Visual C ++ 相似，即利用对话框中基本控件的组合生成不同的对话框，对话框中所有的控件设计是可见的和可得的。

5）知识融合（KF）语言

UG 中的知识融合（Knowledge Fusion，KF）是为开发者提供的一种以 KBE 为基础的 NX 二次开发语言，其灵活、易学、知识驱动模型的特点适合开发智能 CAD 系统。然而，KF 与其他 UG/Open 工具相比，应用性不是很广泛。

5.1.5 本节小结

本节对三维造型技术做了概述，然后介绍了 UG 软件，包括其主要功能模块、优点等，还介绍了 UG 的几种二次开发工具。

5.2 有限元法原理和分析系统概述

5.2.1 有限元法的基本原理

有限元法是求解数理方程的一种数值计算方法，是解决工程实际问题的一种有力的数值计算工具。它是将弹性理论、计算数学和计算机软件有机结合在一起的一种数值分析技术，由于这一方法的灵活、快速和有效性，迅速发展成为求解各领域数理方程的一种通用的近似计算方法。

有限元法的基本原理是以结构力学中的位移法为基础，将要分析的连续体看成有限个单元的组合，各单元仅在节点处相连。先对单元特性进行分析，然后根据各单元在节点处的平衡和协调条件，建立节点位移和节点力之间的关系方程，求得节点位移分量，进而求得节点的应变与应力。如果单元满足问题的收敛性要求，那么随着单元尺寸的减小，解的近似程度将不断改进，近似解最终将收敛于精确解。

有限元法可以分为线弹性有限元法和非线性有限元法。线弹性有限元法以理想弹性体为研究对象，所考虑的变形建立在小变形假设的基础上。在这类问题中，材料的应力与应变呈线性关系，满足广义胡克定律，应变与位移是线性关系。线弹性有限元问题的方程组是线性问题，因此只需要较少的求解时间。而非线性有限元分析中载荷与位移之间的关系不是直线关系，而是曲线关系。非线性有限元问题的特点是：方程是非线性的，一般需要迭代求解；不能采用叠加原理；方程不总有一致解，甚至没有解。因此，非线性问题的求解过程比线弹性问题更加复杂，费用更高，更具有不可预知性。

引起状态变化非线性的原因主要有三个：材料非线性、几何非线性和边界条件非线性(接触问题)。当一个结构与另一个结构或外部边界相接触时，通常要考虑边界条件非线性问题。

5.2.2 ANSYS 简介

ANSYS 是集流体、结构、电场、磁场、声场分析于一身的大型通用有限元软件。它由世界上最大的有限元分析软件公司之一的美国 ANSYS 公司开发，能与诸如 I - DEAS、Pro/Engineer、NASTRAN、UG、SolidWorks、Inventor 等多数 CAD 软件接口实现数据的共享和交换，是现代产品设计中的高级 CAE 工具之一。

作为目前世界范围内增长最快的 CAE 软件，ANSYS 是迄今为止世界范围内唯一通过 ISO9001 质量认证的分析类设计软件，也是美国机械工程师协会、美国国家核安全局及近 20 种专业技术协会认证的标准分析软件。在中国，它是第一个通过中国压力容器标准化技术委员会认证，并在 17 个部委推广使用的分析软件。

1. ANSYS 主要分析功能

针对有限元分析方法最常用的一个应用领域——结构分析，根据力学性质的不同，ANSYS 将其分为静力分析、动力学分析（谱分析、模态分析、谐响应分析、瞬态动力学分析)、非线性分析（几何非线性分析、状态非线性分析、材料非线性分析)、优化设计以及可靠性分析等几类。

结构分析中计算得出的基本未知量（节点自由度）是位移，其他的一些未知变量如应变、应力和反力可通过节点位移导出。

用于求解静力载荷作用下结构的位移和应力等的静力分析，主要包括线性和非线性分析。其中，非线性分析又涉及塑性、应力刚化、旋转软化、大变形、大应变、超弹性、黏弹性、接触和蠕变等各类情况。

模态分析用于计算结构的固有频率和模态。

谐响应分析用于确定结构在随时间任意变化的载荷作用下的响应，分析过程中容许非线性性质。

作为模态分析的应用拓展，谱分析用于计算由于响应谱或 PSD 输入（随机振动）引起的应力和应变。

用于计算屈曲载荷和确定屈曲模态的是屈曲分析，而在 ANSYS 中可分为线性（特征值）和非线性屈曲分析两种。

另外，ANSYS 还包括断裂力学计算、复合材料分析、疲劳计算、显式动力分析（利用 ANSYS/LS - DYNA 进行高度非线性动力学分析，如爆破分析以及复杂接触问题的计算等）等特殊的分析应用。

除了可以做结构分析以外，ANSYS 还能够做诸如热力学分析、磁场分析、声场分析、流体动态分析等多种分析。

2. ANSYS 主要模块介绍

ANSYS 软件具有多种有限元分析能力，涵盖了从简单线性静态分析到复杂非线性动态分析诸多方面。一个典型的 ANSYS 分析过程可以分为以下三个步骤：

（1）创建有限元模型。

（2）施加载荷进行求解。

（3）查看分析结果。

图 5 - 1 所示为 ANSYS 程序的模块化结构，从图中可以看出，ANSYS 软件功能的强大与其有着很多的模块应用是密不可分的。

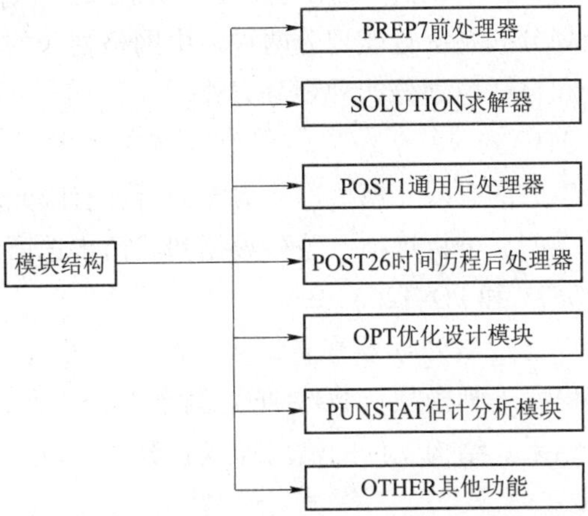

图 5 - 1　ANSYS 程序的模块化结构

在有限元的分析过程中，程序通常使用以下三个部分：前处理模块（PREP7）、求解模块（SOLUTION）和后处理模块（POST1 和 POST26）。作为一个强大的实体建模和网格划分工具，前处理模块可以使用户建立自己想要的工程有限元模型。分析求解模块，简单来说就是对已建立好的模型在一定的载荷和边界条件下进行有限元计算，求解平衡微分方程，包括流体动力分析、结构分析、声场分析、电磁场分析、压电分析和多物理场的耦合分析（流 - 固耦合、热 - 应力耦合以及电 - 磁 - 热 - 应力耦合）等。针对计算结果进行处理的后处理模块，可将结果以等值线、梯度、矢量及云图等图形方式显示出来，也可以用图表、曲线的方式输出。

下面简要介绍一下 ANSYS 软件三个模块的功能。

（1）前处理模块（PREP7）。

ANSYS 软件的前处理模块主要实现三种功能：参数定义、实体建模和网格划分。

① 参数定义。

在进行结构建模的过程中，ANSYS 程序首先要对所有被建模型的材料进行参数定义，包括定义使用单位制、所使用单元的类型、单元的实常数、材料的特性及使用材料库文件等。

需要说明的是，在单位制的制定中，ANSYS 并没有为分析指定固定的系统单位。除了磁场分析外，可以使用任意一种单位制，只要保证输入的所有数据都是使用同一单位制里的单位即可。

② 实体建模。

ANSYS 程序提供了两种实体建模的方法，即从高级到低级的建模与从低级到高级的建模。

对于一个有限元模型，图元的等级从低到高分别是点、线、面和体。ANSYS 程序提供了很多如球体、圆柱等高级图元的建立。当用户直接构建高级图元时，程序自动定义相关的低级图元（面、线和点）。此外，用户也可以先定义点、线、面，然后由所定义的图元生成体。无论采用哪种方式进行建模，都需要进行诸如加运算、减运算、相交、删除、重叠和粘贴等布尔操作来组合结构数据，以构建用户想要得到的模型。

③ 网格划分。

强大的 ANSYS 系统网格划分功能，使用起来也十分便捷。从使用选择的角度来讲，网格划分可以分为人工选择划分和系统智能划分两种。由网格划分的功能来说，则具有映象划分、延伸划分、自由划分和自适应划分四种划分方式。

（2）求解模块（SOLUTION）。

程序用来完成对已经生成的有限元模型进行力学分析和有限元求解的是求解模块。在此阶段，用户可以定义分析类型、分析选项、载荷数据和载荷步选项。

（3）后处理模块（POST1 和 POST26）。

当完成计算以后，可以通过后处理器查看结果。ANSYS 程序的后处理包含通用后处理模块（POST1）和时间历程后处理模块（POST26）两个部分。通过程序的菜单操作，可以很方便地获得求解的计算结果。结构文件的输出形式有数据列表显示和图形显示两种。

3. ANSYS LS－DYNA

LS－DYNA 作为世界上著名的以显示为主、隐式为辅的通用非线性动力分析有限元程序，能够模拟真实世界的各种复杂问题，特别适合求解各种二维、三维非线性结构的高速碰撞、爆炸和金属成型等非线性动力冲击问题，同时可以求解传热、流体及流固耦合问题，是显示有限元理论和程序的鼻祖，在工程应用如汽车安全性设计、武器系统设计、金属成型、跌落仿真等领域被广泛认可为最佳的分析软件包。自从 20 世纪 90 年代引入国内以来，LS－DYNA 在各个大学、科研院所和公司企业得到越来越广泛的应用。

LS－DYNA 功能特点有很多，本书仅选取部分内容，主要包括：

（1）分析能力（LS－DYNA Capability）。

LS－DYNA 具有广泛的分析功能，可模拟许多二维、三维结构的物理特性，如接触分析、失效分析、非线性动力分析等。

（2）材料模型（Material Model）。

目前拥有 160 多种金属和非金属材料模型可供选择，如弹性、弹塑性、泡沫、玻璃、混凝土、复合材料、炸药及起爆燃烧、刚性及用户自定义材料（UDM），并可考虑材料失效、损伤、黏性、蠕变、与温度相关、与应变率相关等性质。

（3）单元库（Element Formulation）。

LS－DYNA 程序现有 16 种单元类型，有二维、三维单元，薄壳、厚壳、体、梁单元等。各类单元又有多种理论算法可供选择，具有大位移、大应变和大转动性能，单元积分采用沙漏黏性阻尼以克服零能模式，单元计算速度快，节省存储量，可满足各种实体结构、薄壁结构和流固耦合结构的有限元网格剖分的需要。

（4）接触分析功能（Contact Type）。

LS－DYNA 程序的全自动接触分析功能易于使用，功能强大，现有 50 多种诸如变形体对变形体的接触、变形体对刚体的接触、与刚性墙接触等接触类型可供选择。

（5）初始条件、载荷和约束（Initial Condition，Load and Constrained）。

主要包含初始速度、初应力、初应变、初始动量、节点载荷、压力载荷、给定节点运动、两个刚性体之间的连接等。

（6）EFG 算法（EFG Arithmetic）。

EFG 是 LS－DYNA 970 新增加的功能，可用来计算大变形问题，避免了有限单元扭曲所引起的数值不稳定，但计算量巨大。

（7）刚性墙（Rigid Wall）。

变形物体与刚性墙碰撞是一种最简单的接触问题，LS－DYNA 程序将它单独处理。刚性墙是一个平面，它的面积可以是有限尺寸或无限扩展的。

（8）汽车安全性分析（Automobile Safety Analysis）。

LS－DYNA 程序具备模拟汽车碰撞时结构破损和乘员安全分析的全部功能，能够准确地预测出汽车的碰撞特性，以及汽车碰撞对乘员的影响。在汽车工业中，LS－DYNA 被广泛应用于汽车设计领域。

（9）前后处理功能（Pre/Post）。

LS－DYNA 利用 ANSYS、ETA/FEMB、PATRAN 等强大的前后处理模块，具有多种自动网格划分选择，并可与大多数 CAD/CAE 软件集成并有接口。

① 前处理。

有限元直接建模与实体建模；布尔运算功能，实现模型的细雕刻；模型的拖拉、旋转、复制、蒙皮、倒角等操作；完整、丰富的网格划分工具，自由网格划分、映射网格划分、智能网格划分、自适应网格划分等。

② 后处理。

结果的彩色等值线显示、矢量显示、梯度显示、粒子流迹显示、等值面、立体切片、透明及半透明显示；变形显示及各种动画显示；图形的 PS、TIFF 及 HPGL 格式输出与转换等。

5.2.3 ANSYS 的二次开发

标准 ANSYS 程序是一个功能强大、通用性好的有限元分析程序，同时满足用户根据自身的需要在标准 ANSYS 版本上进行功能扩充和系统集成，生成符合用户需要和具有行业分析特点的用户版本的 ANSYS 程序，具有良好的开放性。其开发功能包括参数化设计语言（APDL）、用户界面设计语言（UIDL）和用户程序特性（UPFs）三个组成部分。

（1）参数化设计语言（APDL）。

参数化设计语言与其他编程语言一样，具有参数、流程控制（循环与分支）、函数、缩写、宏以及用户程序等，其独特之处是还有 1 000 多条命令可以用于驱动程序。从 ANSYS 命令的功能上讲，它们分别对应 ANSYS 分析过程中的定义几何模型、划分单元网格、材料定义、添加载荷和边界条件、控制和执行求解、后处理计算结果等指令。

用户可以利用设计语言将 ANSYS 命令组织起来，编写出参数化的用户程序，从而实现有限元分析的全过程，即建立参数化的 CAD 模型、参数化的网格划分与控制、参数化的材料定义、参数化的载荷和边界条件定义、参数化的分析控制和求解以及参数化的后处理。

（2）用户界面设计语言（UIDL）。

标准 ANSYS 交互图形界面可以使用户在图形驱动的级别上进行有限元分析，整个过程变得直观轻松。简单来说，主要完成主菜单系统及菜单项、对话框和拾取对话框以及帮助系统三种图形界面的设计。

通过用户界面设计语言，用户可以在扩充 ANSYS 功能的同时建立起对应的图形驱动界面，如在主菜单的某位置增加菜单项，设计对应的对话框、拾取对话框，实现参数的输入和其他程序运行的控制，同时提供相应的联机帮助，使操作者能方便地获取系统帮助。

（3）用户程序特性（UPFs）。

用户程序特性向用户提供丰富的 FORTRAN 77 用户程序开发子程序和函数，用户利用它们从开发程序源代码的级别上扩充 ANSYS 的功能。使用这些子程序和函数，编写用户功能的源代码程序，在与 ANSYS 版本要求匹配的 FORTRAT 或 C ++ 编译器上重新编译和连接，生成用户版本的 ANSYS 程序。另外，其提供的外部命令功能，允许用户创建 ANSYS 可以利用的共享库。

5.2.4 本节小结

本节概述了有限元法及其基本原理，介绍了有限元分析软件 ANSYS，包括其功能和主要模块，同时，还介绍了 ANSYS 的 3 种二次开发工具。

5.3 参数化模块开发

本课题采用的 CST 装置模型，依据受剪切螺纹的不同可分为外螺纹型和内螺纹型两种。在研究中，虽然各零部件的尺寸会有所不同，在结构特征上也会有稍许的差异，然而多数尺寸变化是有一定规律的，这就为参数化的实现提供了可能。

外螺纹型的 CST 系统结构如图 5－2 所示。由图中结构可以清楚地看出，外螺纹型 CST 系统是利用套筒和螺纹导杆的相对运动来剪切螺纹导杆上的外螺纹，并以此实现对碰撞能量的吸收，在剪切螺纹的同时，套筒确保了螺纹导杆的走向，使后续的剪切过程得以进行。因此，针对外螺纹

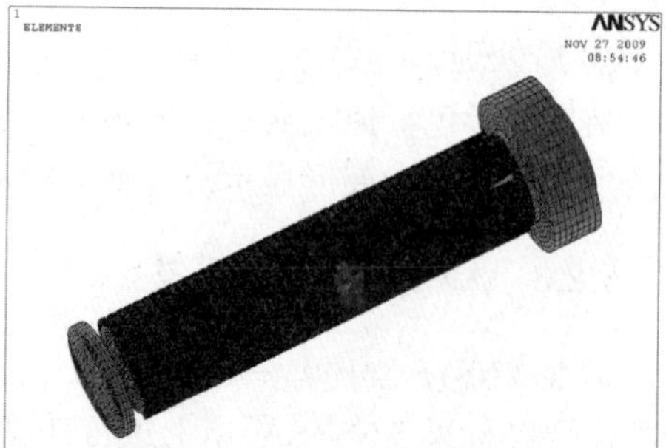

图 5－2 外螺纹型的 CST 系统结构

型的 CST 系统，本课题只对这两个零件进行模块开发分析。

5.3.1 UG/Open API 外部开发

1. 外部和内部 UF 的使用方法

UF 程序的源代码并不能被 UG 直接执行，它必须通过编辑形成动态链接库或者可执行文件后才能发挥作用。根据程序运行环境的不同，UG/Open API 程序可以分为外部 UF 和内部 UF 两种模式。

1）外部（External）程序模式

程序的运行与 UG 的环境无关，只能在 UG 环境外运行 UG/Open API 程序，在操作系统下单独运行，它作为操作系统的一个子程序存在。简单来说，外部程序是可执行程序（*.EXE），运行时只要有 UG License 的支持，就可以用操作系统直接执行，不需要启动 UG 主界面。它具体应用在 Visual C++或 C++ Builder 的*.EXE 工程中，可通过直接调用 UF 中的函数来实现 UG 功能。其优点是不必启动 UG，属于后台运行，这样可以节约运行时间；其缺点在于它不能和 UG Gateway 发生联系，因而不能利用 UG 的显示窗口动态反馈操作结果，同时，也不能实现用户的交互操作，所以，一般多用于 Part 文件大量创建、存取和管理或控制出图，而不适用于用户交互性的几何建模和修改。

2）内部（Internal）程序模式

程序的运行与 UG 的环境有关，且只能在 UG 中运行。它是经过编译、链接后得到的动态链接库（*.DLL）文件，程序代码小，运行速度快，运行结果在 UG 界面的图形窗口中可见。与外部程序模式不同的是，它必须启动 UG Gateway 才能被运行。

UG 调用内部 UF 的方式有两种，一种是启动 UG 后，单击菜单“文件”→“执行”→“NX 打开”命令，从中选择需要执行的 DLL 文件（程序入口点为 ufusr），另外一种是从用户创建的菜单中（MenuScript）调出用户制定的界面（UIStyler）来运行（程序入口点为 ufsta）。

内部程序模式的优点是能处理 UG 的 UI 对象接口，实现和 UG 界面的无缝集成并扩充 UG 的特定功能，而且它执行时每个步骤都能从 UG 的客户窗口中得到动态反映，因此，它能方便地通过 UI 界面对象来实现与用户的交互、屏幕选取等复杂操作。

2. 表达式

表达式是算术或条件语句用来控制零件特征的参数，它可以定义或控制一个模型的多种尺寸，如一个特征或一个草图的尺寸。

UG 表达式的功能十分强大，它不仅可以使 UG 实现参数化设计，还可以非常简便地对模型进行编辑，更可以通过尺寸的关联使两个或更多零件文件中的某些尺寸按一定的关系联系起来，控制同一个零件上的不同特征间的关系或一个装配中的不同零件间的关系。使用表达式还可以产生零件族。

表达式由名称和数值组成，例如，Length =0.5 +2 * cos(60)，等式左边 Length 是表达式的名称，等式右边 0.5 +2 * cos(60) 是一个数学语句。左边的名称是一个简单变量，一般由能够表达其意义的字符串组成，其首字符必须是字母，中间可以使用数字或者下划线。如果造型时只提供了表达式的值，UG 系统就会自动为表达式创建一个名称，通常是以字母 p 开头，后面加整数，如 p0、p1 等。在一个零件中，表达式的名称必须是唯一的，并且区分大小写。左边的名称和右边的数学语句构成一个完整的表达式。

表达式有多种类型，分别为数学表达式、条件表达式和几何表达式。

（1）数学表达式。

用数学运算符对表达式进行定义的数学表达式，如 p2 = p1 + p0，p2 = p1 * p0 等。

（2）条件表达式。

用 if/else 结构对表达式指定不同的条件来获得结果的条件表达式。其语法为：VAR = if（exp1）（exp2）else（exp3），其含义是，如果表达式 exp1 为真，则 VAR 等于 exp2 的值，否则等于 exp3 的值。此外，表达式是可以嵌套的。

（3）几何表达式。

几何表达式是指在表达式中应用某种几何特征作为定义特征参数的约束。几何表达式的类型如表 5－1 所示。

表 5－1　几何表达式类型

类型	描述
距离表达式	指定两个对象间的最小距离，如 p2 = distance(40)
长度表达式	指定弧长或边长，如 p2 = length(20)
角度表达式	指定两条线、平面、直边、基准面之间的角度，如 p2 = angle(60)

5.3.2　参数化设计语言（APDL）

1. 什么是 APDL

ANSYS 参数化设计语言（ANSYS Parameter Design Language，APDL）是一门可用来自动完成有限元常规分析操作或通过参数化变量方式建立分析模型的脚本语言，用建立智能化分析的手段，为用户提供自动完成有限元分析过程，即程序的输入可设定为根据指定的函数、变量以及选用的分析类型来做决定，是完成优化设计和自适应网格的最主要的基础。APDL 允许复杂的数据输入，使用户实际上对任何设计或分析属性有控制权，如分析模型的尺寸、材料的性能、载荷、边界条件施加的位置和网格的密度等。APDL 扩展了传统有限元分析的范围，并扩展了更高级运算包括灵敏度研究、零件库参数化建模、设计修改和设计优化等。

APDL 具有下列功能，用户可根据需要对这些功能进行组合使用或单独使用：

（1）标量参数。

（2）数组参数。

（3）表达式和函数。

（4）分支和循环。

（5）重复功能和缩写。

（6）宏。

（7）用户程序。

所有这些全局控制特性，允许用户按需要改变该程序以满足特定的建模和分析需要。通过精心计划，用户能够创建一个高度完善的分析方案，它能在特定的应用范围内使程序发挥更大的效率。

2. APDL 的特点

ANSYS 软件提供了两种 APDL 工作模式，分别为人机交互方式（GUI 方式）和命令流输入方式（BATCH 方式）。

对已经习惯使用 Windows 操作界面的广大用户来说，GUI 方式似乎要容易掌握一些，而 BATCH 方式要记住编程语言的使用规则与命令的使用格式等，想要熟练操作可能需要耗费一定的时间和精力。但是从简化工作量等角度来分析的话，命令流输入方式具有 GUI 方式无法比拟的优点：

（1）可以减少大量的重复工作，节省时间。

（2）便于保存和携带。

（3）不受 ANSYS 软件系统操作平台的限制。

（4）不受 ANSYS 软件版本的限制。

（5）在进行优化设计和自适应网格分析时，则必须使用 APDL 文件系统。

（6）利用 APDL 方式，用户很容易建立参数化的零件库，以利于其快速生成有限元分析模型。

（7）利用 APDL 可以编写一些常用命令的集合即宏命令，或者是制作快捷键，并将其放在工具栏上。

（8）可以利用 APDL 从事二次开发。

虽然 APDL 拥有上述诸多优点，但是在使用过程中也会出现如下缺点：

（1）操作命令多，不便于记忆。

（2）文件方式不直观，必须将输入文件中的命令执行完后才能得到结果，这对于不习惯进行程序调试的人来说，容易产生厌烦的心理，甚至会认为太难而放弃使用。

（3）在重复执行时也要花费一定的时间。

总之，APDL 方式对于一个大型的复杂模型来说，是利大于弊。

3. 如何生成 APDL 文件

如何生成 APDL 文件，简而言之，就是以 LOG 文件为基础，再由 LOG 文件转换成 APDL 命令流文件。之所以需要将文件进行转换，是因为 LOG 文件中所记录的都是鼠标直接在图形上进行拾取操作的命令，而 APDL 方式下不能采用图形拾取操作。具体的转换方式有两种：

（1）对于单一实体，可以直接使用操作命令来执行。

使用 GUI 方式执行对一条线指定其网格划分等份数的操作，其中线编号为 10，份数为 8，则其在 LOG 文件中生成的命令流为：

```
FLST,S,1,4,ORED,1
FITEM,5,10
CM,_Y,LINE
LSEL,,,,P51X
CM,_YI,LINE
CMSEL,_Y
!*
```

```
LESIZE,_Y1,,,8,,,,,1
```

若使用 APDL 的方式，则只要使用一条命令即可，即

```
LESIZE,10,,,8,,,,,1
```

(2) 需要对多个实体同时进行操作时，就必须与操作命令结合进行。

在 GUI 方式中，对编号分别为 1～13 的节点施加 UY 方向的约束时，生成 LOG 命令流如下：

```
FLST,2,13,1,ORDE,2
FITEM,2,1
FITEM,2,-13
!*
D,P51X,,,,,,UY,,,,,
```

而使用 APDL 方式时，有两种方法可供选择，其一是直接使用单一操作命令，此方法只适用于拾取较少实体且网格不会发生变化的情况：

```
D,1,,,,13,,UY,,,,,
```

第二种方法，当要拾取的实体数目众多时，则可采用选择操作命令与制定网格等份数命令相结合的方法，如：

```
NSEL,S,LOC,Y,0                    ! 选择 Y 坐标值为 0 的所有节点
D,ALL,,,,,,UY,,,,,                ! 对选择的节点施加 UY 方向的约束
ALLSEL,ALL                        ! 重新选择所有的实体
```

无论采用以上哪种方法，操作后所得到的结果都是一样的。通常情况下，如果要对多个实体进行操作，采用先选择后操作的方式较为适宜。需要注意的是，如果制定的是具体编号，在执行操作的过程中，如果网格划分方式变化，则会造成操作失败，而根据分析模型中实体所具有的特色进行选择，就能够避免此类问题。

4. 参数化变量的使用

参数，即 APDL 的变量，用户在定义时不必精确地指明参数类型，无论是哪种数值类型，是实型还是整型，所有的数值类型都将保存为双精度类型。若使用的参数没有定义时，ANSYS 软件将会以 2^{-100} 这个非常小的数来代替。如"$a=b$"，若"b"事先没有定义，也就是没有赋值，则有"$a=2^{-100}$"。

参数分为两种类型，分别是标量和数组。不超过 8 个字符的字符串可赋给一个参数，但必须用单引号括起来。APDL 也提供几种类型的数组参数，即数值型、字符型、字符串型和表格类型等。表格类型是一种自动添加数值的特定的数值类型。

有关参数的命名规则、定义、删除、保存与恢复等详情，可以参阅《ANSYS 操作命令与参数化编程》一书。

5. 流程控制

ANSYS 程序总是逐行执行命令，即按顺序逐条语句地执行命令。但是，有时需要改变程序执行的顺序、重复执行语句块等，此时就需要一套控制程序流程的方法。下面对流程控制进行简单介绍，但并不详细解释其命令的用法及参数的具体含义。APDL 提供的流程控制有以下几种：

*GO 无条件分支

*IF－*IFELSE－*ELSE－*ENDIF 条件分支

* DO – * ENDDO 循环

* DOWHILE 循环

* REPEAT,重复一个命令,增加一个或多个命令参数

(1) * GO 无条件分支。

* GO 是最简单的分支命令，用来将程序流程转移到指定标识字所在行，并执行后面的流程，中间跳过的所有命令行均不被执行，* GO 命令使用格式如下：

* GO,Base

(2) IF – THEN – ELSE – ENDIF 条件分支。

APDL 可以有选择地执行多个语句块中的一个，通过比较两个数的值（或等于某数值的参数）来确定当前所满足的条件值。* IF 命令的使用格式如下：

* IF,VAL1,Oper1,VAL2,Base1[,VAL3,Oper2,VAL4,Base2]

一个完整的 IF – THEN – ELSE 条件结构中，所有的比较条件判断中只有一个为真并执行属于它的语句块，假如所有比较条件都不为真，则执行 * ELSE 命令后的程序体。图 5 – 3 所示为一个 IF – THEN – ELSE 条件结构实例。

```
* IF,A,EQ,1,THEN
! Blockl
……
* ELSEIF,A,EQ,0
! Block2
……
* ELSEIF,A,EQ, – 1
! Block3
……
* ELSE
! Block4
……
* ENDIF
```

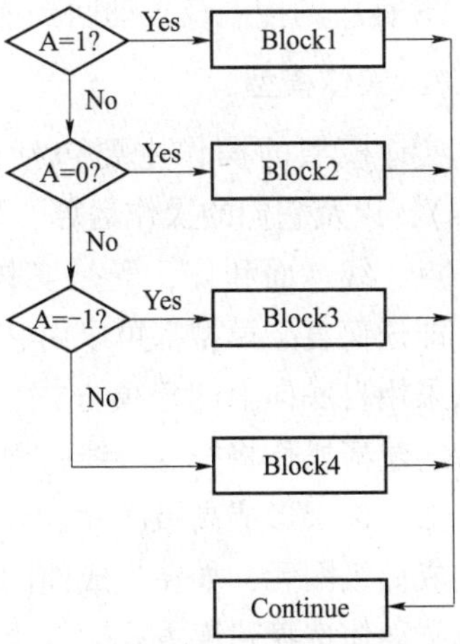

图 5 – 3 IF – THEN – ELSE 结构举例

(3) * DO – * ENDDO 循环。

DO 循环是按指定的次数循环执行一系列命令。* DO 命令和 * ENDDO 命令分别为循环体的开始和结束行的标识字。一个完整的 DO – ENDDO 结构的一般形式如下：

```
……
* DO 命令行                    ! 起始行
……                             ! 循环语句块
* ENDDO 命令行                 ! 结束行
```

其使用格式如下：

* DO,Par,IVAL,FVAL,INC

(4) * DOWHILE 循环。

除了 DO – ENDDO 循环之外，还有另外一种循环功能命令，也就是 * DOWHILE 命令，即重复执行循环体，直到外部控制参数发生改变为止。命令的使用格式如下：

* DO WHILE,Parm

(5) * REPEAT 命令。

* REPEAT 命令是最简单的循环命令，它按指定的循环次数重复执行上一条命令，并且命令中的参数可以按固定增量递增。* REPEAT 命令的使用格式如下：

* REPEAT, NTOT, VINCI, VINC2, VINC3, VINC4, VINCS, VINC6, VINC7, VINCB, VINC9, VINC10,VINC11

6. APDL 宏

宏是包含一系列 ANSYS 命令，且后缀为 MAC 或 mac 的命令文件。宏文件往往记录一系列频繁使用的 ANSYS 命令序列，实现某种有限元分析或其他算法功能。宏文件在 ANSYS 中可以当作自定义的 ANSYS 命令使用，允许带有输入参数，也可以有内部变量，同时在宏内部可以直接引用总体变量。除了可以执行一系列 ANSYS 命令外，宏还能够调用 GUI 函数，或者把值传递给参数。

宏文件可以互相嵌套，互相调用，也就是一个宏可以调用另一个宏。但最多允许嵌套 20 层，其中包括由 ANSYS 命令/INPUT 执行任何文件读入操作。每次嵌套的宏执行完毕后，ANSYS 程序的控制权自动回到前一个宏之下。

7. 实体模型

实体模型的操作主要包括创建点（Keypoints）、线（Lines）、面（Areas）、体（Volumns），以及它们的操作运算、修改等。

点、线、面和体，既是实体模型，又是实体模型的基本要素，即任何复杂模型都可以由它们来组成。对于一个模型，用户可以采用自底向上的建模方式，也可采用自顶向下的建模过程。前者的建模操作将按点→线→面→体方向进行，即先生成低级图元，然后逐层形成高级图元。后者是在生成高级图元的同时，自动生成低级图元，如在生成面的同时，将自动生成该面的线和关键点。如何选择建模方式，取决于用户的操作习惯和模型的复杂程度。由于本书篇幅有限，此处只做简单介绍。

1）关键点

图 5-4 显示了生成关键点的操作菜单，选取其中部分关键点命令介绍，如表 5-2 所示。

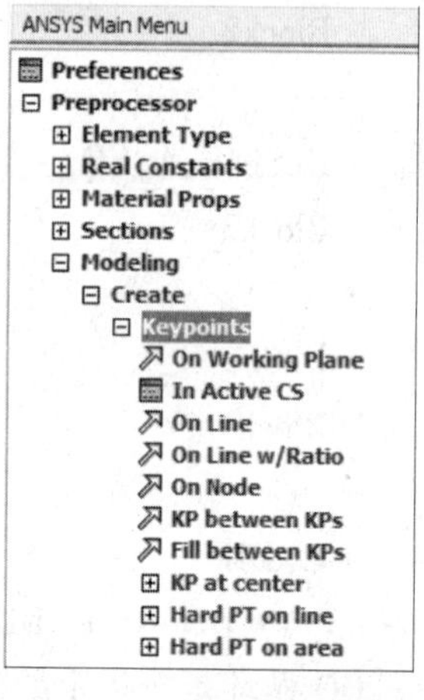

图 5-4　生成关键点的菜单

表 5-2　部分关键点命令

命令	使用功能	使用格式
K	按坐标值生成一个关键点	K，NPT，X，Y，Z
KL	在已存在的线上按指定位置生成一个关键点	KL，NL1，RATIO，NK1
KNODE	在已存在的节点位置生成一个关键点	KNODE，NPT，NODE
KBETW	在两个已存在的关键点之间生成一个关键点	KBETW，KP1，KP2，KPNEW，Type，VALUE

2）线

线主要用于表示物体的边界，它包括直线、弧线和样条曲线等，还可以对具有相同交点的线进行倒角过渡处理，其操作子菜单如图 5－5 所示。在生成线之前，必须先定义好关键点或线。在不同的激活坐标下，同样的关键点生成的线可以不相同，如可以是弧线或直线等。部分生成线的命令如表 5－3 所示。

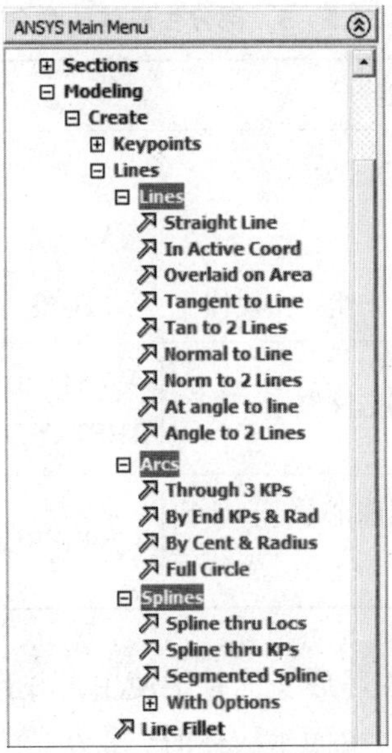

图 5－5　生成线的菜单

表 5－3　部分生成线命令

命令	使用功能	使用格式
LSTR	由两点生成一条直线	LSTR，P1，P1
LARC	由三个点生成一段圆弧线	LARC，P1，P2，PC，RAD
CIRCLE	生成圆弧线	CIRCLE，PCENT，RAD，PAXIS，PZERO，ARC，NSEG
BSPLIN	对多个关键点通过样条拟合生成一条线	BSPLIN，P1，P2，P3，P4，P5，P6，XV1，YV1，ZV1，XV6，YV6，ZV6

3）面

生成面的命令有很多，选取部分命令介绍，如表 5－4 所示。

表 5－4　部分生成面命令

命令	使用功能	使用格式
A	由关键点生成面	A，P1，P2，…，P18
AL	通过已定义的边界线生成一个面	AL，L1，L2，…，L10
ASKIN	通过引导线由蒙皮生成一个面	ASKIN，NL1，NL2，…，NL9
CYL5	通过端点生成一个圆形区域	CYL5，XEDGE1，YEDGE1，XEDGE2，YEDGE2，DEPTH

需要说明的是，由关键点生成面时，至少需要输入3个关键点；而通过已定义的边界线生成面时，至少需要3条线；由蒙皮生成面时，引导线可以为单个图元，也可以为元件名。

4）体

与生成面类似，体的建立同样可以通过关键点或者面来实现，如表5-5所示。

表5-5　部分生成体的命令

命令	使用功能	使用格式
V	通过关键点生成体	V，P1，P2，…，P8
VA	由面生成体	VA，A1，A2，…，A10
BLOCK	在工作平面坐标系中产生一个块体	BLOCK，X1，X2，Y1，Y2，Z1，Z2
CYLIND	通过端点生成一个圆形区域	CYLIND，RAD1，RAD2，Z1，Z2，THETA1，THETA2
SPHERE	以工作平面原点为圆心产生一个球体	SPHERE，RAD1，RAD2，THETA1，THETA2

值得注意的是，V命令不能在环形坐标系中使用，并且当重复输入某个关键点时，某一个面被压缩成一条线或者一个点；由面生成体时，最少需要4个面。

关于实体模型的操作运算和修改，主要有实体的延伸、旋转、布尔操作、修改和复制、镜像和删除等，部分命令如表5-6所示。

表5-6　部分实体操作运算和修改命令

命令	使用功能	使用格式
VROTAT	由面绕轴线旋转生成圆柱体	VROTAT，NA1，NA2，…，NA6，PAX1，PAX2，ARC，NSEG
VDRAG	由面沿已有的线拖拉生成体	VDRAG，NA1，NA2，…，NA6，NLP1，NLP2，…，NLP6
AROTAT	线绕轴线旋转生成圆弧面	AROTAT，NL1，NL2，…，NA6，PAX1，PAX2，ARC，NSEG
ADRAG	由线沿路径拖拉生成面	ADRAG，NA1，NA2，…，NA6，NLP1，NLP2，…，NLP6
VADD	多个体相加生成一个单一体	VADD，NV1，NV2，…，NV9
LCOMB	连接相邻的线为一条线	LCOMB，NL1，NL2，KEEP
LGEN	从一条线或多条线生成新的线	LGEN，ITIME，NL1，NL2，NINC，DX，DY，DZ，KINC，NOELEM，IMOVE

5.3.3 参数化模块的实现

参数化模块是整个系统的核心，该模块需要先建立一个模板文件，然后再依据不同参数输入编辑该模板文件。在编辑文件时，引进变量参数，通过条件判断和循环，实现建模过程的参数化。

下面以外螺纹型 CST 系统的螺纹导杆为例，说明模块的开发过程。

1. 三维建模过程的建立

针对外螺纹型 CST 系统的螺纹导杆的结构特点，简单地可以看作两个部分，即一个阶梯轴和螺纹部分。在建模时，阶梯轴的建立无论是在 UG 中还是在 ANSYS 中都相对简单，然而对于螺纹而言，由于实际情况不同，螺纹尺寸也不尽相同，可能是单线螺纹或者是双线螺纹，同时，螺纹的截面形状也不一定能够满足国标螺纹的形状标准。

另外，需要着重说明的一点是，本书之所以没有选择把全部的建模过程都在 ANSYS 中完成，是因为螺纹部分在 ANSYS 中的建立存在一定的问题。

首先，螺旋线在 ANSYS 中的实现是一个比较困难的问题。按点→线的生成方式虽然是个可行的方法，但是，由于无法确保创建的关键点坐标的精确度、关键点分布的疏密程度，以及生成样条曲线的关键点输入个数限制等，造成实际生成的曲线本身并不是严格意义上的标准螺旋线。

其次，排除螺旋线的问题不谈，整个螺纹实体的生成也存在问题。鉴于螺纹模型的特殊性，想要直接生成体是不可行的做法，所以只能继续采用点→线→面→体的生成方法。但是如果利用 ASKIN 蒙皮命令由实体的边界线来生成面，再由面包围成体的话，实施起来也存在问题。因为 ASKIN 命令生成得到的面在棱边处是带有一定圆角的，这样的结果不符合要求。而如果利用 AL 命令通过已定义的边界生成面的话，同样存在问题，生成的非螺纹截面的曲面，其中间部分边线形状会不明缘由地与原定义边界线不符，这样就会导致无法进一步生成螺纹体。如果采用由螺纹截面沿螺旋线拉伸成螺纹体的方法，就会出现随着拉伸的进行，截面和螺旋线的相对位置角度发生变化的问题，这样就导致整个后段螺纹体扭曲变形，无法达到实际要求。图 5－6 所示为模型存在的问题。

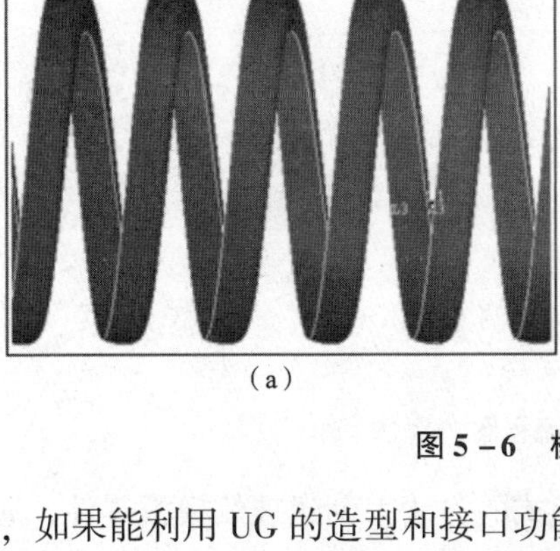

（a）

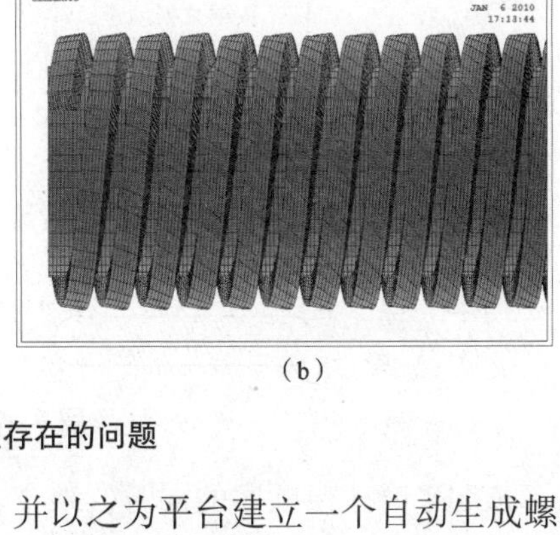

（b）

图 5－6　模型存在的问题

此时，如果能利用 UG 的造型和接口功能，并以之为平台建立一个自动生成螺纹的程序是十分必要的。由于轴类零件的建立十分简单，本书不再详述，只针对螺纹部分的三维建模过程加以讲解。

本课题的初始基础软件平台为 ANSYS 软件，所以，针对基于 UG 开发生成的螺纹程序只能是底层调用，即 UG 软件只是在计算机后台运行，并没有界面显示。简单来说，就是用户在 ANSYS 软件菜单中选择了创建螺纹导杆命令，在对话框中输入相应参数并确认后，由 ANSYS 开发程序调用 UG 开发程序，UG 开发程序在后台运行后，会生成相应的可执行 EXE 文件，再将该文件导入 ANSYS 中，由 ANSYS 开发程序进一步完成整个模型的创建（见图 5－7）。这样就决定了在创建 UG 开发程序的时候，所选择的开发类型是外部开发模式，即程序运行结束后生成可执行 EXE 文件。具体依据以下几点完成三维建模过程：

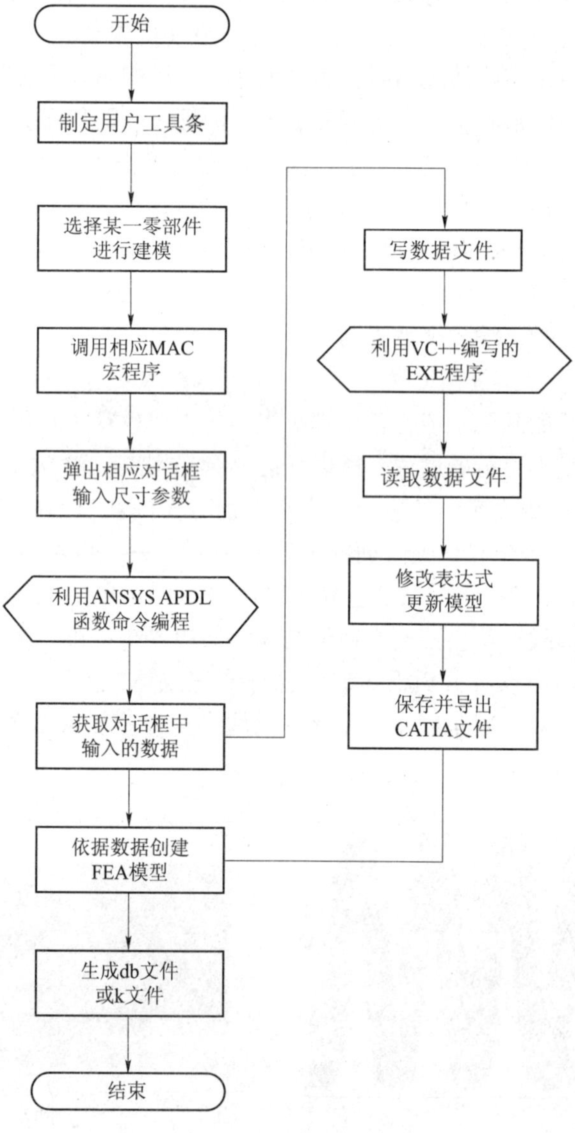

图 5－7　流程图

首先，依照平时建模顺序的同时，结合表达式的方法来创建螺纹模板零件，通过尺寸的关联使某些尺寸按一定的关系关联起来，进而可以非常简便地对模型进行编辑，为 UG 实现参数化设计提供基础。所建立的表达式如表 5－7 所示。

表 5-7　建立的表达式

名称	表达式	公式	名称	表达式	公式
光杆部分长度	L1		螺纹内径	r1	
光杆部分直径	D		螺纹外径	r2	
螺纹部分长度	L2		螺纹导程	S	
螺纹杆体部分直径	dd	2×r1	螺纹截面高度	H	r2-r1
螺纹圈数	N	(L2-B)/S	螺纹截面宽度	B	<(S/2)

其次，编写 API 程序。由于采用基于外部模式的开发方法，所以在 Visual C++ 中进行 API 程序设计的步骤如下：

(1) 创建 Win32 控制台程序；

(2) 设置工程属性；

(3) 添加 API 程序代码；

(4) 编译执行程序。

在 *.cpp 文件中，添加 do_ugopen_api () 函数，代码示例如下：

```
static void do_ugopen_api(void)
{
    ...
    char dir[100];                                   // 参数声明
    const char env[255] = "UGII_USER_DIR";
    ...
    baseddir = getenv(env);                          // 获得环境变量
    ...                                              // 打开模板文件
    ...                                              // 读取数据文件位置
    FileName = "E:\\JING\\CHENGXU\\ALL\\LWPARA.TXT";
    ...                                              // 读入数据
    myFile.Close();
    ...
    sprintf(exps_string[4],"MY_A = %f",A);           // 修改表达式的值
    ...                                              // 更新模型
    ...                                              // 保存,文件另存为 CATIA
    UF_CALL(UF_PART_close(part,0,1));                // 关闭文件
  ...
}
```

最后，编译执行程序。若编译执行成功，则会在相应的目录中生成一个 EXE 文件以及一个 CATIA 文件。后续完成建立 FEA 模型工作时，便可以直接调用文件。

2. FEA 模型的建立

有限元模型的建立过程主要是依赖于 APDL 程序的正确编写，主要部分如下：

首先，初始化 ANSYS 系统环境。一般执行 FINISH，/CLEAR，/FILNAM 和/TITLE 等命令清除内存，开始新分析，指定工作文件名和标题。

其次，定义参数变量，并赋予初值。这样便于程序统一管理和修改参数值，避免程序混乱，方便编写与操作。部分参数变量如表 5-8 所示。

表 5-8　部分参数变量

参数含义	参数名称	默认参数值
光杆部分杆长	MYLEN	60
光杆部分直径	MYGDIM	120
螺纹部分杆长	MYSTLEN	380
螺纹部分导程	MYLEAD	32
螺纹部分线数	MYN	2
螺纹公称直径	MYDIM	104
螺纹部分内径	MYMINDIM	80
牙型部分底宽	MYBOTTOM	5.6
牙型部分顶宽	MYTOP	4.8

然后，再把用户输入的参数写成数据文件并保存到指定地址之后，调用自动螺纹生成的 EXE 程序，并在该子程序运行结束后，导入螺纹实体模型。

```
!*************************************************
! 写数据文件
!*************************************************
*CFOPEN,LWPARA,TXT
*VWRITE,
('LUOWEN')
*VWRITE,MY_L,MY_S*MY_N,MY_N,MY_B,MY_A,MY_H,MY_RAD
(F10.4,',',F10.4,',',F10.4,',',F10.4,',',F10.4,',',F10.4,',',F10.4)
*CFCLOS
!*************************************************
! 调用 EXE 程序
!*************************************************
/SYS,LWEXE.exe
!*************************************************
! 导入螺纹实体模型
!*************************************************
~UGIN,luowengan,prt,,ALL,0,0
```

最后，创建轴杆部分，并对实体模型划分网格。依据具体情况，必要时旋转、复制或移动螺纹实体，以获得多线螺纹。代码示例如下：

```
！划分网格
LESIZE,LNUMBER +2,,,MY_CH,,,,,1
LESIZE,LNUMBER +4,,,MY_CH,,,,,1
...
TYPE,1
VMESH,ALL
！复制螺旋体
*IF,MY_N,GT,1,THEN
CSYS,1
VGEN,MY_N,VNUMBER,,,,360/MY_N,,,,
CSYS,0
*ENDIF
...
```

程序运行结束后，生成简易的模型。

3. 其他设置和编辑

在对 UG 进行二次开发时，要注意设置环境变量。其操作如下：“我的电脑”→“属性”→“高级”选项卡→“环境变量”→“新建”用户环境变量。变量的名称为：UGII_USER_DIR；变量值为：程序的工作目录。

在由 APDL 程序写参数数据文件的时候，注意文件内容的书写格式要与 UG 开发的子程序中的读取格式一致，同时，数据文件的保存位置要确保和读取位置相同。否则，将影响程序的正常执行。

5.3.4 本节小结

本节是课题的核心——CST 系统的参数化模块的实现。本节详细讲述了 UG 外部开发模式和 ANSYS 开发工具 APDL 语言。UG 外部模式的开发主要包含内部和外部模式的使用，以及表达式的运用两大部分。APDL 语言部分包括其特点、APDL 文件的生成、参数化变量的使用、流程控制及实体生成命令等。然后以外螺纹型 CST 系统的螺纹导杆零件为例，通过 UG 外部开发模式实现螺纹自动生成子程序，并应用 APDL 语言，设计 CST 系统的参数化主模块。用户由 ANSYS 软件菜单选择创建螺纹导杆，输入相应参数并确认后，将数据保存到指定的数据文件，APDL 程序自动调用 UG 开发生成的螺纹子程序，子程序运行结束后生成指定的文件，APDL 主程序将利用该文件完成后续命令，进而实现整个模块的参数化。

5.4 用户界面设计

5.4.1 定制用户化工具条

图 5－8 所示为 ANSYS 的工具条区域，缺省条件下包含 4 个按钮，分别是 SAVE_DB、

RESUM_DB、QUIT 和 POWRGRPH，依次用于按工作文件名存储数据库文件、按工作文件名恢复数据库文件、推出 ANSYS 和设置图形显示模式。这些按钮在有限元分析过程中快速地执行按钮定义的操作，十分方便有效。用户可以自己创建自己的工具条按钮，单击按钮时执行 ANSYS 的命令、运行宏和系统 UIDL 函数名等，从而实现工具条用户化定制。

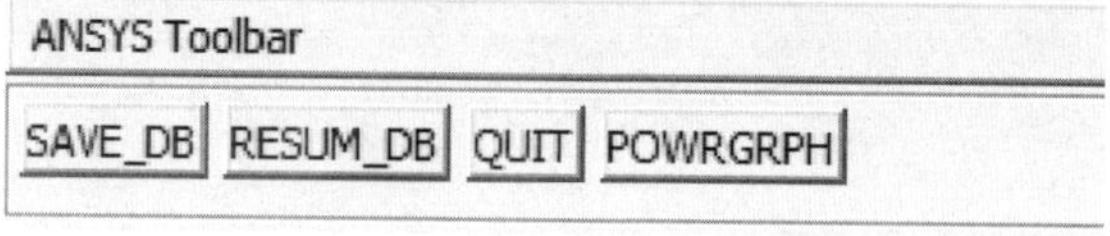

图 5－8　缺省 ANSYS 工具条

工具条中的按钮都是 ANSYS 的命令、宏和系统 UIDL 函数名的缩写。如图 5－9 所示，黑线框中的是缩写相关的菜单系统，其对应功能如下：

（1）创建、编辑和删除缩写："Utility Menu" → "Macro" → "Edit Abbreviations"（对应 * ABBR 命令）。

（2）存储缩写到文件中："Utility Menu" → "Macro" → "Save Abbr"（对应 ABBSAV 命令）。

（3）从文件中恢复缩写："Utility Menu" → "Macro" → "Restore Abbr"（对应 ABBRES 命令）。

编辑工具条中的按钮，实现工具条按钮的用户化定制还可以选择图 5－10 所示的黑线框中的菜单，它们分别是工具条更新、编辑、存储和恢复菜单系统。这些菜单与图 5－9 所示编辑、存储和恢复的用法完全一致。

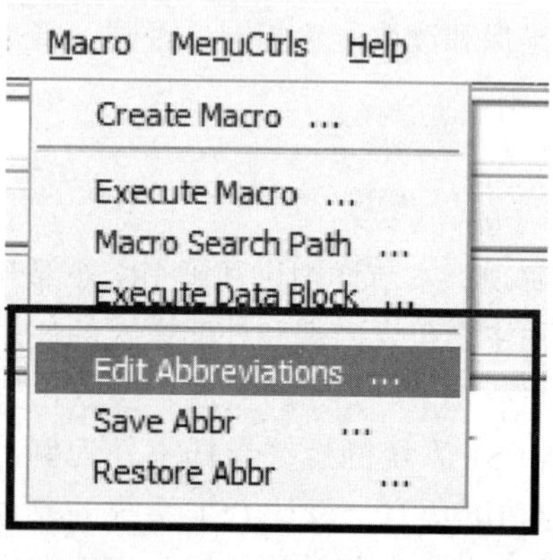

图 5－9　缩写相关菜单系统

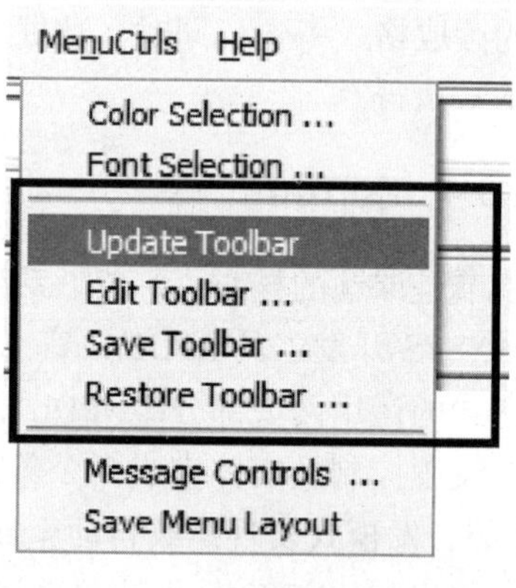

图 5－10　工具条相关菜单系统

1. 定制用户化工具条按钮

缩写是 ANSYS 命令、系统 UIDL 函数名或宏名的别名，最多可包含 8 个字符。定义好的缩写能够以按钮的形式，在 ANSYS 的工具条 Toolbar 中显示，通过单击该按钮执行缩写预定义的操作，也可以在命令输入窗口或者宏中将其当作命令使用。关于缩写的操作有以下 3 种：创建、编辑和删除缩写，存储缩写到缩写文件中以及从缩写文件中恢复缩写。

利用 * ABBR 命令或者等价菜单路径 "Utility Menu" → "Macro" → "Edit Abbreviations"，再或者"Utility Menu" → "Macro" → "Edit Toolbar" 进行创建。通常情况下，最好

通过菜单项生成缩写，原因主要有以下两点：

（1）如果用 * ABBR 命令创建，则需要选择菜单“Utility Menu”→“Menu Ctrls”→“Update Toolbar”将新创建的缩写显示到工具条上；而通过菜单项生成缩写，单击“OK”按钮就能够自动更新工具条。

（2）可以方便地编辑已经创建的缩写。

命令 * ABBR 的使用格式为：

* ABBR,Abbr,String

其中，Abbr 是显示在工具条上的缩写名，最多可包含 8 个字符；String 是 Abbr 所代表的 ANSYS 命令、系统 UIDL 函数名或宏名的缩写字符串。如果 String 是一个宏名，那么该宏必须存放在制定的宏搜索路径中；如果是 ANSYS 的 UIDL 创建的系统拾取菜单或对话框的函数名，那么就指定为“Fnc_string”形式。String 最多可包含 60 个字符，但不能包含字符“$”、命令 C***、/COM、/NOPR、/GOPR、/UI、/QUIT 或者 * END。

一旦定义了缩写并显示成工具条中的按钮，如 SAVE_DB 按钮等，那么用户就可单击这些按钮来执行缩写预定义的操作功能。工具条中最多只能包含 100 个缩写，但可以通过使用嵌套工具条来达到扩充工具条中缩写个数的目的。另外，还可以根据实际需要，重新定义或删除缩写。

2. 存储与恢复工具条按钮

缩写常需要重新定义，因为在 ANSYS 环境中不会自动保存缩写，每次退出后，上次创建的缩写及其对应的工具条按钮会自动消失。为了能在以后可以反复利用预定义的缩写及其对应的按钮，ANSYS 可以将预定义的所有缩写保存到一个文件中，在下次执行任务时，只需要重新加载该缩写存储文件即可，无须重新定义。

利用 ABBSAV 命令或者等价菜单路径“Utility Menu”→“Macro”→“Save Abbr”，再或者“Utility Menu”→“Macro”→“Save Toolbar”可以将预定义的缩写存储到一个指定的文件中。其命令的使用格式如下：

ABBSAV,Lab,Fname,Ext

其中，Lab 是存储缩写或者工具条的标识字，缺省时将所有缩写写进指定的文件中，即设置为 ALL；Fname 是存储缩写的文件名及其路径，最大长度不能超过 250 个字符。若不能指定文件路径，那么缺省认为存储到当前工作目录中，若不输入文件名则为当前工作名；Ext 是文件的扩展名，最大长度不超过 8 个字符，缺省扩展名为 ABBR。

利用 ABBRES 命令或者等价菜单路径“Utility Menu”→“Macro”→“Restore Abbr”，或者“Utility Menu”→“Macro”→“Restore Toolbar”可以从一个指定的缩写存储文件中恢复所包含的缩写定义。该命令的使用格式为：

ABBRES,Lab,Fname,Ext

其中，Lab 是从缩写存储文件中恢复缩写或工具条的标识字，有两种取值：

（1）缺省值为 NEW，表示用读入的缩写完全代替系统中已有的缩写，原有的缩写完全被清除，最后系统中只有新读入的缩写定义。

（2）CHANGE 表示如果恢复时系统中存在同名缩写则替代已有的缩写，不同名的缩写仍然保留，相当于向系统增加新的缩写和重新定义重名缩写。

Fname 和 Ext 的用法和 ABBSAV 命令中的相同，这里不再重复叙述。

3. 嵌套工具条缩写

一个工具条最多可以包含 100 个缩写，但是可以通过嵌套工具条来扩展这一数目。上节介绍过的保存和恢复缩写，就可以用来实现嵌套功能。

通过在一个工具条按钮下嵌套缩写，可以定义专用的工具条，具体做法是在一个工具条按钮下定义一个恢复缩写文件的缩写。通过定义缩写来恢复缩写存储文件，并在这些缩写存储文件中包含缩写，就可以在某个特定的 ANSYS 任务中不受数目限制地定义缩写，甚至可以通过嵌套一些缩写文件把这一方法扩展到产生自己的菜单层次。在实现菜单层次时，最好在每一个文件中添加一个“return”按钮的缩写，以此来实现通过菜单返回的功能。

5.4.2 定制用户化图形交互界面

在一个 ANSYS 宏中，用户定制各种 ANSYS 图形用户界面或者调用 ANSYS 已有界面可以通过多种方法实现，这极大地丰富了宏的使用手段，进而实现了宏与使用者间的交互对话机制。在宏中可以使用的图形交互方法主要有：单参数输入对话框、多参数输入对话框、程序运行进度对话框、调用 ANSYS 程序已有的对话框、宏中实现拾取操作、宏运行的消息机制和定制工具条按钮与缩写。

针对本节所用的方法，主要有参数输入对话框以及工具条按钮与缩写，其中，最后一项已经在上一节中着重介绍过了，下面主要介绍参数输入对话框。

1. 单参数输入对话框

* ASK 命令是用于提示用户输入某个物理意义参数的赋值。若宏文件中包含该命令，就会弹出一个对话框，提示用户进行某个变量参数的赋值。输入的内容既可以是括在单引号中的含 1 ~ 8 个字符的字符串、数值、字符变量，也可以是数值的表达式等。* ASK 命令的使用格式如下：

* ASK,Par,Query,DVAL

其中，Par 是用于存储用户输入数据的标量参数名称；Query 是最多可包含 54 个字符的字符串，用以向用户提示输入信息，但不能使用诸如“ $ ”或“!”等具有特殊意义的字符；DVAL 为括在单引号中的含 1 ~ 8 个字符的字符串、数值、字符变量或者数值的表达式等，是程序自动赋给该参数的缺省值。如果不赋值直接单击按钮则赋缺省值，用户用空格响应时则表示删除该参数。

2. 多参数输入对话框

当需要输入的参数数目不是一个，而是多个时，就需要使用 MULTIPRO 命令，利用其构造一个多行提示的简单对话框。该命令允许使用 UIDL 中的 * CSET 命令来产生提示，并为每个提示指定缺省值，但需要注意的是，最多可以包含的参数输入提示和赋值个数为 10 个。MULTIPRO 命令必须与以下命令联合使用：

（1）1 ~ 10 个 * CSET 命令；

（2）最多两个 * CSET 命令，用来供用户填写提示信息内容。

MULTIPRO 命令的使用格式如下：

MULTIPRO,' start ',Prompt_num

*CSET,Strt_Loc,End_Loc,Param_Name,'Prompt_String',Def_value
MULTIPRO,'end'

另外，该参数输入对话框最多可以向该结构中添加两行字符（共64个字符），用来提示*CSET命令。这种特殊的*CSET命令的使用格式如下：

*CSET,61,62,'Help_String','Help_String'

*CSET,63,64,'Help_String','Help_String'

其中，'Help_String'最多可包含32个字符的字符串。如果提示超过32个字符，可以使用第二个Help_String参数。

5.4.3 界面设计

界面设计仍以外螺纹型的CST系统的螺纹杆为例。首先，选择菜单中创建外螺纹型螺纹杆的命令按钮，之后，输入上节所提到的光杆部分长度和直径、螺纹长度、线数、导程，以及螺纹界面形状等参数。为了方便零件创建命令按钮的选择和参数的输入，本课题运用了工具条和多参数输入对话框（图5-11），设计了创建零件命令按钮，以及相应的参数输入界面。

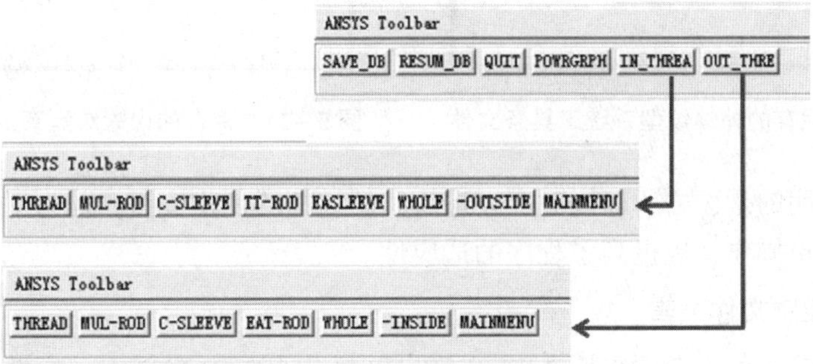

图5-11 各级工具条

1. 用户工具条控制文件编辑

由于CST系统分为外螺纹型和内螺纹型两种，为了使菜单层次更加清晰，避免混淆，本课题使用了工具条嵌套，具体层次如图5-12所示。

首先，选择菜单路径"Utility Menu"→"Macro"→"Edit Abbreviations"或者"Utility Menu"→"Menu Ctrls"→"Edit Toolbar"，弹出如图5-12所示定义、编辑和删除工具条或缩写对话框，在"Selection"输入文本框中键入下列缩写定义语句：

*ABBR,E-CAE,SIMUTIL

*ABBR,IN_THREAD,ABBRES,,INSIDE,TXT

*ABBR,OUT_THREAD,ABBRES,,OUTSIDE,TXT

然后，单击"Accept"按钮，此时，工具条按钮上自动增加了3个新按钮，这些按钮就是刚刚定义的缩写按钮。同时，执行保存工具条文件的操作命令"Utility

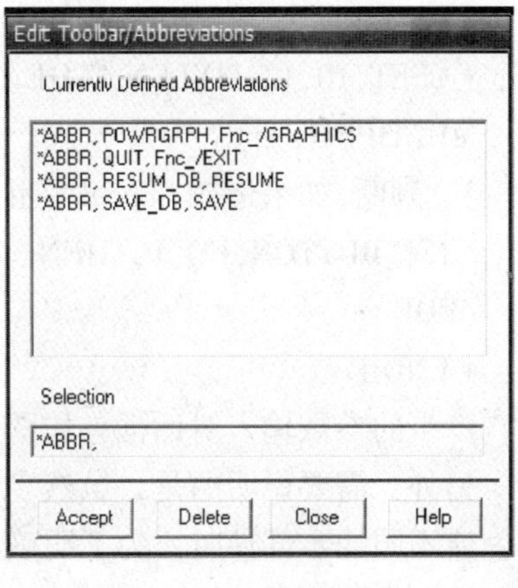

图5-12 工具条编辑对话框

Menu”→“Macro”→“Save Toolbar”，将已定义好的顶层工具条保存在工作目录下的“MENU. TXT”文件里，以便以后启动 ANSYS 软件后，直接加载。

其次，分别定义外螺纹型和内螺纹型 CST 系统的两个工具条按钮。其创建方法前面已经介绍过了，这里不再详加叙述。各级工具条的保存文件内容如图 5－13 和图 5－14 所示。以外螺纹型为例，其按钮从上至下的功能分别为创建螺纹、阶梯轴、剪切套筒、螺纹杆、简易外螺纹型 CST 系统模型，跳转至创建内螺纹型 CST 系统的工具条，以及返回顶层工具条。

OUTSIDE.txt - 记事本
文件(F) 编辑(E) 格式(O) 查看(V) 帮助(H)

```
/NOPR
*ABB,THREAD,THREAD
*ABB,MUL-ROD,MUL_ROD
*ABB,C-SLEEVE,OUT_CUTSLEEVE
*ABB,EAT-ROD,TTROD
*ABB,WHOLE,OUT_WHOLE
*ABB,-INSIDE,ABBRES,,INSIDE,TXT
*ABB,MAINMENU,ABBRES,,MAIN_MENU,TXT
/GO
```

图 5－13　保存的外螺纹型系统工具条文件

INSIDE.txt - 记事本
文件(F) 编辑(E) 格式(O) 查看(V) 帮助(H)

```
/NOPR
*ABB,THREAD,THREAD
*ABB,MUL-ROD,MUL_ROD
*ABB,C-SLEEVE,CUTSLEEVE
*ABB,TT-ROD,TTROD
*ABB,EASLEEVE,EATSLEEVE
*ABB,WHOLE,OUT_WHOLE
*ABB,-OUTSIDE,ABBRES,,OUTSIDE,TXT
*ABB,MAINMENU,ABBRES,,MAIN_MENU,TXT
/GO
```

图 5－14　保存的内螺纹型系统工具条文件

这里需要说明的是，之所以同时存在螺纹和螺纹杆的创建按钮，是为了满足不同情况下的需求，方便人员操作，也提高了程序的适应性。

2. 对话框控制文件编辑

各个参数的输入可以考虑采用 ANSYS 用户界面设计语言（UIDL）来设计用户界面，但是由于本课题需要输入的参数比较简单，不需要其他复杂操作，所以采用 APDL 中的“MULTIPRO”命令来产生一个多行提示对话框即可。下面以创建螺纹为例，说明多参数对话框的生成，其代码如下：

```
MULTIPRO,'start',4
*CSET,1,3,MYSTLEN,'THE LENGTH OF WHORL:',380
...
*CSET,10,12,MYLEN,'THE LENGTH OF ROD:',60
MULTIPRO,'end'
!  判断,如果选择 Cancel 终止运行宏
*IF,_BUTTON,EQ,1,THEN
/EOF
*ENDIF
```

产生的参数输入对话框，如图 5－15 所示。

另外，需要说明的是，虽然多参数输入对话框允许的最大参数输入个数为 10 个，但是在创建不同的零部件时，为了明确区分各种类型的参数，如尺寸参数和网格尺寸参数等，本课题将各类型参数的输入分割成了不同的输入对话框。

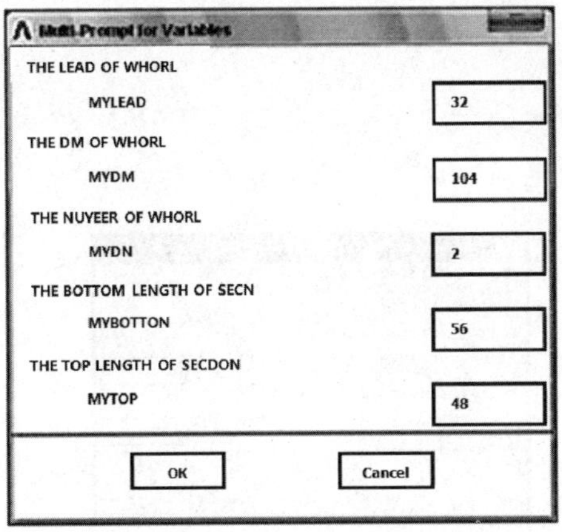

(a)

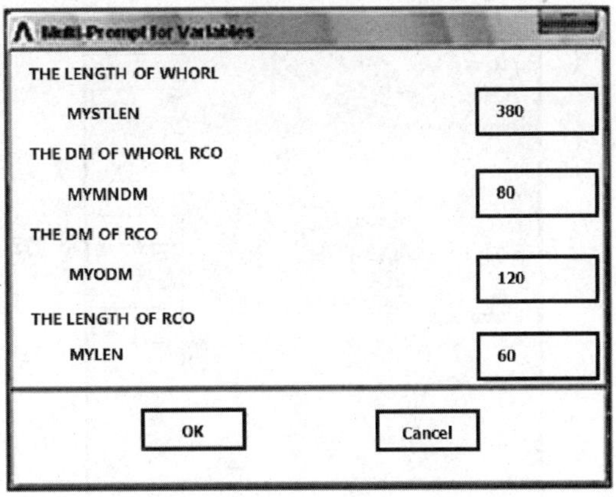

(b)

图 5－15　参数输入对话框

5.4.4　本节小结

本节详细讲述了如何用工具条以及多参数输入对话框实现用户界面设计，包括如何定制、存储和恢复用户化工具条按钮，如何嵌套工具条，如何生成多参数输入对话框等。然后，详细说明了顶层工具条以及下层工具条的创建，并列举说明了创建螺纹时多参数输入对话框的生成。

5.5　工程应用实例

下面以外螺纹型 CST 系统的整体简易模型为例，进行实例应用。其中，螺纹杆是外螺纹型 CST 系统实现剪切吸能的重要零件之一，它简单地可以看作由螺纹部分和阶梯轴两部分组成。剪切套筒和螺纹杆间的相互作用，是获得螺纹剪切吸能的关键。最后一个零件用来模拟施撞物体。

5.5.1　界面使用说明

首先，启动 ANSYS 软件，选择恢复工具条命令 “Utility Menu” → “Macro” → “Restore Toolbar”，这时，在原来的工具条区域会新增 3 条操作按钮，即顶层工具条已经显示出来，可以进行进一步的选择操作。

然后，选择下层外螺纹型 CST 系统工具条，则 ANSYS 工具条区域自动加载并更新显示外螺纹型工具条，此时，选择创建整体简易模型 “WHOLE” 按钮，出现相应的参数输入对话框，不同参数类型对话框如图 5－16 和图 5－17 所示。

网格划分参数由用户根据分析进度及经验输入，有时分析结果如果比较粗糙，或根据经验失真太大，需要调整网格划分参数，重新输入。

对于整体模型的分析，用户最关心的是螺纹部分的情况，所以此部分的划分一般相对较密，而施撞物体和剪切套筒的网格则可选择稀疏划分。

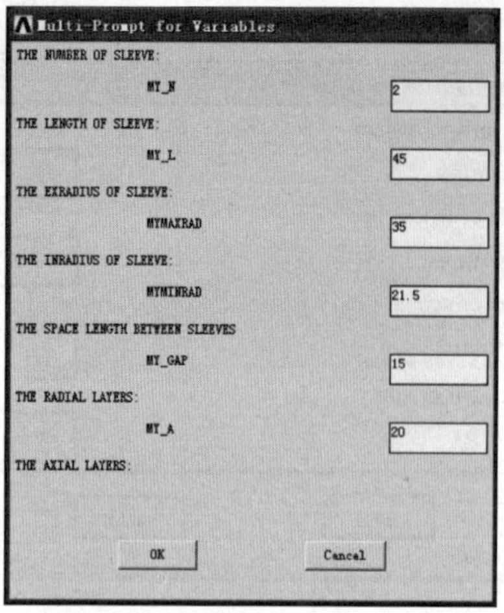

图 5-16　驱动尺寸参数对话框

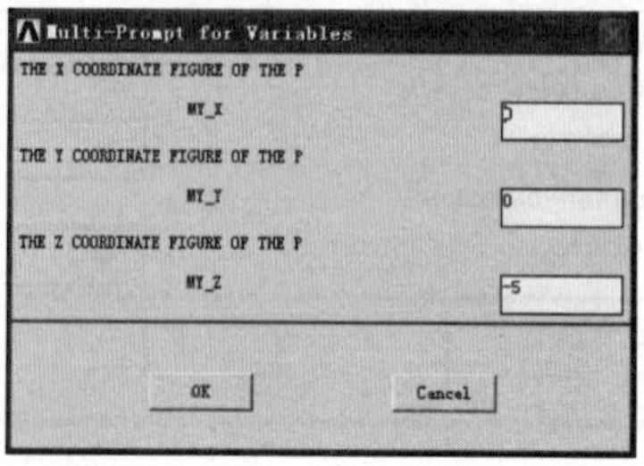

图 5-17　网格尺寸参数对话框

5.5.2　建模及结果分析

在输入各项参数并确认后，单击“OK”按钮，ANSYS 会自动调用螺纹子程序，子程序生成螺纹模型文件后，导入 ANSYS 内，由 ANSYS 在此基础上继续创建其他零部件，并依据输入的参数划分网格。

输入不同参数所得的整体简易模型如图 5-18 所示。

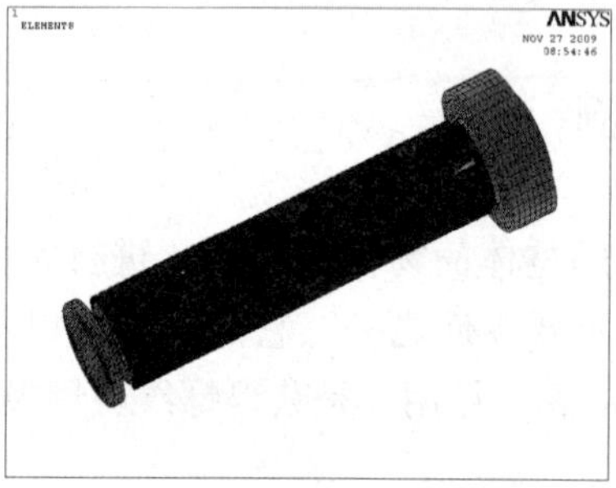

(a)

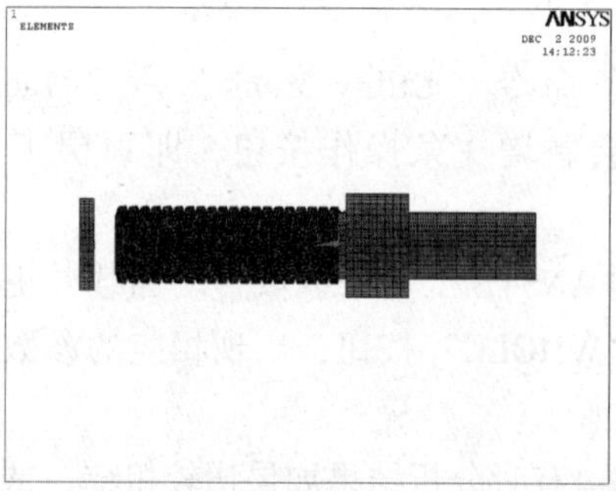

(b)

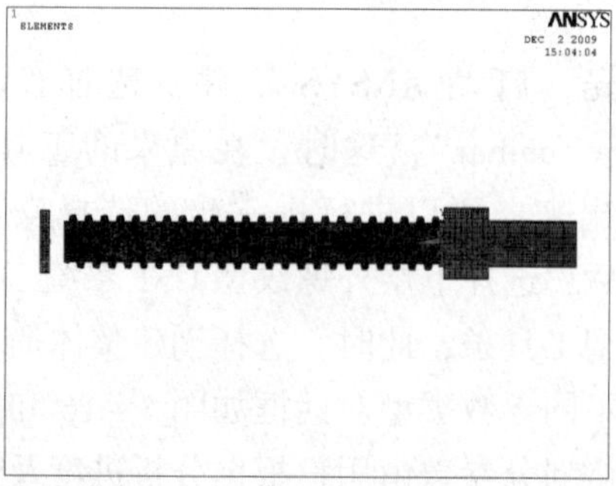

(c)

图 5-18　不同尺寸的模型

(a) 380 mm 双线矩形螺纹；(b) 160 mm 双线梯形螺纹；(c) 380 mm 单线梯形螺纹

类似地，可以实现内螺纹型 CST 系统的零部件建模操作。建模完毕后，用户即可根据需要进行零部件的有限元分析和后处理工作。

利用上述方法，建立外螺纹型 CST 模型，并计算求解，其中，螺纹杆长为 380 mm，采用双线，螺纹牙型为 6 ×6. 4 的矩形螺纹。由结果可知，螺纹杆的加速度变化情况与 CST 系统的吸能原理一致，满足连续、渐进、平稳等指标，连续剪切螺纹吸收能量，加速度曲线变化比较平稳，保证了剪切吸能过程的连续性和平稳性，如图 5 – 19 所示。

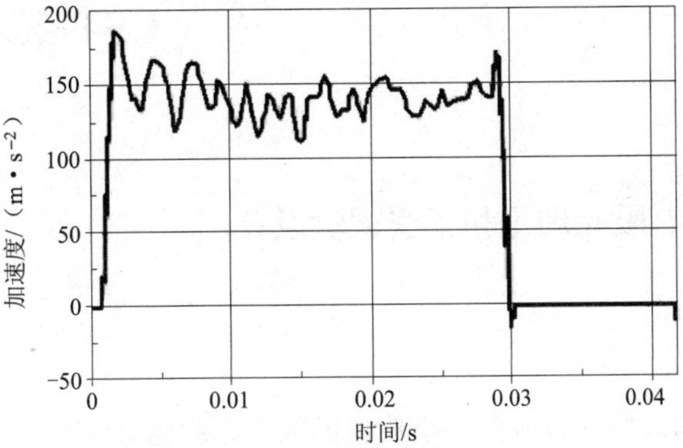

图 5 – 19　加速度曲线

5.5.3　本节小结

本节以外螺纹型 CST 系统的整体简易模型为例，列举了不同参数情况下所生成的系统模型，实际运行了螺纹剪切吸能系统参数化系统。实例表明，该系统能大量避免重复性的建模和网格划分操作，提高了工作效率。用户界面简单明了，层次清晰，非专业的分析人员也可应用该系统进行建模分析。

第 6 章

CST 装置优化设计

6.1 显式有限元理论和正交试验设计

6.1.1 概述

螺纹剪切过程和斜角撞击过程是一个典型的大变形接触碰撞问题，涉及多种动态因素，应用理论分析一般很难达到满意的效果，也很难确切定量表征，所以目前这两方面的设计都没有经验公式可依。有限元分析可作为一种必要的补充和辅助设计手段，随着计算机软硬件的发展，结构的有限元分析已经成为产品设计中的重要一环。通过有限元分析，再辅以其他一些优化方法，比如正交试验设计和试验验证，可经济而高效地实现对吸能装置的优化设计，进而达到轻量化的目标。

通常所说的有限元法（即小变形有限元法），其适用范围被约定在研究对象具有小变形的界限内，不能满足大变形接触碰撞问题的要求。事实上，动态显式有限元法，除了仍然采用小变形有限元法中被广泛采用的分块近似这一基本思想外，无论在基础理论上，还是在具体操作上，都不同于小变形有限元法。

6.1.2 显式有限元理论

动态显式有限元涉及众多的学科和领域，尤其是有限元理论、计算数学、弹塑性力学、计算机图形学，并且这些理论本身也在不断的发展和完善之中。汽车碰撞属于高速碰撞现象，描述这类现象的方法主要有 Euler 法、ALE（Arbitrary Lagrangian Eulerian）法和 Lagrange 法。Euler 法多用于流体力学问题，在固体力学中用得很少：ALE 法是处理流体 – 固体相互作用的较好方法；Lagrange 法是目前描述固体碰撞行为的最成熟最方便的方法。采用 Lagrange 法描述的有限元法可以处理高速碰撞工程中复杂的边界条件和复杂的材料本构关系，对接触滑移面描述非常方便，并且已经有大型商业软件，如 LS – DYNA。

1. 非线性问题

结构碰撞过程是一个涉及大位移、大转动、大应变的复杂非线性问题。非线性包括几何非线性、材料非线性和状态非线性。其中，几何非线性包含两层含义：一是位移与应变之间的关系是非线性的，而小变形分析中忽略了二次导数项，简化为线性关系；二是变形过程中还包括刚体的转动，小变形分析中也忽略了刚体转动的影响。要进行精确的求解，就不能忽略这些非线性因素。接触问题属于典型的状态非线性问题。在碰撞过程中，结构与外界障碍物之间有接触，表明它们之间还有摩擦作用；结构在变形过程中自身也会发生接触，结构自身变形部分之间还有摩擦作用。这些接触和摩擦在碰撞变形过程中不断发生变化。在碰撞仿真中，正确和完整地处理好接触算法是仿真成功的先决条件。接触处理是 LS－DYNA 的看家本领，正是有了完备的接触力计算方法，LS－DYNA 才能真实地模拟现实环境的复杂结构行为。ANSYS 隐式分析采用接触单元来模拟接触问题，在 ANSYS/LS－DYNA 模块中没有接触单元，通过定义接触表面、接触类型以及控制相关参数来处理接触问题。一个接触对是由目标面和接触面形成的，通过这两个面的行为来模拟接触过程。

LS－DYNA 程序处理接触—碰撞界面主要采用节点约束法、分配参数法和对称罚函数法三种不同的算法。

对称罚函数法的原理是每一时步先检查各从节点是否穿透主表面，没有穿透则对该从节点不作处理，如果穿透则在该从节点与被穿透主表面之间引入一个较大的界面接触力，称为罚函数值。界面接触力的物理意义相当于在从节点和被穿透主表面之间放置一个法向弹簧，以限制从节点对主表面的穿透。该接触力等于接触刚度 K 和穿透量 δ 的乘积。两个物体的穿透量 δ 是与接触刚度 K 有关的，理想情况下，应该没有穿透，但这意味着 $K=\infty$，导致数值计算不稳定。通常允许有微小的穿透量存在，它由接触刚度控制。大多数情况下，程序缺省的接触刚度可以提供良好的计算结果。罚函数值大小受到稳定性限制，若计算中发生明显穿透，可以通过放大罚函数值或缩小时步来调节。

2. 算法问题和时间积分

有限元程序按照求解积分格式的不同可以分为隐式求解的有限元程序和显式求解的有限元程序。显式有限元法主要是指时间积分格式采用显式格式的一种有限元方法，其显著特点就是不需要形成单元刚度矩阵，也不需要构成结构总体刚度矩阵。对应要建立单元刚度矩阵和结构总体刚度矩阵的有限元方法就是隐式有限元法。隐式算法（implicit）虽然稳定，但是迭代中存在收敛性问题，每步时间积分必须联立方程组求解，这样当模型的自由度数量较大时，计算时间和内存消耗很大。由于显式有限元法中没有任何刚度矩阵，因此就没有隐式方法中的平衡迭代过程，既不存在解的收敛性问题，也不需要求解非线性联立方程组，只在时间步长上受 COURANT 稳定性条件限制。显式算法（explicit）是有条件稳定的，每步计算时间和内存消耗很小，因此成为碰撞分析的主要工具。然而显式有限元分析的结果依赖于几何模型、网格质量、计算参数等，具有较强的经验性。所以仿真分析时，计算文件的调试是经常性的工作，需要不断探索尝试改进才可获得比较稳定的计算结果。

显式动力分析的特点：碰撞仿真计算实际上是涉及一个含未知边界条件的偏微分方程的求解。

由运动方程（微分方程）得到在时间 t 的加速度

$$\{\boldsymbol{a}_t\} = [\boldsymbol{M}]^{-1}([\boldsymbol{F}_t^{\text{ext}}] - [\boldsymbol{F}_t^{\text{int}}]) \tag{6.1}$$

式中，$[\boldsymbol{F}_t^{\text{ext}}]$ 为施加外力和体力矢量；$[\boldsymbol{F}_t^{\text{int}}]$ 为下式决定的内力矢量：

$$\boldsymbol{F}^{\text{int}} = \sum\left(\int_{\Omega} B^{\mathrm{T}}\boldsymbol{\sigma}_n \mathrm{d}\Omega + \boldsymbol{F}^{\text{hg}}\right) + \boldsymbol{F}^{\text{cont}} \tag{6.2}$$

式中，$\boldsymbol{F}^{\text{int}}$ 为单元内力和接触力之和。单元内力由当前构型的应力场的散度求得，$\boldsymbol{\sigma}_n$ 的计算涉及材料模型，$\boldsymbol{F}^{\text{hg}}$为沙漏阻力，$\boldsymbol{F}^{\text{cont}}$为常量力。

把速度和加速度的导数用差分表示，用差分代替微分。

根据中心差分法，速度与位移用下面递推公式得到：

$$\{\boldsymbol{v}_{t+\Delta t/2}\} = \{\boldsymbol{v}_{t-\Delta t/2}\} + \{\boldsymbol{a}_t\}\Delta t_t \tag{6.3}$$

$$\{\boldsymbol{u}_{t+\Delta t}\} = \{\boldsymbol{u}_t\} + \{\boldsymbol{v}_{t+\Delta t/2}\}\Delta t_{t+\Delta t/2} \tag{6.4}$$

式中 $\Delta t_{t+\Delta t/2}=0.5(\Delta t_t+\Delta t_{t+\Delta t})$，$\Delta t_{t-\Delta t/2}=0.5(\Delta t_t-\Delta t_{t+\Delta t})$

这样就得到$t+\Delta t$时刻的位移。更新t时刻的系统几何构型，得到$t+\Delta t$时刻系统新的几何构型。

新的几何构型由初始构型加上$\{\boldsymbol{x}_0\}$获得：

$$\{\boldsymbol{x}_{t+\Delta t}\} = \{\boldsymbol{x}_0\} + \{\boldsymbol{u}_{t+\Delta t}\} \tag{6.5}$$

其计算流程如图6－1所示。

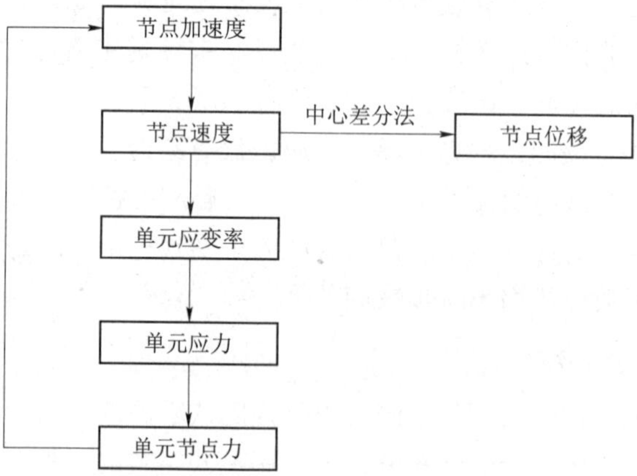

图6－1 LS－DYNA计算流程

由于时间步长问题在显式积分中的重要性，故有必要讲述。

时间步长的选择涉及两个方面的约束：一是在直接积分方法中，实质是用差分代替微分，且对位移加速度的变化采用引申的线性关系，这就限制了时间步的取值不能过大，否则可能使结果失真，不能正确表现冲击振动的真实响应；二是数值稳定性问题。在每一步数值计算中，不可避免地存在舍入误差，这些舍入误差又不可避免地被带入下一个时间步长计算式中，如果算法不具备数值分析稳定性，就可能无法求解，而中心差分算法正是能够有条件稳定的算法，所以采用中心差分算法。在实际计算中，同时考虑时间步长的两种约束和中心差分算法的稳定所要求的条件，采用变时间步长法，本质即每时刻的时间步长由当前结构的稳定性条件控制，每一个单元的极限时间步长（不同单元计算方法不同）作为下一时刻的时间步长。

LS－DYNA 程序采用变时步增量解法，每一时刻的步长由当前构型的稳定性条件控制。

程序先计算每一个单元的极限时步长Δt_{ei}，$i=1, 2, 3\cdots$（显示中心差分法稳定性条件允许的最大时步长），而下一时步长Δt取极小值，即

$$\Delta t = \min(\Delta t_{e1}, \Delta t_{e2}, \cdots, \Delta t_{em}) \tag{6.6}$$

式中，Δt_{ei}为第i个单元的极限时步长，m为单元数目。

各种单元类型的临界时间步长Δt_e采用不同的算法，在碰撞过程的有限元分析中，通常采用壳单元，而其临界时间步长Δt_e的确定非常困难，通常按下式估算：

$$\Delta t_e = \alpha\left(\frac{L_e}{c}\right) \tag{6.7}$$

式中，α 为时步因子，缺省值为0.9；c 为材料的声速：

$$c = \sqrt{\frac{E}{\rho(1-v^2)}} \tag{6.8}$$

式中，v 为材料的泊松比。

L_e 为单元特征长度，对四边形壳单元有

$$L_e = \frac{A}{\max(L_1,\ L_2,\ L_3,\ L_4)}$$

对于三角壳单元则有

$$L_e = \frac{2A}{\max(L_1,\ L_2,\ L_3)}$$

式中，L_i 为单元 i 的特征长度，A 为单元 i 的面积。

对于三维实体单元，$\Delta t_e = \dfrac{\alpha L_e}{\left[Q + (Q + c^2)^{\frac{1}{2}}\right]}$

式中 $$Q = \begin{cases} c_1 C + c_0 L_e \left|\dot{\varepsilon}_{kk}\right| & \dot{\varepsilon}_{kk} < 0 \\ 0 & \dot{\varepsilon}_{kk} \geqslant 0 \end{cases}$$

L_e 为单元特征长度，对于 8 节点实体单元而言 $L_e = V_e/A_{emax}$，对于 3 节点实体单元而言 L_e = 最小高度；c_1 和 c_0 为量纲为 1 的常数，缺省值为 1.5 和 0.06；c 为材料的声速，弹性材料为 $c = \sqrt{\dfrac{E(1-\mu)}{(1+\mu)(1-\mu)}\rho}$，$E$ 为弹性模量，μ 为泊松比，ρ 为质量密度；V_e 为单元体积；A_{emax} 为单元最大一侧的面积。

可见，实际使用的时间积分步长取决于系统的临界时间步长 Δt_e，而 Δt_e 又取决于单元特征长度 L_e 与波在材料中的传播速度 c 之比，而 c 又是材料参数（质量密度、弹性模量和泊松比）的函数，因此，通过人为改变某些材料参数来达到控制系统临界时间步长 Δt_e 的目的是可能的。所以，在 LS－DYNA 中就提供了一种通过人为改变材料质量密度而改变临界时间步长 Δt_e 的方法，称为质量缩放。

设预期的临界时间步长为 Δt_{eq}，由式（6.7）及式（6.8）知

$$\Delta t_{eq} = \frac{L_e}{c} = \sqrt{\frac{L_e^2\rho(1-\mu^2)}{E}}$$

即

$$\rho = \frac{\Delta t_{eq}^2 E}{L_e^2(1-\mu^2)} \tag{6.9}$$

可见，只要按式（6.9）人为改变材料的质量密度，就能确保系统的临界时间步长是预期的时间步长 Δt_{eq}。在 LS－DYNA 中，实施质量缩放是通过指定预期时间步长参数 DTMS 的值来实现的

① DTMS $=\Delta t_{eq}$，即 DTMS 的值为正数，则系统中所有单元的材料质量密度均按式（6.9）确定的质量密度处理。

② DTMS = $-\Delta t_{eq}$，即 DTMS 的值为负数，则只有那些临界时间步长 Δt_e 小于预期临界时间步长 Δt_{eq} 的单元，它们的材料质量密度才按式（6.9）确定的质量密度处理。而对那些 Δt_e 已经大于 Δt_{eq} 的单元，则仍然用其真实的材料质量密度进行处理。

这样，实际使用的时间积分步长 Δt_{use} 就为

$$\Delta t_{use} = \alpha \Delta t_{eq} \tag{6.10}$$

建议尽量采用方法②。虽然使用质量乘子会稍微增加系统的总体质量并略微改变系统的质心位置，但由此节省的 CPU 时间足以弥补这些不足。因为当质量乘子选择合适时，可以节省 50% 以上的 CPU 时间，而增加的系统质量还不到 0.001%。

3. 材料模型问题

动态显示有限元中每一时步要计算 $\int_{V_m} B^{T} \sigma \mathrm{d}V$，所以必须先求得单元应力 σ。它与材料模型有关。

碰撞问题所涉及的材料模型远比一般结构分析所用到的材料模型复杂。螺纹碰撞剪切过程是一个高度非线性的动态问题，涉及材料强化、应变率效应等因素，使得材料的本构关系极为复杂。材料模型可以说是冲击吸能分析最大的障碍。

这里着重介绍书中用到的各向同性、随动及混合硬化弹塑性材料模型。

这种材料单向拉伸试验的应力应变关系如图 6－2 所示。试验测得材料数据：E 为弹性模量，μ 为泊松比，σ_0 为初始屈服极限，E_T 为切线硬化模量，β 为硬化参数（$\beta = 0$ 为随动硬化，$\beta = 1$ 为各向同性硬化，$0 < \beta < 1$ 为混合硬化）。

对于简单的 von Mises 塑性模型，其屈服应力与压力无关。在三维应力状态的主应力状态空间中，屈服面是一个圆柱表面，如图 6－3 所示。

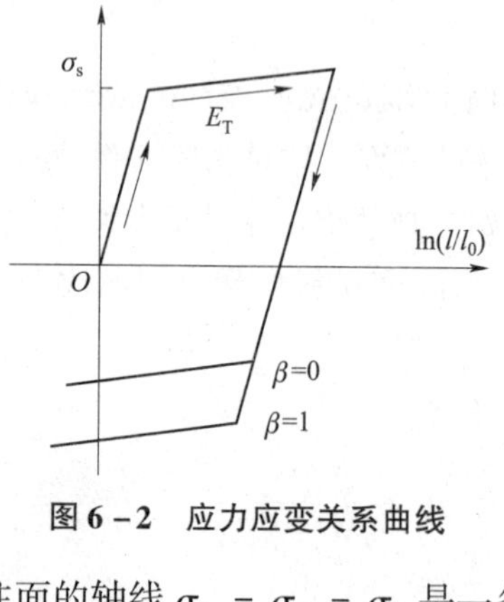

图 6－2　应力应变关系曲线

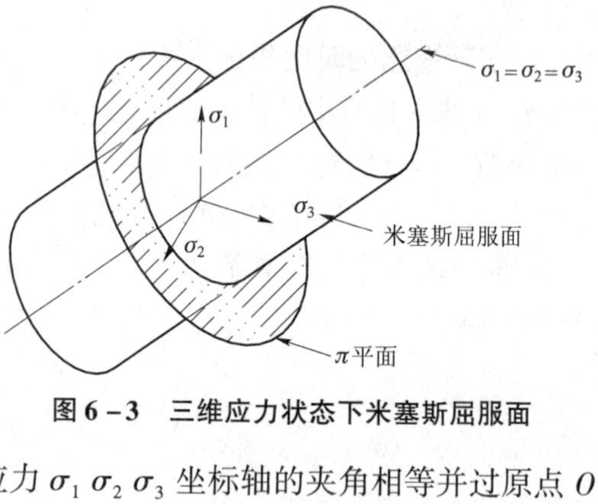

图 6－3　三维应力状态下米塞斯屈服面

柱面的轴线 $\sigma_1 = \sigma_2 = \sigma_3$ 是一条与主应力 $\sigma_1\ \sigma_2\ \sigma_3$ 坐标轴的夹角相等并过原点 O 的直线。通过坐标原点 O，且与轴线 $\sigma_1 = \sigma_2 = \sigma_3$ 垂直的平面称为 π 平面。von Mises 屈服面在 π 平面上的截线是一个圆。

在塑性加载时，材料产生硬化，屈服面在 π 平面上的截线发生变化，但仍是一个圆，对于各向同性硬化材料，圆的半径在增大，但圆心位置不变，如图 6－4（a）所示；对于随动硬化材料，圆的半径不变，但圆的位置在改变，如图 6－4（b）所示。

对弹塑性材料应力修正，方法如下：

各向同性硬化（$\beta = 1$）的 von Mises 屈服条件式：

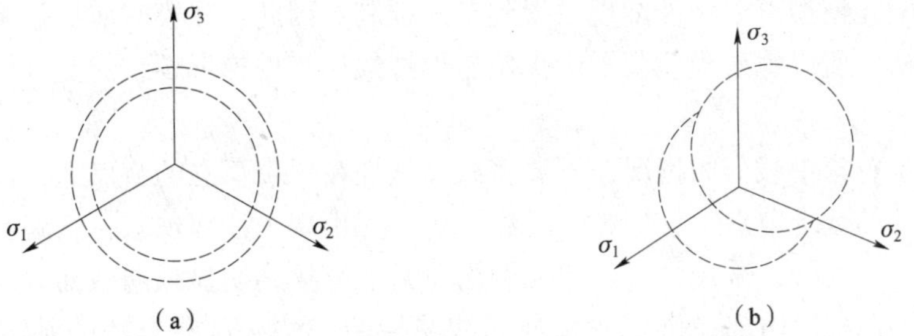

图 6-4　材料硬化时屈服面在 π 平面上的截线变化

(a) 各向同性硬化；(b) 随动硬化

$$\phi = \frac{3}{2}\boldsymbol{S}_{ij}\boldsymbol{S}_{ij} - \sigma_{\mathrm{y}}^2 = 0 \tag{6.11}$$

式中，$\sigma_{\mathrm{y}} = \sigma_0 + E_{\mathrm{P}}\varepsilon_{\mathrm{eff}}^{p}$。

随动硬化（$\beta = 0$）的 von Mises 屈服条件式：

$$\phi = \frac{3}{2}(\boldsymbol{S}_{ij} - \alpha_{ij})(\boldsymbol{S}_{ij} - \alpha_{ij}) - \sigma_{\mathrm{y}}^2 = 0 \tag{6.12}$$

式中，$\sigma_{\mathrm{y}} = \sigma_0$，$\Delta\alpha_{ij} = \frac{2}{3}E_{\mathrm{P}}\dot{\varepsilon}_{\mathrm{eff}}^{p}\Delta t$。

另外在高速碰撞中，由于惯性效应，通常需要考虑应变率对材料性质的影响。应变率用 Cowper - Symonds 模型来考虑，用与应变率有关的因数表示屈服应力，计算公式为

$$\sigma_{\mathrm{y}} = \left[1 + \left(\frac{\dot{\varepsilon}}{c}\right)^{\frac{1}{p}}\right](\sigma_0 + \beta E_{\mathrm{P}}\varepsilon_{\mathrm{eff}}^{p}) \tag{6.13}$$

式中，σ_0 为初始屈服应力；$\varepsilon_{\mathrm{eff}}^{p}$为等效塑性应变；$E_{\mathrm{P}} = \frac{E_{\tan}E}{E - E_{\tan}}$为塑性硬化模量；$E$ 为初始弹性模量；$E_{\tan}$为强化模量；硬化参数 β 在 0（随动强化）和 1（等向强化）之间取值，可以反映混合强化作用；$\dot{\varepsilon}$ 为应变率；该模型用 Cowper - Symonds 模型反映应变率效应，c、p 是 Cowper - Symonds 常数，对于常用钢材取 $c = 40.4$，$p = 5$；当不考虑应变效应时，可以令 $c = 0$，$p = 0$；该模型可以根据定义的失效塑性应变 ε_{f} 来决定删除失效单元。

4. 沙漏问题

一点积分的实体单元非常容易产生零能模式，即沙漏现象。沙漏的基本特征表现为：一是系统刚性不足（单元刚度矩阵的秩小于精确计算的秩）；二是网格呈现出锯齿状的形态，如图 6-5 所示。沙漏的出现将导致计算结果的可信度下降甚至完全不可信，因此必须将沙漏控制在最小的程度上。

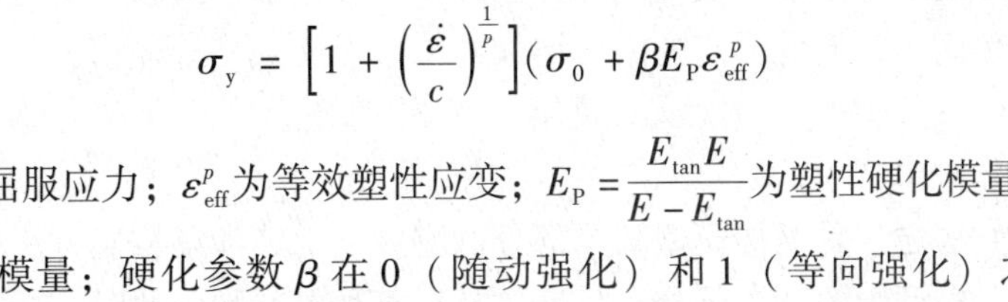

图 6-5　沙漏现象

良好的有限元模型可以使沙漏现象得到有效控制。因此，建模时应尽量采用同一规格的单元来划分网格，所以螺纹吸能装置中采用矩形螺纹比采用梯形螺纹能更好地控制沙漏现象的产生。

另外，对于有集中载荷的情况，不要将载荷施加在一个孤立的节点上，而应将集中载荷分散施加在相邻的数个节点上，因为一旦有一个单元出现了沙漏现象，它就会将沙漏现象传递给其相邻单元。此外，采用细密的单元网格总是能够达到明显减弱沙漏效应的目的。

LS－DYNA在程序内部提供了一系列的沙漏控制方法，这些方法的基本思想包括两个方面：

（1）增加刚度（使刚度矩阵的秩与精确计算时的秩相同）以阻止沙漏的出现，但又不能影响系统的刚体运动及线性变形区的变形。

（2）抑制沙漏的生长速度。

控制沙漏的方法之一是调整模型的体积黏度。体积黏度可以阻止沙漏变形的发生，虽然结构的体积黏度是由程序自动计算出来的，但通过设置有关参数，结构的体积黏度是可以增加的。由于过度地改变结构的体积黏度，将对结构的整体变形模式产生严重的负面影响，因此，通常不推荐使用这种控制沙漏的方法。

控制沙漏的方法之二是使用全阶积分单元公式。全阶积分单元公式永远不会出现沙漏现象，其缺点是：计算费用远高于降阶积分单元公式的计算费用，而且对涉及不可压缩、金属塑性及弯曲等问题，还会导致过分刚硬的结果（即剪切自锁现象）。

控制沙漏的方法之三是增加系统的弹性刚度。只要增加沙漏系数就可以达到增加系统弹性刚度的目的。然而，在大变形问题中，增加沙漏系数必须格外谨慎，因为增加沙漏系数后将导致模型的响应过分刚硬，当沙漏系数超过0.15时还会导致计算失稳。此方法多数用在较低速度的碰撞分析中。

控制沙漏的方法之四是增加模型某个部分的刚度。上述沙漏控制方法均是针对整个模型的，本方法是针对模型中的某个部分，且通常是对某种材料的。此时，必须指定要进行沙漏控制的材料号、沙漏控制的类型（黏度或刚度）、沙漏系数及体积黏度系数（一般情况下，程序中缺省设置的沙漏系数及体积黏度是合适的，不必进行更改）。这样，沙漏控制是对指定的材料而不是对整个模型的。于是，在沙漏易出现的地方，沙漏现象得到有效控制而整个模型的刚度特性并没有明显的改变。

利用降阶积分单元进行CAE分析时，确定是否因沙漏的出现而明显降低了计算结果可信度的问题至关重要。一般而言，当沙漏能量没有超过系统内能的10%时，计算结果将具有较高的可信度。

6.1.3 正交试验设计

一般所谓优化设计，就是在规定的各种设计限制条件下，将实际设计问题首先转为最优化问题，然后运用最优化理论和方法，在电子计算机上进行自动调优计算，从满足各种设计要求及限制条件的全部可行方案中选定最优设计方案。就最优化的理论和方法而言，继古典的微分法和变分法之后，出现数学规划优化法、准则优化法、混合法及利用遗传算法、人工神经网络的优化方法等。

显式有限元算法需要较小的积分步，计算时间较长，同时具有条件稳定性。为了获得满意的结果，必须进行多次重复修改和计算，这具有很大程度的经验性和主观性。在重复优化的过程中，这些因素使得单独采用有限元分析对结构进行优化设计是非常困难的，时间上不允许进行全面试验，全面试验会浪费大量人力、物力、财力，尤其是需要较长的设计周期。而且现有的数学优化方法多基于个例的研究，具有很大程度的局限性，所以不可能采用数学优化方法对装置进行优化设计。本书借助 ANSYS/LS－DYNA 平台的 APDL 参数化建模的优势，采用有限元分析和正交试验法相结合来进行装置的优化设计。该平台的求解技术程序如图 6－6 所示。

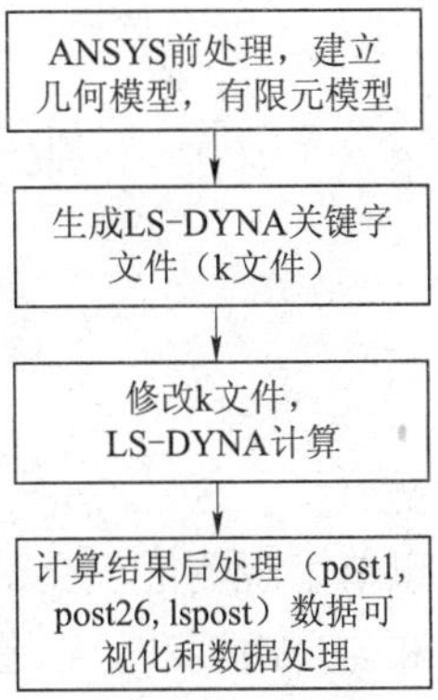

图 6－6　ANSYS10.0/LS－DYNA 求解技术流程

正交设计是利用正交表来安排多因素试验、分析试验结果的一种设计方法，其最大的优点就是用较少的试验次数就能较准确而迅速地找到最佳的试验操作条件。具体来说，它是从多因素试验的全部水平组合中挑选部分有代表性的水平组合进行试验，通过对这部分试验结果的分析了解全面试验的情况，找出最优水平组合。所以正交试验设计包括两部分内容，一是怎样安排试验，二是怎样分析试验结果。

正交试验法要解决的问题可以总结为：

（1）使用正交表，以较少的试验次数完成试验，选用的试验参数最具有代表性，得到符合客观规律的结论。

（2）试验找出各因素水平对试验结果影响大小的规律，找出主要起作用的因素。

（3）在因素和水平的搭配中，找出最佳组合方案。

所以具体运用正交表进行正交试验设计的步骤如下：

（1）明确试验目的，确定评价指标。在本书中螺纹设计可以选用能量作为评价指标，也可以选用减速度作为评价指标，采用不同的评价指标，得到的最优组合可能不同。

（2）挑选因素，确定水平。在本书中，由于螺纹设计没有经验公式可以参考，所以先从理论推导出静态公式，从静态公式中选取因素，确定水平。

（3）选正交表格，进行表头设计。正交表是运用组合数学理论在正交拉丁方的基础上构造的一种规格化的表格。

（4）明确试验方案，进行试验，得到结果。

（5）对试验结果进行统计分析。

这里重点介绍对试验结果的分析。试验结果统计分析的方法通常有两种：直观分析法（或称极差分析法）和方差分析法。极差分析不能估计试验中以及试验结果测定中必然存在的误差大小，不能精确地估计各因素对试验结果影响的重要程度，特别是对于水平数大于或等于 3 的试验直观法不便使用。为了弥补这个缺点，可采用方差分析的方法。

若各试验处理都只有一个观测值，则称之为单个观测值正交试验；若各试验处理都有两个或两个以上观测值，则称之为有重复观测值正交试验。

如果正交表 $L_n(r^m)$ 上全部设计为 n 次，水平数为 r，列号数为 m，记 $d=n/r$，d 表示各水平在任何一列中出现的次数。M_{ij} = 第 j 列上水平为 i 的那些数据 y 的和，因素 j 的第 i 水平的均值

$$m_{ij} = \frac{1}{d} M_{ij} \tag{6.14}$$

显然，对任一 j 列均有：

$$\sum_{i=1}^{r} M_{ij} = T$$
$$\frac{1}{n}\sum_{i=1}^{n} M_{ij} = \overline{y} \tag{6.15}$$

以单个观测值正交试验的方差分析为例，方差分析基本步骤分为两部分，一是计算各项平方和与自由度和；二是列出方差分析表，进行 F 检验。

1. 计算偏差平方和

步骤一：计算结果数据的总和，$T = \sum_{k=1}^{n} y_k$。

步骤二：计算结果数据的总均值，$\overline{y} = \frac{1}{n}\sum_{k=1}^{n} y_k$。

步骤三：计算总偏差平方和，$S_T = \sum_{k=1}^{n} (y_k - \overline{y})^2$。

步骤四：计算各列的偏差平方和，$S_j = d\sum_{i=1}^{r} (m_{ij} - \overline{y})^2 = \frac{1}{d}\sum_{i=1}^{r} M_{ij}^2 - \frac{1}{n}T^2$；总偏差平方和可以分解成各列偏差平方和之和，即 $S_T = \sum_{j=1}^{m} S_j$。

步骤五：计算试验误差的偏差平方和 $S_e = \sum S_{空列}$。

值得注意的是，单个观测值正交试验资料的方差分析，其误差是由“空列”来估计的。然而“空列”并不空，实际上是被未考察的交互作用所占据。这种误差既包含试验误差，也包含交互作用，称为模型误差。若交互作用不存在，用模型误差估计试验误差是可行的；若因素间存在交互作用，则模型误差会夸大试验误差，有可能掩盖考察因素的显著性。试验误差应通过重复试验值来估计，所以进行正交试验最好能有二次以上的重复。正交试验的重复，可采用完全随机或随机区组设计。

2. 计算自由度

步骤一：计算总平方和的自由度 d_{fT} = 试验总数 − 1 = $n - 1$。

步骤二：计算任一列偏差平方和对应的自由度，d_{fj} = 因素水平数 − 1 = $r - 1$。

3. 计算平均偏差平方和（均方）

以因素 j 为例：

步骤一：计算 $MS_j = \frac{S_j}{d_{fj}}$。

步骤二：计算试验误差的均方 $MS_e = \frac{S_e}{d_{fe}}$。

对于有重复且重复采用随机区组设计的正交试验，首先检验模型误差均方 MS_{e1} 与试验误差均方 MS_{e2} 差异的显著性，若经 F 检验不显著，则可将其平方和与自由度分别合并，计算出合并的误差均方，进行 F 检验与多重比较，以提高分析的精度；若 F 检验显著，说明存在交互作用，二者不能合并，此时只能以试验误差均方 MS_{e2} 进行 F 检验与多重比较。对于多重比较，这里做进一步说明，若模型误差显著，说明试验因素间存在交互作用，各因素所在列有可能出现交互作用的混杂，此时各试验因素水平间的差异已不能真正反映因素的主效，因而进行各因素水平间的多重比较无多大实际意义，但应进行试验处理间的多重比较，以寻求最优处理，即最优水平组合。进行各试验处理间多重比较时选用试验误差均方 MS_{e2}。模型误差显著，还应进一步试验，以分析因素间的交互作用。若模型误差不显著，说明试验因素间交互作用不显著，各因素所在列有可能未出现交互作用的混杂，此时各因素水平间的差异能真正反映因素的主效，因而进行各因素水平间的多重比较具有实际意义，并从各因素水平间的多重比较中选出各因素的最优水平相组合，得到最优水平组合。

4. 计算 F 值

将各因素的均方除以误差的均方，得到 F 值：$F_j = \dfrac{MS_j}{MS_e}$。

5. 列出方差分析表，进行 F 检验即显著性检验

对于给定的显著性水平 α，检验因素 A 对试验结果有无显著性影响，先从 F 分布表中查出临界值 F_α（$\mathrm{d}f_A$，$\mathrm{d}f_e$），然后比较 F 值与临界值的大小，若 $F_A > F_\alpha$（$\mathrm{d}f_A$，$\mathrm{d}f_e$），则因素 A 对试验结果有显著影响，若 $F_A < F_\alpha$（$\mathrm{d}f_A$，$\mathrm{d}f_e$），则因素 A 对试验结果无显著影响。

若 F 检验结果表明各因素对指标影响都不显著，不必再进行各因素水平间的多重比较。此时，可从表中选择平均数大的水平组合成最优水平组合。

若 F 检验结果表明因素对试验指标的影响显著或极显著，进行各因素水平间多重比较常采用 SSR 法。

6.1.4 本节小结

本节详细研究了有限元仿真分析过程中涉及的非线性问题、算法和时间积分问题、材料模型问题等一系列影响仿真精度的关键问题，是整本书的理论基础，为后面吸能装置的仿真研究提供依据。同时由于显式有限元计算时间很长，具有很大程度的经验性和主观性，而装置的优化设计又涉及多次重复修改和计算，所以将正交设计的理论运用到吸能装置的优化中，并详细讲述了正交试验结果分析方法中的直观分析法和方差分析法的理论基础。采用有限元分析和正交试验法相结合来进行装置的优化设计，为优化设计工作指出了一条新的道路，具有重要的工程实用意义和价值。

6.2 螺纹剪切吸能装置设计思路的确定

6.2.1 拟采取的螺纹剪切吸能装置的结构方案

结构实用化设计思路（——左边为缺点，右边为改进措施）（见图 6－7）：

（1）螺纹的直径大小受到纵梁尺寸的限制——螺杆采用阶梯状，左右两个支承（直径受到纵梁截面尺寸限制），螺纹直径不再受梁的限制，利用这点可以缩短螺杆的长度。

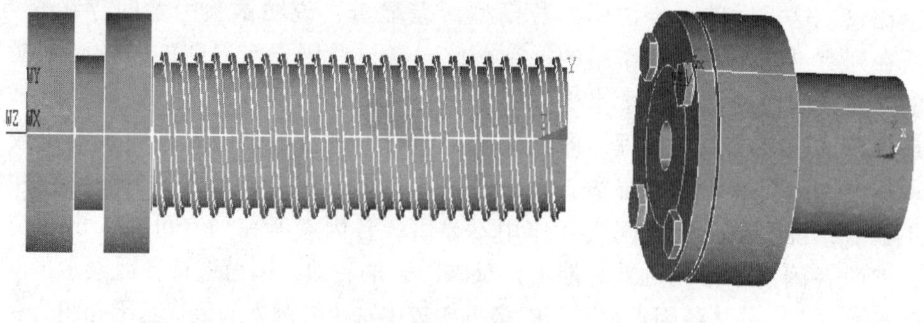

图 6-7　CST 结构

(2) 铁屑难以向外排除——采用支承剪切外螺纹方式。

(3) 质量过大——采用螺杆中空来实现装置轻量化。

(4) 防止纵向前后串动——采用螺栓连接结构固定。

螺纹形式和材料的选择是对螺杆螺纹的主要优化对象，目的是把装置做短做小，合理地选择螺纹种类及材料可以得到良好的碰撞减速度和碰撞能量吸收曲线。

螺旋线数越多，整个吸能装置的安全系数越高，实际生产中，三线及以上的多线螺纹的加工存在一定的困难，而且加工成本也相对较高，所以选用双线螺纹。

螺纹牙型的型式不同，其中最大的不同就是导致每圈螺纹的剪切厚度不同，从而改变了吸能能力以及碰撞减速度，并最终影响每个吸能装置的整体长度，因此螺纹的选型非常重要。在推导剪切力公式时，发现梯形螺纹不同的位置剪切时剪切宽度都不相同，而矩形螺纹的截面如果是正方形，任何位置剪切时剪切宽度都相等，而且矩形螺纹有限元网格划分时网格均匀，斜角碰撞时的剪切稳定比梯形螺纹好，所以选择正方形螺纹。

螺杆上装有前支承和后支承，当发生斜向碰撞时，碰撞力传递到螺杆端部，使螺杆发生一定的弯曲，只有通过前支承和后支承的合理布置，才能保证了两个支承之间的螺杆弯曲非常小，使螺杆能顺利沿着其轴线运动，实现轴向剪切螺杆上的外螺纹，保证在发生有一定倾斜角度的碰撞时冲击能量吸收装置能够正常运行，稳定发挥其安全保护作用。

左端的固定只是起剪切前的固定作用，一旦发生剪切，左端的固定就应该失效，使螺杆能轴向移动，剪切螺纹。所以设计的目的应该是剪切的瞬间，不发生压杆失稳或在横向力作用下引起的弯曲的变形量保证足够小。所以设计只要达到左端的固定失效与螺纹剪切同时发生，同时横向力下的挠度达到最小就行。

寻求最佳结构设计方案是一个十分复杂的过程，其主要工作是：

(1) 保证载荷的最佳使用条件。

(2) 在考虑工艺性和经济性的同时，选用有利于获得最小质量结构的零件形状和材料。

1. 吸能螺纹的设计思路

由于螺纹受冲击载荷的剪切变形过程是一个高速、非线性的动态碰撞过程，涉及材料的塑性变形及破坏、接触非线性、碰撞产生的波在材料中的传播等不可控因素很多，十分复杂，同时一般对螺纹的研究主要集中在螺纹传动上，对通过剪切矩形螺纹吸收能量方面的研究很少，就连静态的螺纹剪切力公式也没有。由于静态的螺纹剪切力公式没有考虑速度的冲击效应，也没有考虑摩擦，所以不可能用传统的基于材料力学的设计方法进行设计，要设计出满足碰撞安全要求的螺纹剪切吸能装置，必须联合应用正交试验设计方法和动态显式有限元方法对螺纹的设计变量进行参数优化。而正交试验是典型的不完全试验方案，如因素、水平选择不当或不完全方案中所包含的水平组合代表性差，试验将得不出应有的结果，甚至导致试验的失败，所以因素和水平的合理选择是拟订试验方案的关键。通过静态分析有助于对因素选择进行初步分析。

2. 静态螺纹剪切力的推导

先把螺柱上的外螺纹沿着螺旋线展开，y 轴代表螺纹的轴向方向，整个剪切过程如图 6－8 所示。

为了便于分析，把导杆由下往上的剪切运动过程分为两个阶段，如图 6－9 和图 6－10 所示。

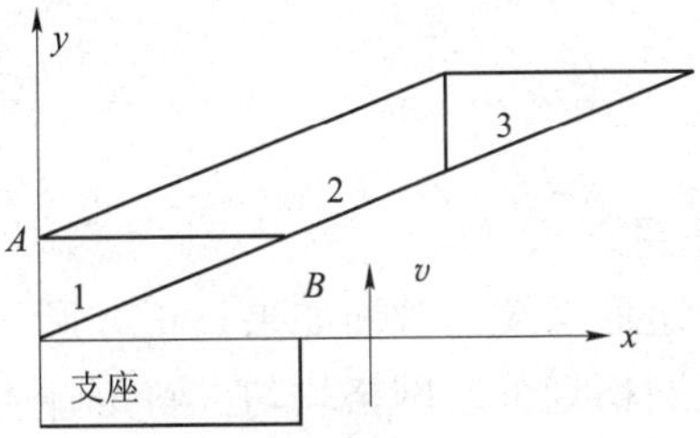

图 6－8　螺纹剪切示意图

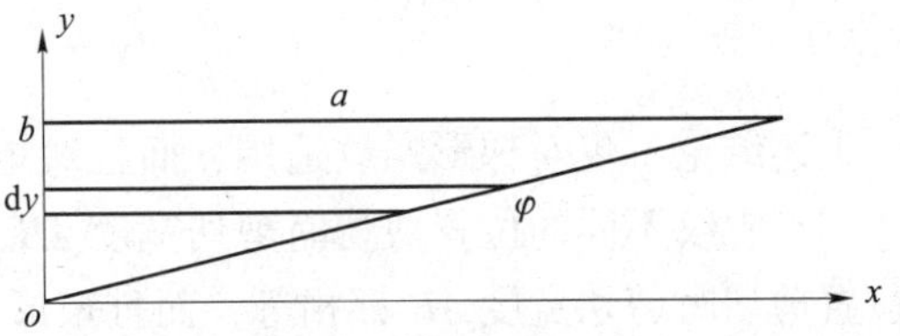

图 6－9　第一阶段

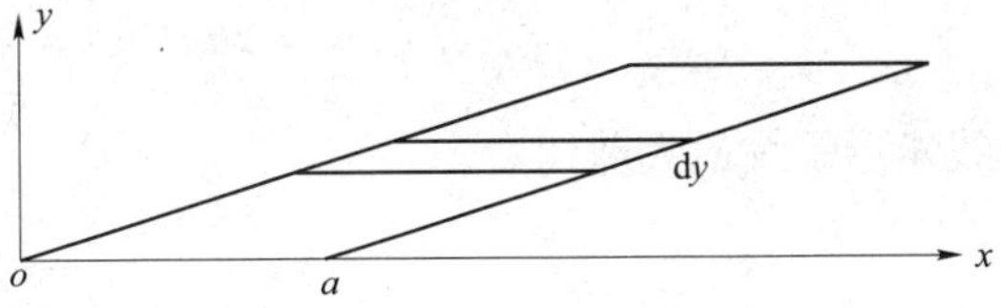

图 6－10　第二阶段

由图 6－9 可知，直角三角形斜边与 x 轴成的角就是螺纹的升角 φ，假设螺纹剪切位置为螺纹的中位线 b，支承从 o 到 b 的运动过程中，剪切位置始终垂直于 ob，即平行于 x 轴，表示始终沿螺纹的中线剪切螺纹。根据直角三角形面积公式，只要知道升角 φ 和矩形截面边长 b，三角形的面积就可以确定，进而可以确定螺纹的吸能，所以螺纹的选择只要抓住这两个关键参数即可。又由公式 $\varphi = \arctan \dfrac{S}{\pi d_2} = \arctan \dfrac{nP}{\pi d_2}$（$S$ 为升程，d_2 为螺纹中径）可知，螺距 P 与 φ 存在定量关系，是相关量，所以 φ 不是一个独立参数，而是一个综合参数。把 φ 分解为 P、n（n 为线数）、d_2 三个独立参数来考察，所以螺纹只要确定四个独立参数 P、n、d_2、b 就可以确定。

根据剪切机剪切金属轧件剪切力基本公式 $F = \tau \times$ 面积（τ 表示单位剪切面积上的剪切力），利用几何相似关系取微元为 $\mathrm{d}F(s) = \tau \dfrac{a}{b} y \mathrm{d}y$，沿 y 轴方向积分，得到瞬间剪切力公式：

$$F = \int_0^y \tau \frac{a}{b} y \mathrm{d}y = \frac{1}{2} \tau \frac{a}{b} y^2 \tag{6.16}$$

得到最大剪切力公式：

$$F = \int_0^b \tau \frac{a}{b} y \mathrm{d}y = \tau a \frac{b}{2} \tag{6.17}$$

整个三角形剪切面积中螺纹剪切吸收的能量为

$$E_1 = \int_0^b \tau \frac{a}{b} y^2 \mathrm{d}y = \frac{1}{3} ab^2 \tau \tag{6.18}$$

在第二阶段中，由于剪切长度始终为最长剪切长度图 6 - 8 中的线段 AB，所以整个受力都是最大的剪切力：

$$F = \int_0^b \tau \frac{a}{b} y \mathrm{d}y = \tau a \frac{b}{2} \tag{6.19}$$

这个过程支承相当于在 y 轴方向上走过了螺距 P（单线螺纹导程等于螺距 P）减去 b 的位移，b 为三角形剪切过程走过的位移。所以此过程吸收的能量

$$E_2 = F(S - b) = F(P - b) \tag{6.20}$$

所以剪切一个螺纹圈时的剪切力是一个分段函数：

$$F = \begin{cases} \int_0^y \tau \frac{a}{b} y \mathrm{d}y = \frac{1}{2} \tau \frac{a}{b} y^2 & (0 < y < b) \\ \int_0^b \tau \frac{a}{b} y \mathrm{d}y = \tau a \frac{b}{2} & (y > b) \end{cases} \tag{6.21}$$

上述结论不仅对梯形螺纹适用，而且对矩形螺纹也适用。

梯形螺纹不同的位置剪切时剪切宽度 AB 不相同，而矩形螺纹的截面如果是正方形，任何位置剪切时剪切宽度 AB 都相等，而且矩形螺纹有限元网格划分时网格均匀，斜角碰撞时的剪切稳定性比梯形螺纹好，所以选择正方形螺纹。

取 R_1 为矩形螺纹小径半径，则

$$a = 2\pi R \frac{b}{S} = 2\pi \left(R_1 + \frac{P}{4}\right) \frac{b}{S} \tag{6.22}$$

单线矩形螺纹最大剪切力

$$F = \tau a \frac{b}{2} = \tau \pi \left(R_1 + \frac{P}{4}\right) \frac{b^2}{p} \tag{6.23}$$

求最大剪切力时可以用材料的强度极限 σ_b 来计算，σ_b 与 τ_{max} 的换算关系为 $\tau_{max} = K_2 \sigma_b$（$K_2$ 为换算系数，对于钢一般为 0.6）。

能量公式方面，根据单线时的总能量公式

$$E = 2E_1 + E_2 = \frac{2}{3} ab^2 \tau + \tau a \frac{b}{2} (S - b) \tag{6.24}$$

把单线矩形螺纹 $a = 2\pi \left(R_1 + \frac{P}{4}\right) \frac{b}{p}$ 代入公式得到单线矩形螺纹吸能公式：

$$E = \frac{2}{3} ab^2 \tau + \tau a \frac{b}{2} (S - b) = \frac{4}{3} \pi \left(R_1 + \frac{P}{4}\right) \frac{b^3}{P} \tau + \tau \pi \left(R_1 + \frac{P}{4}\right) \frac{b^2}{P} (S - b) \tag{6.25}$$

以上公式只是截面为正方形，且牙顶宽、牙底宽、牙型高度都等于螺距的一半，即 $b = \frac{P}{2}$ 时的非常特殊的一种螺纹的情况。

通过对螺纹剪切过程进行静态力学特性分析可以发现，采用矩形螺纹，尤其是正方形螺纹，只有螺纹直径、螺距、截面宽 3 个变量为独立变量，这样可以大大减少设计参数数量，可以在正交试验设计的因素选择中减少盲目性，静态公式也使得设计人员可以更快找到相对合理的因素水平。

由于公式是在静态下推导的，而支承冲击螺纹的冲击过程属于高速非线性过程，且涉及材料塑性变形、失效过程，接触界面模拟中涉及的摩擦问题、阻尼问题等，试图考虑以下影响因素的修正：考虑支承比较厚，引入系数 K_1，取值为 1.15 ~ 1.20；考虑螺纹升角的影响，引入系数 K_2，取值为 0.2 ~ 0.6；考虑冲击效应，引入系数 K_3，取值为 1.85 ~ 2.80；考虑摩擦因素影响，引入系数 K_4，取值为 0.10 ~ 0.12。

推导出剪切力公式是为了在设计中估算减速度 a，以满足车辆碰撞的基本要求。设计时将人体头部减速度大小作为试验的重要参考指标，螺纹剪切过程中如果能够达到减速度平稳变化，且在人体所能承受的范围之内，而且速度能在剪切螺纹长度内减为零，便是设计所追求的目标。根据汽车碰撞安全法规，人体所能承受的减速度小于 $40g$。

由剪切力基本公式 $F = \tau A$ 知道，可以根据控制剪切面积来控制减速度，而剪切面积由两个参数升角 φ 和矩形截面边长 b 就能决定，所以可以通过控制 R_1、b 和 P 来达到控制减速度的目的。

推导能量公式主要是用来确定螺纹圈数，螺纹圈数乘以螺距便是剪切螺纹区间长度，所以根本目的是使速度能在剪切螺纹长度内减为零。

6.2.2 中空螺杆保直性分析的思路

结构优化就是在同样尺寸、同样面积的情况下使结构的承载能力更强。钢管的自重较小，由于它的体积小，但是结构的承载能力很合理，所有地方的受力都差不多，所以螺杆采用中空结构。中空杆的长度外径比在螺纹设计时就确定了，这也是吸能螺纹设计和中空螺杆设计的联系之处，就是说螺纹设计的结果得到的长度外径比，是中空螺杆设计中要用到的一个重要参数，螺纹设计完成，则长度外径比确定，只剩下中空直径 d 的取值。

左端是固定的，螺纹剪切的瞬间，左端的螺栓被破坏，所以轴向不是压缩稳定性问题，故螺杆的变形分析只考虑斜角撞击时的横向力分量。由于没有横向力作用下的螺杆的现成理论解法，同时如果直接按螺杆建立模型进行分析，涉及网格划分的对应问题和合并节点的容差问题，出现如图 6－11 所示螺纹与螺杆脱离的现象。

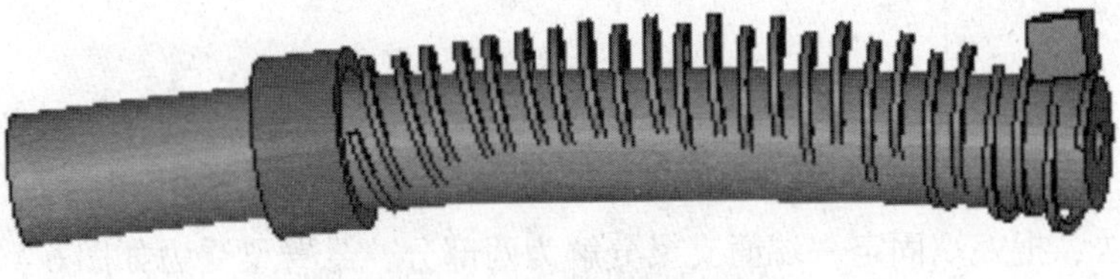

图 6－11　未改变容差时

如果不改变容差，这种现象比较严重。即使改变容差到 0.1，还是会出现如图 6－12 所示的情况。

图 6－12　改变容差到 0.1 时

针对螺纹与螺杆脱离的现象，笔者曾经尝试过几种思路，分别如下：把螺杆当作斜置加强肋和中间的中空圆柱的组合，则根据螺旋线的生成原理，就是多了一个螺旋升角的影响；把螺杆当作螺旋弹簧与杆的组合；把螺杆当作当量杆件来分析；把螺杆简单作为一个薄壳来处理；把螺杆当作一个空心截面杆来处理。最终本书根据螺纹中径的定义提出把螺纹的中径所在的假想圆柱作为中空螺杆的理论计算模型，螺纹的中径是一个假想圆柱的直径，该圆柱的母线上牙型沟槽和凸起宽度相等，如图 6－13 所示。

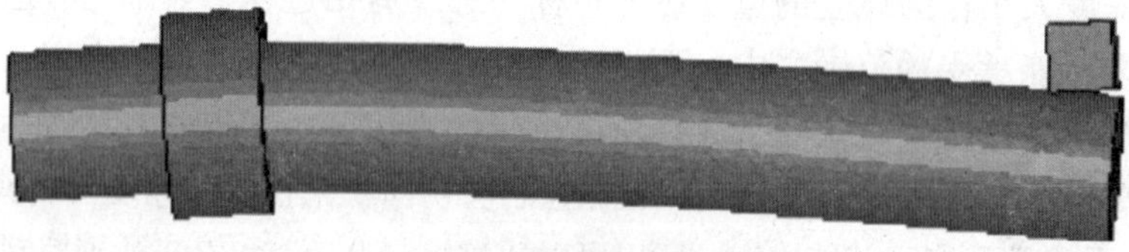

图 6－13　等效圆柱体

同时，如果把等效圆柱体作为螺纹吸能装置轻量化设计的理论模型，也可以带来很大的方便。采用这个计算模型，螺栓的质量与这个假想的圆柱的质量是一致的，这样装置的质量的估计就可以转化为当量体积的计算。采用当量圆杆对中空螺杆进行稳定性分析和质量优化设计对于螺纹剪切吸能装置的改进和优化，对实现低成本和轻量化的目标有着非常重要的意义。

1. 中空等效圆柱杆静力挠度理论分析

为了找到保证最小质量结构的正确方案，就必须熟悉哪些结构参数影响结构强度和刚度。现在对螺杆的等效中空圆柱杆模型对其在静力作用下的挠度情况进行分析，这一步骤可以作为正交试验设计时因素选择和分析的依据。计算简图如图 6－14 所示。

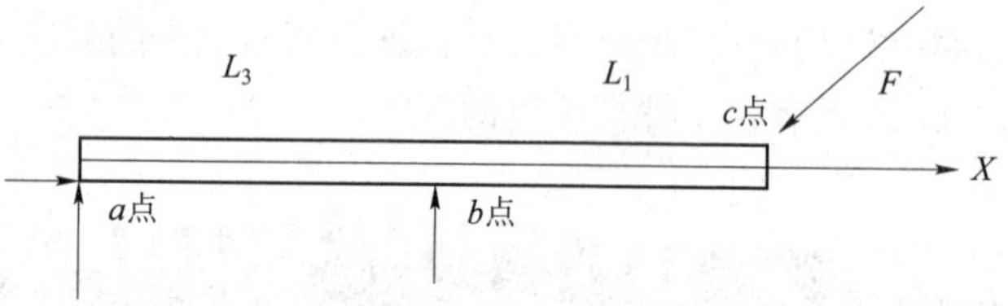

图 6－14　计算简图

根据叠加法，把一端固定一端简支梁分解为两部分，悬臂梁受力如图 6－15 所示固支部分受力如图 6－16 所示。弯矩方程为

$$M(x) = F(X - L_1) \tag{6.26}$$

利用积分法推导挠度公式如下：

$$EIf'' = -M(X) = F(L_1 - X) \tag{6.27}$$

$$EIf' = -\frac{1}{2}F(L_1 - X)^2 + C_1 \tag{6.28}$$

$$EIf = \frac{1}{6}F(L_1 - X)^3 + C_1X + C_2 \tag{6.29}$$

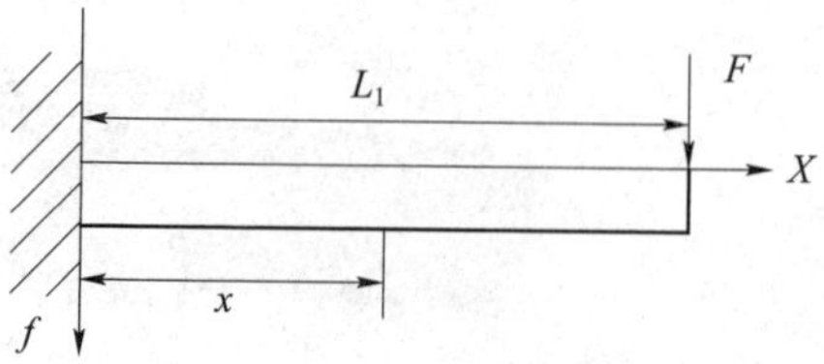

图 6－15　悬臂梁受力

用位移边界条件来求积分常数，悬臂梁 $f_0 = 0$，$\theta_0 = 0$。

得到弹性曲线方程

$$f(x)=\frac{F}{6EI}[(L_1-X)^3+3L_1^2X-L_1^3] \tag{6.30}$$

所以最大挠度以及最大转角分别为

$$\theta_{max}=\frac{FL_1^2}{2EI},\quad f_{max}=\frac{FL_1^3}{3EI}=f_{1c} \tag{6.31}$$

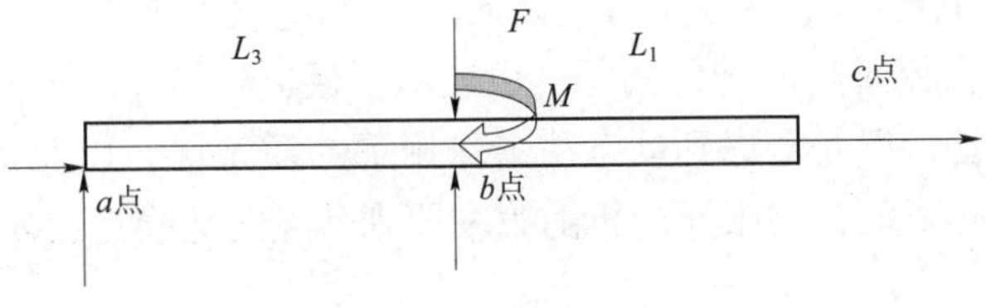

图 6－16　固支部分受力图

$$\theta_b=\frac{ML_3}{3EI_2} \tag{6.32}$$

由于 M 与外伸梁有关，$M=FL_1$，因此得到

$$\theta_b=\frac{L_3FL_1}{3EI_2},\quad f_{2c}=\frac{L_3FL_1^2}{3EI_2} \tag{6.33}$$

根据叠加法，一端固定一端简支梁总的挠度为

$$f_c=f_{1c}+f_{2c}=\frac{FL_1^3}{3EI}+\frac{L_3FL_1^2}{3EI_2} \tag{6.34}$$

式中，如果已知临界力 F 和设计允许的挠度，便可得到空心圆截面惯性矩 $I=\frac{\pi(D^4-d^4)}{64}$，进而得到中空直径的理论估计值，作为优化分析的初始值。根据上面得到的挠度公式可知，斜角撞击时进行中空等效圆柱的变形分析，独立参数应该为：两段螺杆长 L_3、L_1，中空直径 d，所选材料的参数 E，F 由速度 v 决定。

对于圆管，在动态冲击时有两个影响因素是准静态所没有的，其一是应变率效应，二是惯性效应，所以有必要进行动态冲击分析。碰撞速度不同会导致不同的动态效应。同等条件下，速度越高，则动态效应越明显。

2. 装置的轻量化理论模型探索

质量是结构完善性的重要指标，关于螺纹吸能装置的轻量化设计的理论模型，笔者曾经尝试过几种思路，前面已有阐述。这里重点介绍第一种思路，由于壳的结构设计理论是比较完善的，而且壳的质量由总体失稳时的载荷来决定。如果把螺杆当成网格加强肋和一个中空圆柱杆组成，即把螺杆的螺纹当成附加在网格上的额外的加强肋，螺纹有一定的高度，所以这个网格加强肋有一定的厚度。这样在变形分析时就把两部分的计算公式引入了，一个是壳的横向载荷公式，一个是杆的稳定性设计计算公式。而其他零件（如支承、固定件等）的质量，可按已有的类似结构的质量统计数据来估算。而对于壳零件，则必须根据初步设计中的强度计算结果来确定其质量特性，这时无须考虑各个零件的结构细节。比如对于网格加强肋，不用考虑其结构的细节（比如肋的分布、肋的间距和加强件的尺寸等），而只要确定出表明质量特性的当量厚度就够了。这样质量的近似计算就是当量厚度的计算，也就是说决定结构质量的主要参数是当量厚度$\delta_{当量}$，所以质量的近似估算就是计算当量壁厚$\delta_{当量}$，壳的曲率半径和壳长的改变并不引起壁厚的改变。所以此时，壳的质量只取决于壳的表面积的增加或减少。当量厚度就是假定把肋条沿壁表面均匀铺平后化为假想光壳的壳厚度，对于斜置正交网格壳：

$$\delta_{当量} = \delta + \frac{2ch + 0.86r^2}{b} + \frac{0.86r_1^2h - c^2h}{b^2} \tag{6.35}$$

式中，δ为光壳厚度、网格加强肋壁（蒙皮）厚、平板厚度；h为肋条高度；r为肋条和壳壁（蒙皮）连接圆角半径；c，s为环向、纵向（对于底则为径向）肋条宽度；b，a为环向、纵向（对于底则为径向）肋条的间距，也表示平板边长尺寸。

理论虽然比较完备，但是考虑到动态冲击作用下的复杂性，以及当今软件功能的强大，对模型做一些简化是必要的，有限元分析的第一原则就是简化模型，所以在后面章节采用了当量杆件这个模型。

6.2.3 吸能装置优化设计的整体思路

优化设计流程如图 6－17 所示。

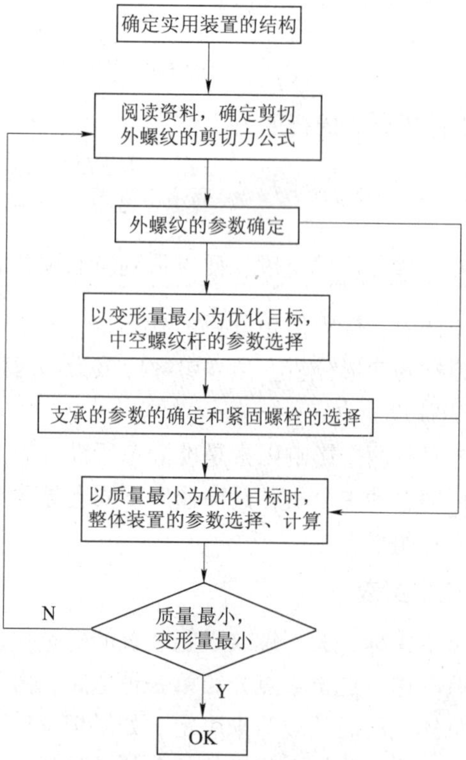

图 6－17　优化设计流程

6.2.4 本节小结

本节先对吸能装置结构方案的实用化思路进行阐述，然后分别对螺纹的正交优化设计、螺杆的正交优化设计和轻量化设计进行初步理论分析，并确定整个装置的设计思路和流程。本节是本书的核心。

6.3 外螺纹参数的正交优化设计

6.3.1 概述

由于静态的螺纹剪切力公式没有考虑速度的冲击效应，也没有考虑摩擦，所以不可能用传统的基于材料力学的设计方法进行设计。由于螺纹设计和参数优化过程中要反复做大量试验，而正交试验最大的优点就是可以用较少的试验次数准确而迅速地找到最佳的试验操作条件，所以要高效地设计出满足碰撞安全要求的螺纹剪切吸能装置，必须联合应用正交试验设计方法和动态显式有限元方法对螺纹的设计变量进行参数优化。

6.3.2 矩形螺纹的建模技术

1. 螺旋线方程的推导

根据螺旋线的参数方程 $x = a\cos\omega t$，$y = a\sin\omega t$，$z = vt$（其中，ω，v 都是常数），圆柱螺旋线的生成原理是，螺旋线的生成是通过两个运动合成的，一个是绕 Z 轴旋转，一个是沿着 Z 轴方向上升，所以旋转运动是匀速旋转运动，上升运动是匀速上升运动，所以在圆柱坐标系中，螺旋线上的点的坐标的规律是 r 不变，因为螺旋线上的点始终在圆柱面上。θ，z 都是按比例变化，以 θ 取 18°为例，就是说每 18°一个点，一个导程总共 360°，可以认为螺旋线有 20 个点，所以在柱坐标系下 $y = i * 18$，Z 坐标的比例系数取决于点的数目，点的数目取决于 θ，所以此时柱坐标系下 $z = i * (H/20)$，式中 $H/20$ 的含义是，方程中速度 v 取 $H/20$，其中 H 为螺旋线长度。可见，柱坐标系下 y 的表达式和 z 的表达式是有关系的，z 的表达式中的分段数 n 由 y 的表达式决定，所以修改程序时要同时修改。

根据上面的分析，圆柱螺旋线 APDL 参数建模的思路就是，以一个导程考虑，即一个螺纹圈考虑，由 y 的表达式已经知道点在 Z 方向上要取多少个点，而根据螺旋线的性质，一个导程，螺旋线在 Z 方向走的距离总是一个螺距长，相当于 Z 方向的总位移已知，就是螺距。而点在 Z 方向的运动情况是匀速运动，根据物理运动学可知，每个点之间的距离是一样的，就是总位移除以段数，因为有 21 个点（原点、循环初始点），所以段数是 20，$i/20$ 表示该段是 20 个段中的第几段来均匀化；同理，如果点在 Z 方向上做匀加速直线运动，各点的坐标也可以利用这个运动学特点来确定，最终形成变螺距圆柱螺旋线。

2. 矩形螺纹剪切吸能装置动态分析模型的建立

步骤一：先建立螺纹实体，如图 6－18 和图 6－19 所示。

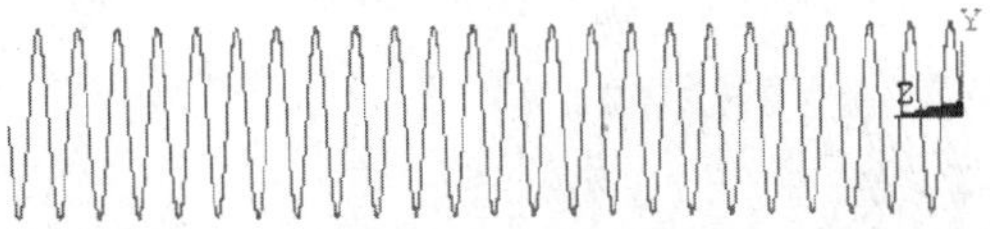

图 6－18　螺旋线

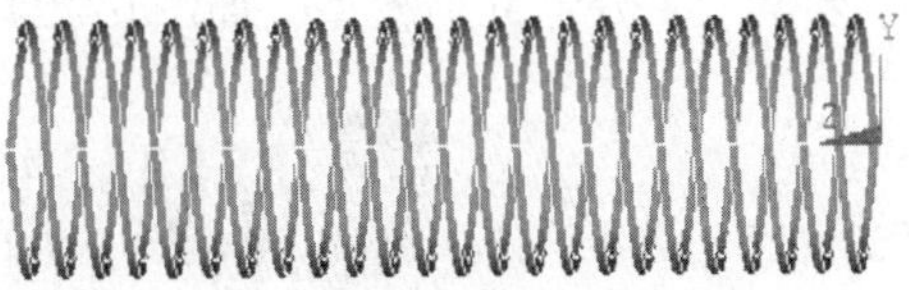

图 6－19　双线螺纹实体

步骤二：由于计算机内存、显卡等硬件的关系，先对两圈螺纹实体进行网格划分，如图 6－20 所示，同时注意螺纹与螺杆的网格划分匹配，如图 6－21 所示。

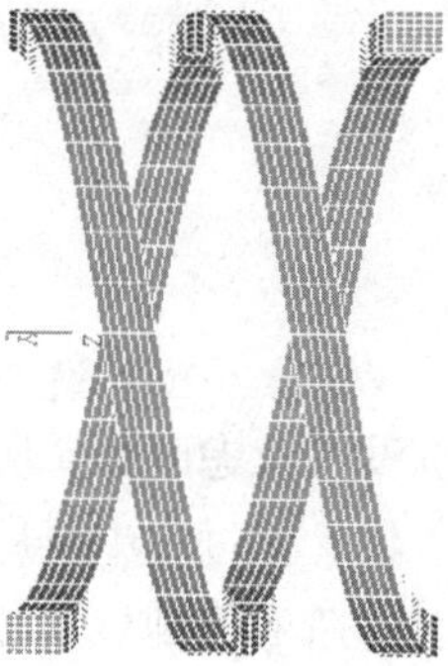

图 6-20 双线螺纹

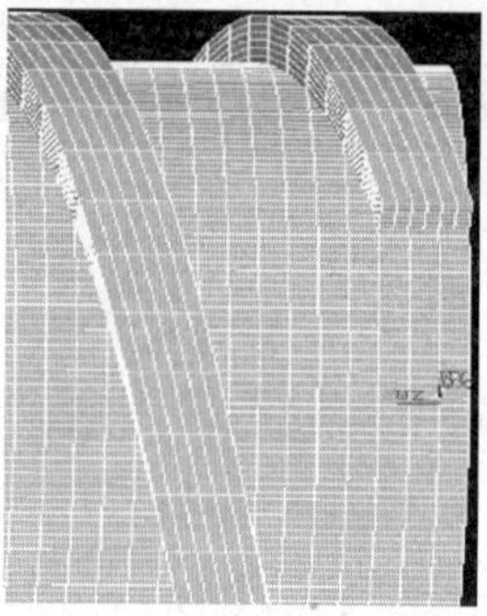

图 6-21 螺杆划分局部放大图

步骤三：通过复制的方式，依次划分各圈螺纹，最终效果如图 6-22 所示。

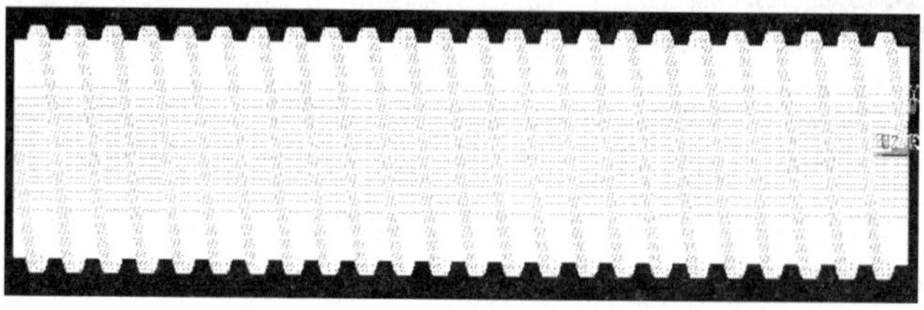

图 6-22 螺杆的网格划分

步骤四：依次建立支承的模型，并划分网格，注意模型之间的初始间隙，如图 6-23 所示。

图 6-23 双线整个装置网格划分

3. 矩形螺纹正撞分析模型的建立

由于螺杆网格划分时，螺杆和螺纹连接部分的网格划分要匹配，同时要修改合并节点的容差，这样网格划分不仅麻烦，而且计算过程中容易出现螺纹脱落，而本章设计的对象是螺纹部分，所以对螺杆进行简化是必要的。螺杆用螺纹的固定约束代替。矩形螺纹正撞分析模型的建立步骤如下：

步骤一：建立几何模型，如图 6-24 所示。

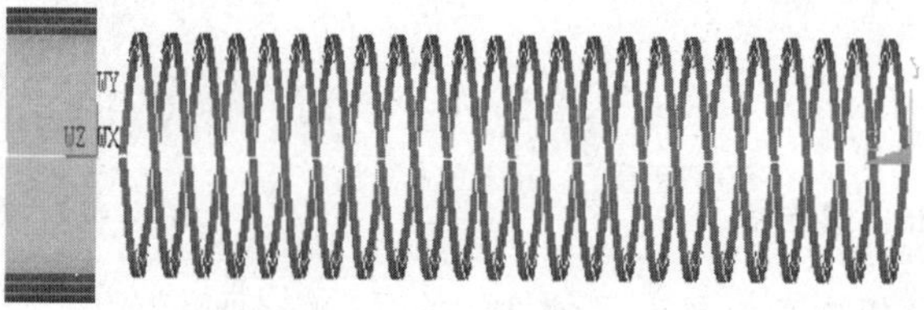

图 6-24 几何模型

步骤二：划分网格，如图 6－25 所示。

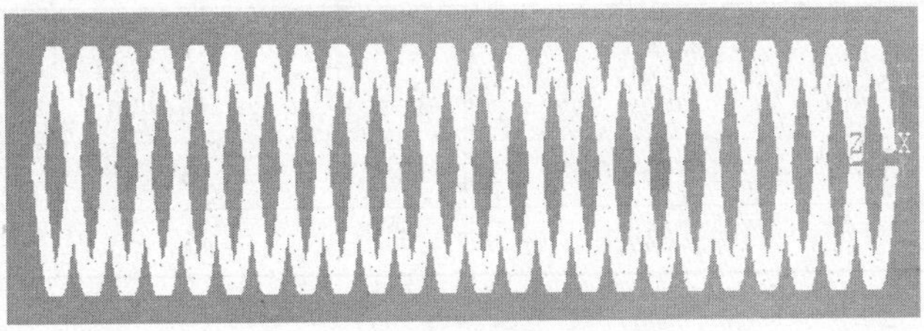

图 6－25　双线螺纹网格划分

步骤三：建立有限元模型，如图 6－26 所示，并对螺纹和支承进行约束，如图 6－27 所示。

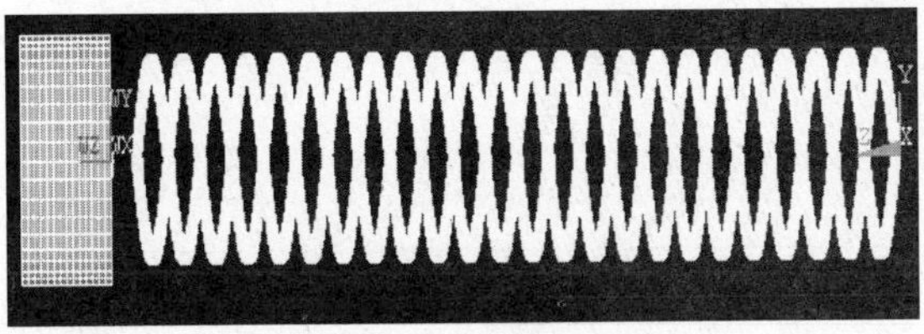

图 6－26　有限元模型

图 6－27　螺纹和支承的约束

支座采用刚体材料，以一定的速度（如 13.89 m/s）冲击装置，在支座的两个节点上附加质量。双线螺纹采用 Q235 材料，用＊Mat_Plastic_Kinematic 材料模型模拟，采用 T－MM－S 单位制，弹性模量 $E=200\ 000$ MPa，泊松比 $\mu=0.27$，密度 $\rho=0.786\ 5\times e^{-8}$ t/mm^3，屈服强度 $\sigma_b=240$ MPa，剪切模量 $E_T=763$ MPa，应变率系数 $c=40$，$p=5$，失效应变 $\varepsilon_f=0.75$。支座与外螺纹接触类型采用＊Eroding_Surface_To_Surface。

6.3.3　外螺纹参数的正交优化设计

1. 趋势分析

由静态剪切力公式可见，正方形螺纹只要确定三个独立参数 R_1、b 和 P 就可以确定。在仿真试验中，将加速度峰值作为一个评价指标，固定其他变量，分别研究螺纹的 P、R_1、b 对加速度的影响，为正交试验设计时因素和水平的选择提供依据。

1）螺纹小径半径 R_1 对加速度的影响

取螺距 16 mm，宽 4.5 mm，根据前面步骤建立有限元模型，试验结果如表 6－1 和图 6－28 所示。g 取 9.81×10^3 mm/s^2。

表 6-1　螺杆半径与加速度

试验编号	螺杆半径 R_1/mm	加速度 a/g	试验编号	螺杆半径 R_1/mm	加速度 a/g
1	15	12.033 0	3	30	31.755 0
2	19	19.317 0	4	35	39.687 5

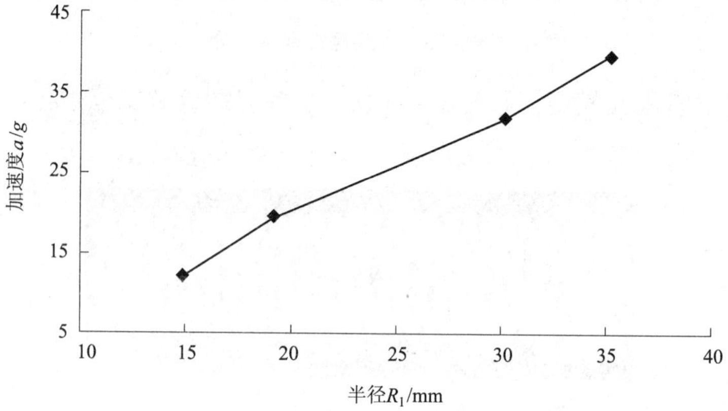

图 6-28　螺纹小径半径与加速度曲线

图 6-28 表明，其他参数一定时，螺纹小径半径 R_1 与加速度基本呈线性关系，与公式相符。

2）螺距 P 对加速度的影响

取螺杆半径 30 mm，宽 5.2 mm，根据前面步骤建立有限元模型，试验结果如表 6-2 和图 6-29 所示。

表 6-2　螺距与加速度

试验编号	螺距 P/mm	加速度 a/g	试验编号	螺距 P/mm	加速度 a/g
1	12	46.871 0	4	24	21.879 0
2	16	33.646 0	5	28	17.832 0
3	20	25.576 0	6	36	14.884 0

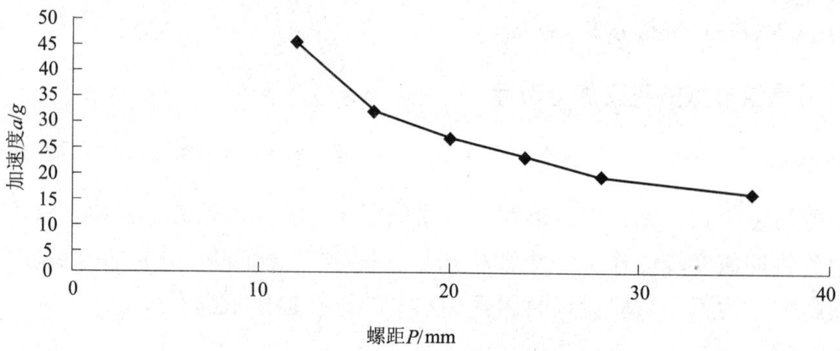

图 6-29　螺距与加速度曲线

图 6－29 表明，螺距 P 与加速度基本成 x^{-1} 函数关系，与公式相符。

3）矩形截面宽 b 对加速度的影响

取螺杆半径 30 mm，螺距 16 mm，根据前面步骤建立有限元模型，试验结果如表 6－3 和图 6－30 所示。

表 6－3　截面宽与加速度

试验编号	宽 b/mm	加速度 a/g	试验编号	宽 b/mm	加速度 a/g
1	4.0	28.809 0	4	5.2	38.897 0
2	4.4	32.854 0	5	5.6	40.756 0
3	4.8	36.983 0	6	6.0	56.915 0

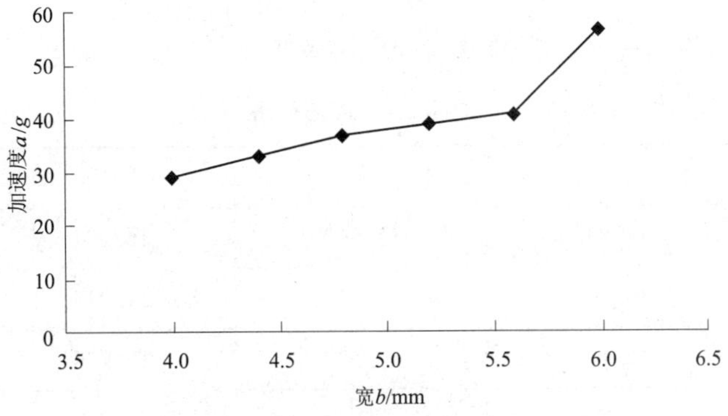

图 6－30　矩形截面宽与加速度曲线

图 6－30 表明，其他参数一定时，截面宽 b 与加速度基本成 x^2 函数关系，与公式相符。

2. 正交试验结果及分析

正交试验结果、效应曲线、极差分析分别如表 6－4、图 6－31 和表 6－5 所示。

表 6－4　正交试验结果

所在列	1	2	3	4	
因素 / 水平	A	B	C	D	结果
试验 1	30	4.0	12	4.0	16.923 4
试验 2	30	4.4	14	4.4	18.890 5
试验 3	30	4.8	16	4.8	17.684 4
试验 4	35	4.0	14	4.8	16.239 5
试验 5	35	4.4	16	4.0	14.806 6
试验 6	35	4.8	12	4.4	16.349 8
试验 7	40	4.0	16	4.4	14.235 5
试验 8	40	4.4	12	4.8	15.578 3
试验 9	40	4.8	14	4.0	18.674 3

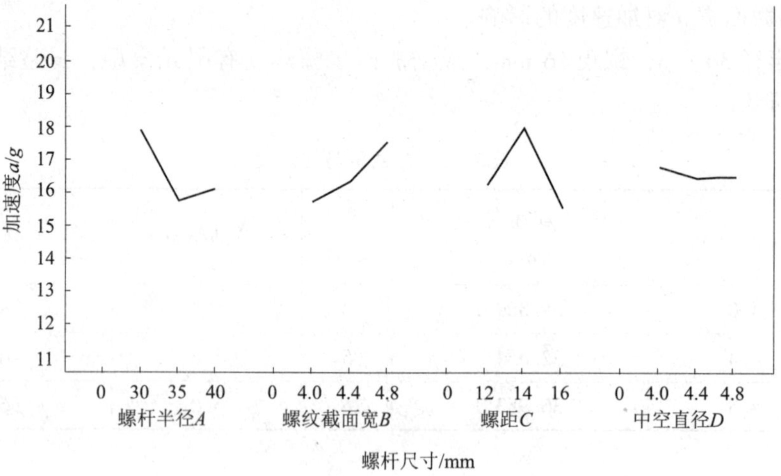

图 6-31　效应曲线

表 6-5　极差分析

因素均值	A	B	C	D
1	17.833	15.799	16.284	16.801
2	15.799	16.425	17.935	16.492
3	16.163	17.570	15.576	16.501
极差	2.034	1.771	2.359	0.309

从加速度这方面来说，即加速度越小越好，则此时各因素、水平的最优组合为 A2B1C3。

由表 6-6 可得，当显著性水平 $\alpha = 0.05$ 时，螺纹的 3 个设计变量中，螺杆半径 A、螺纹截面宽 B、螺距 C 为显著性变量。最优组合中 $A=35$ mm，$B=4.0$ mm，$D=16$ mm 正好是其最好的水平。

表 6-6　方差分析

偏差来源	偏差平方和	自由度	F 比	F 临界值	显著性
A	7.059	2	37.952	19.000	*
B	4.834	2	25.989	19.000	*
C	8.793	2	47.274	19.000	*
D	0.186	2	1.000	19.000	
误差	0.19	2			

3. 最优参考值的仿真分析

为了证实上面的推断结果，并找出最优解，需要对上面直观分析的最优参数组合 A2B1C3 进行分析。螺纹剪切过程和减速度如图 6-32 和图 6-33 所示。

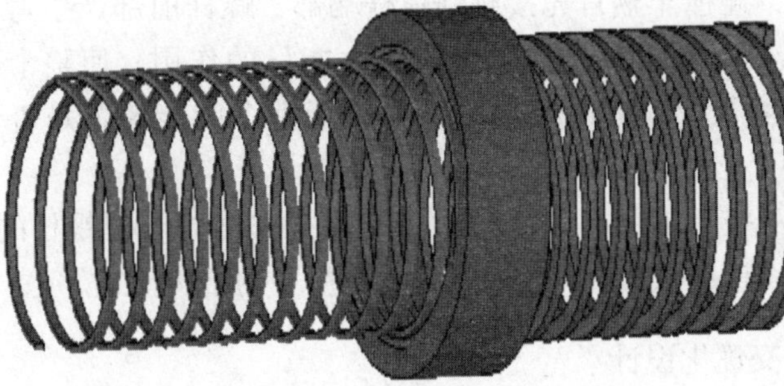

图 6－32　螺纹剪切过程

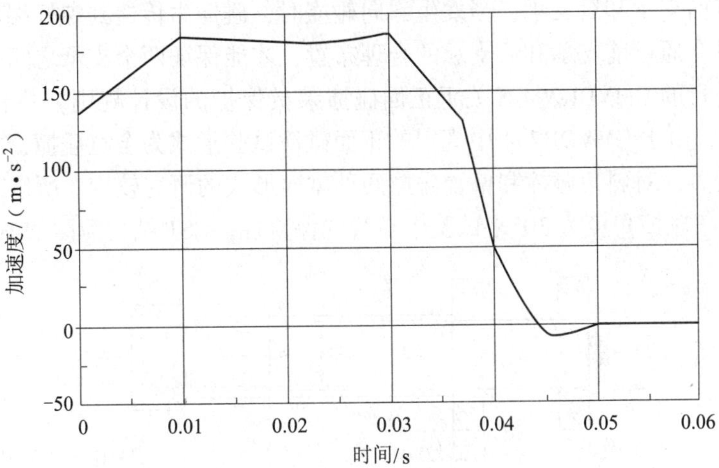

图 6－33　减速度

6.3.4　本节小结

本节主要介绍了吸能装置的 APDL 建模技术，并且通过对螺纹直径、螺距、截面宽 3 个变量进行初步分析，验证了用静态力学公式进行经验分析的可靠性，这样可以大大减少在正交试验设计时因素选择的盲目性，更快找到相对合理的因素水平，然后通过正交优化设计，得到螺纹的最优参数组合。

6.4　中空螺杆的正交优化设计

6.4.1　概述

寻求最佳结构设计方案是一个十分复杂的过程，其主要工作，一是保证载荷的最佳使用条件；二是在考虑工艺性和经济性的同时，选用有利于获得最小质量结构的零件形状和材料。

螺纹剪切式汽车碰撞吸能装置，是一种新概念智能化汽车碰撞吸能结构。螺杆是整个装置最重要的承载件，该装置对于100%的正面碰撞具备一定吸收碰撞时产生的巨大能量的能力，但如果是斜碰撞，碰撞车辆首先接触到螺杆端部，螺杆前部产生弯曲，不能保证沿轴向冲击螺杆上的外螺纹，起不到碰撞时吸收巨大能量的作用，使整个吸能装置失效。所以螺杆能否保持弯曲率很低或者不弯曲的能力对于整个吸能装置是否真正起作用是至关重要的。

同时螺杆的质量占整个装置质量的2/3，所以保证斜角撞击时螺杆的稳定性的同时，寻求切实可行的轻量化设计途径之一就是对螺杆采用中空的结构形式。

6.4.2 螺杆的正交优化设计

1. 螺杆的受载情况

螺杆上装有前支承和后支承，当发生斜向碰撞时，碰撞力传递到螺杆端部，使螺杆发生一定的弯曲，只有通过前支承和后支承的合理布置，才能保证两个支承之间的螺杆弯曲非常小。我国目前施行的CMVDR294《关于正面碰撞乘员保护的设计规则》中汽车正碰的标准车速是50 km/h，由于CMVDR294中规定的正面碰撞试验形式为全宽碰撞，故我国目前对全宽碰撞的研究较多，对斜角碰撞和偏置碰撞两种碰撞形式的研究较少。所以采用正碰时车速为50 km/h，斜角碰撞角度为30°来试验中空管的保直性。CST结构简图如图6-34所示。

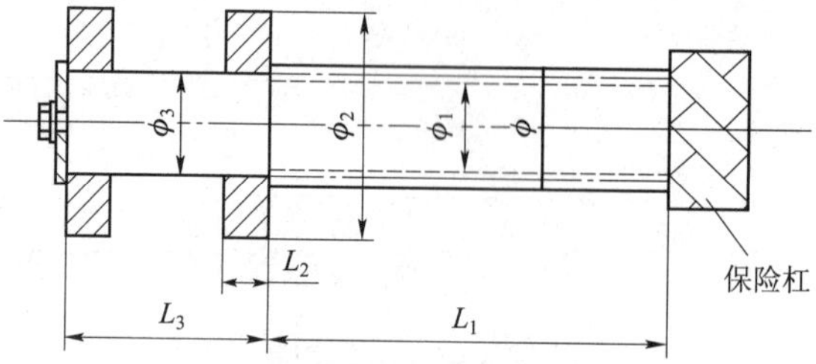

图6-34 CST结构简图

2. 计算模型的确定

由于没有横向力作用下的螺杆的现成理论解法，以及直接按螺杆建立模型分析出现的螺纹与螺杆脱离的现象，本章第三节根据螺纹中径的定义提出把螺纹的中径所在的假想圆柱作为中空螺杆的理论计算模型。这里只讨论关于边界条件的简化，简化思路如下：左端是固定的，螺纹剪切的瞬间，左端的螺栓破坏，所以左端的那个支承用固定约束代替。

如图6-35所示，30°斜角碰撞时，轴向不是轴向压缩稳定性问题，所以螺杆的变形分析只考虑斜角撞击时的横向力分量。

最终采用图6-36所示模型进行计算。

3. 有限元模型的建立

支座采用模型，周向固定约束，重物以一定的速度（如13.89 m/s）冲击装置，在重物的两个节点上附加质量，X，Z方向约束自由度。螺杆采用Q235材料，用 *mat_elastic 材料模型模拟，采用T-MM-S单位制，弹性模量 E = 200 000 MPa，泊松比 μ = 0.27，密度 ρ = 0.786 5e^{-8}t/mm^3，支座与螺杆接触类型采用 *Automatic_surface_to_surface，螺杆与重物之间采用 *Automatic_surface_surface。

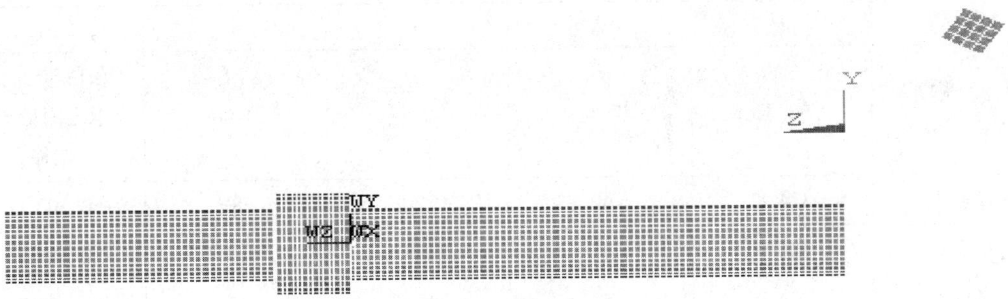

图 6－35　斜角撞击

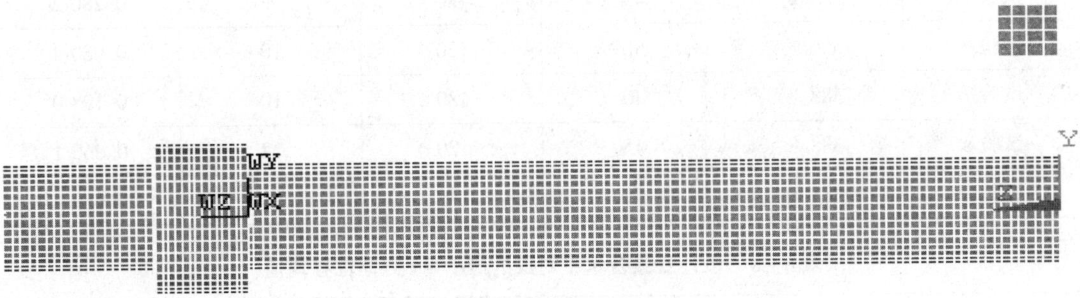

图 6－36　等效圆柱横向撞击

中空等效圆杆的变形分析在第 3 章已进行阐述，并且通过螺纹的正交优化设计，得到了螺纹的最优参数组合：$A = 35$ mm，$B = 4.0$ mm，$D = 16$ mm。本书在螺纹最优参数组合的基础上，初步建立螺杆有限元分析模型。螺纹剪切宽 4.0 mm，螺距 16 mm，螺纹长 380 mm,，螺纹外径 70 mm，材料 Q235，支承的宽 L_2 为 45 mm。冲击重物质量为 1 000 kg，撞击速度为 13.89 m/s，弹性模量 E 由材料选择决定，取 210 GPa，碰撞力 F 取 339 kN，这样根据设计允许的挠度为 125.0 mm，得到中空直径的理论估计值为 10 mm。

4. 正交试验设计

根据正面碰撞螺纹模型建立中空等效圆杆的有限元模型如图 6－37 所示，利用正交试验方法，采用 $L(9)_3^4$ 正交试验表，以两支承之间的螺杆部位的变形量为评价指标，对两段螺杆长 L_3、L_1，中空直径 d，支承的宽 L_2 这 4 个参数进行优化（见表 6－7 ~ 表 6－9）。

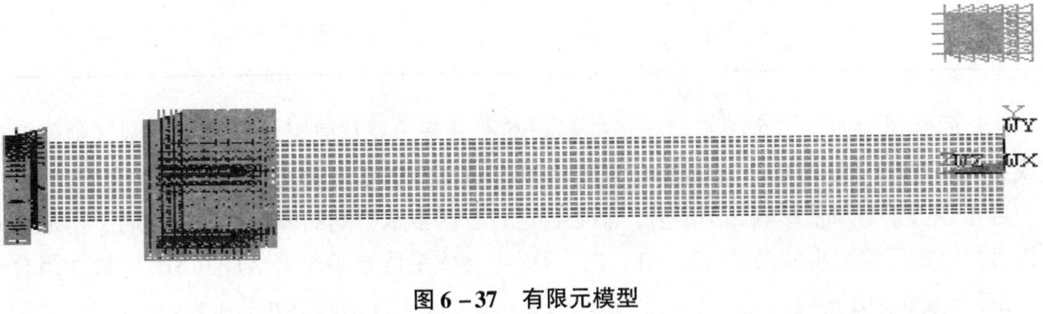

图 6－37　有限元模型

表 6-7　正交试验结果

所在列	1	2	3	4	结果
因素 / 水平	A：L_1	B：L_2	C：L_3	D：d	第 13 步，支承之间最小位移
试验 1	324.8	40	120	8	0.107 1
试验 2	324.8	45	148	10	0.184 5
试验 3	324.8	50	180	12	0.409 7
试验 4	356.8	40	148	12	0.131 5
试验 5	356.8	45	180	8	0.280 2
试验 6	356.8	50	120	10	0.080 4
试验 7	388.8	40	180	10	0.198 0
试验 8	388.8	45	120	12	0.066 1
试验 9	388.8	50	148	8	0.089 2

表 6-8　设计变量各水平对应的最小 $-y$ 方向位移均值

因素 / 均值	A	B	C	D
1	0.234	0.146	0.085	0.159
2	0.164	0.177	0.135	0.154
3	0.118	0.193	0.296	0.202
极差	0.116	0.047	0.211	0.048

表 6-9　方差分析

偏差来源	偏差平方和	自由度	F 比	F 临界值	显著性
A	0.020	2	1.000	19.000	
B	0.004	2	0.200	19.000	
C	0.073	2	3.650	19.000	
D	0.004	2	0.200	19.000	
误差	0.02	2			

F 检验结果表明，三个因素对产量的影响都不显著。究其原因，可能是本例试验误差大且误差自由度小（仅为 2），使检验的灵敏度低，从而掩盖了考察因素的显著性。

由于各因素对增重影响都不显著，不必再进行各因素水平间的多重比较。此时，可从直观分析表中选择平均数小的水平 A3、B1、C1、D2 组合成最优水平组合 A1B3C3D1。最优组合中 A3 = 388.8 mm，B1 = 40 mm，C1 = 120 mm，D2 = 10 mm 正好是其最好的水平。

5. 最佳参数验证

为了证实上面的推断结果，并找出最优解，需要对上面直观分析的最优参数组合进行仿真分析。$-y$ 方向位移（挠度）云谱图如图 6－38 所示。

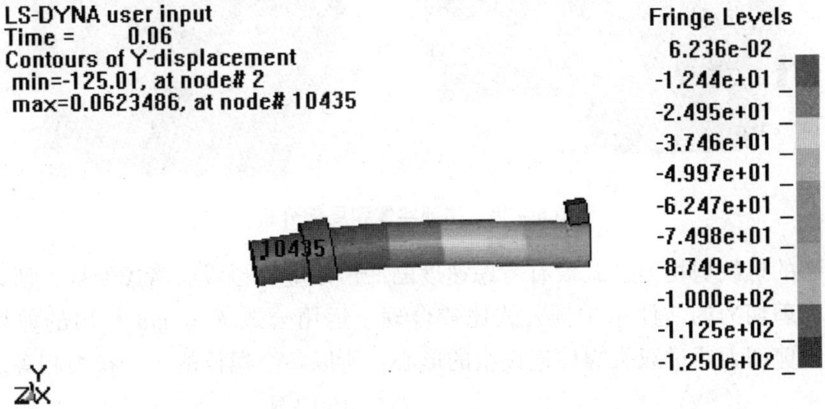

图 6－38　$-y$ 方向位移（挠度）云谱图

根据结果显示，此时支承之间的 10435 节点 y 向位移量为 0.062 3，杆端最大 y 向位移为 125.01，满足设计要求，为变形量最小的情况。

6.4.3　本节小结

本节采用中空等效圆柱杆作为螺杆在斜角撞击时的计算模型，并通过载荷的简化，利用正交试验设计方法进行有限元分析，以保证额定碰撞速度下适当的变形量为前提，对中空管的壁厚、支承布置进行优化和选择，得到螺杆与支承布置的最优参数组合。这样的设计流程可以大大节省时间和费用，提高设计效率，对于螺纹剪切吸能装置的改进和优化，对实现低成本和轻量化的目标有着非常重要的意义。

6.5　紧固螺栓和轻量化设计

6.5.1　概述

吸能装置是通过拆卸方式连接到车身结构的，支承和没有螺纹的杆端紧固以后装入纵梁中，螺杆端放在纵梁外面，与保险杠相顶住，装置中 L 的设计长度范围应该是 $L<180$ mm，外伸螺杆的直径因为介于纵梁和保险杠之间，是可拆卸式的安装，所以在纵梁端部直径不受限制，支承直径受纵梁尺寸限制。这样汽车发生碰撞后，碰撞中的破坏性变形只发生在该装置上，而车身不会发生破坏性变形。只需要将该装置进行更换便能处理。可见装置左端的连接件不仅起固定作用，同时要尽可能地保证支承与螺纹的剪切部位对齐，以便在发生汽车碰撞时，顺利地进行螺纹剪切。螺纹连接是常见的一种可拆连接。螺纹连接类型繁多，用于连接件较厚的情况的有螺钉连接和双头螺柱连接，为了装拆方便，选用双头螺柱连接。图 6－39 所示为端部实体和局部分析。

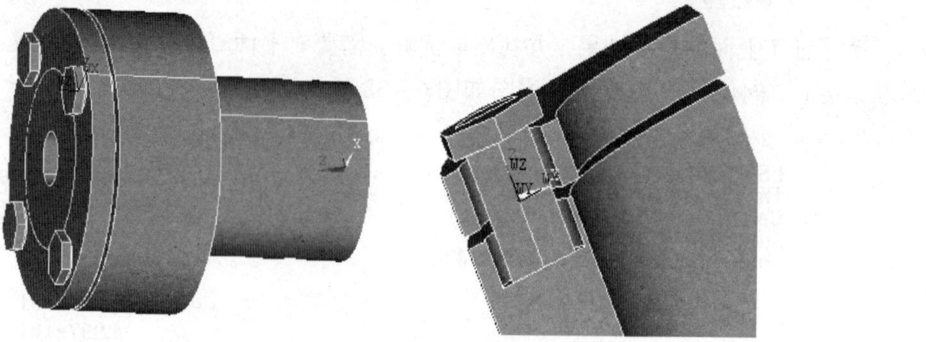

图 6－39　端部实体和局部分析

由于静态的螺纹剪切力公式没有考虑速度的冲击效应，也没有考虑摩擦，所以缺少修正系数，故最大剪切力的估计用牛顿公式比较合理。运用公式 $F = ma$ 得出的剪切力值约为 150 kN，假设剪切力通过双头螺柱连接组的形心，所以各个螺栓的工作拉力相等。即

$$F = F_1 = F_2 = F_3 = F_4 = \frac{150\ \text{kN}}{4} = 37\ \text{kN} \tag{6.36}$$

残余预紧力为

$$Q'_p = 0.8F = 37\ \text{kN} \times 0.8 = 29.6\ \text{kN} \tag{6.37}$$

因此每个螺栓的总拉力为

$$Q = Q'_p + F = (37 + 29.6)\text{kN} = 66.6\ \text{kN} \tag{6.38}$$

双线螺纹采用 Q235 材料，用 * MAT_PLASTIC_KINEMATIC 材料模型模拟，屈服强度 $\sigma_b = 240$ MPa，而螺栓性能等级分为 9 级，标记代号依次为：3.6、4.6、4.9、5.6、6.8、8.8、9.8、10.9、12.9。4.6 级螺栓表示为 $\sigma_b \geq 400$ MPa，$\sigma_s \geq 240$ MPa。

同时螺栓的常用材料有低碳钢 Q215、10#钢和中碳钢 Q235、35#钢和 45#钢等，所以螺柱的材料根据剪切力的估计和螺纹材料的选择，暂时选用 4.6 级 45#钢，由表 6－10 查得。

表 6－10　螺栓的强度级别（摘自 GB 38—1976）

强度级别（标记）	4.6	4.9	5.6	5.9	6.6	6.9	8.8	10.9	12.9
抗拉强度极限/MPa	400		500		600		800	1 000	1 200
屈服极限/MPa	240	360	300	450	360	540	640	900	1 080
硬度 HB	110		145～216		175～255		230～305	295～375	355～430
推荐材料	A15 A3	10 A2	25 35	15 A3	45	35	35 45	40Cr－15MnVB	30CrMn－Si15MnVB
相配螺母的强度级别	5						6	8	10

$\sigma_s = 240$ MPa，假设 $d = 10$ mm，装配时不控制预紧力，由表 6－11 取安全系数得 $n = 4$，根据公式 $[\sigma] = \frac{\sigma_s}{n}$ 得到许用应力为

$$[\sigma] = \frac{\sigma_s}{n} = \frac{240}{4} = 60(\text{kPa}) \tag{6.39}$$

由

$$d_1 \geqslant \sqrt{\frac{4 \times 1.3Q}{\pi[\sigma]}} \tag{6.40}$$

得

$$d_1 \geqslant \sqrt{\frac{4 \times 1.3Q}{\pi[\sigma]}} = \sqrt{\frac{4 \times 1.3 \times 66.6 \times 1\,000}{\pi \times 60}} \approx 10(\text{mm}) \tag{6.41}$$

由表 6－12 得，$d_1 \approx 10, d = 12$，所以取 M12。

表 6－11　安全系数 n

装配情况	公称直径 / 螺栓材料	载荷性质 静载荷 M6～M16	静载荷 M16～M30	变载荷 M6～M16	变载荷 M16～M30
紧连接（不控制预紧力）	碳素钢	4.0～3.0	3.0～2.0	10～6.5	6.5
	合金钢	5.0～4.0	4.0～2.5	7.5～5.0	5.0
紧连接（控制预紧力）	碳素钢	1.2～1.5		1.2～1.5	
	合金钢				
松连接	碳素钢	1.2～1.7		—	
	合金钢				

表 6－12　普通粗牙的外径、内径和根部面积（摘自 GB 196—1963）

螺纹直径/mm 外径	螺纹直径/mm 内径 d_1	剖面积 A_c/mm^2	螺纹直径/mm 外径	螺纹直径/mm 内径 d_1	剖面积 A_c/mm^2
6	4.918	17.9	24	20.752	324.3
7	5.981	26.1	27	23.752	427.1
8	6.647	32.9	30	26.211	518.9
9	7.647	43.7	33	29.211	633.0
10	8.376	52.3	36	31.670	759.5
11	9.376	65.8	39	34.670	912.9
12	10.106	76.3	42	37.129	1 045.2
14	11.835	104.7	45	40.129	1 224.0
16	13.835	144.1	48	42.588	1 376.7
18	15.294	174.4	52	46.588	1 652.0
20	17.294	225.5	56	50.046	1 905.2
22	19.294	281.5	60	54.046	2 227.0

6.5.2 装置的轻量化设计初探

本简易装置共四个零件，一个螺杆，左右两个支承，四个用来紧固用的螺栓。根据受载情况分为三种零件：满足强度要求的零件即螺纹；要求稳定性的壳体即螺杆；非承力零件即支承和螺栓。

其中螺杆的质量占整个装置质量的2/3，所以保证斜角撞击时螺杆的稳定性的同时，寻求整个装置切实可行的轻量化设计途径之一就是对螺杆采用中空的结构形式。对于稳定性的要求，前面螺杆的正交试验设计已经讲述过。下面主要讲螺杆的轻量化设计。

1. 螺杆轻量化设计的理论模型

针对工程产品进行优化设计，目的是能从众多的设计方案中寻得尽可能完善的设计方案，大大提高设计质量。螺纹吸能装置在满足设计性能和要求的前提下，需要从结构紧凑、减小质量、节省材料和降低成本等因素加以考虑。

在已知装置最大吸能能量、减速度、螺纹结构等基本设计要求的条件下，根据前面采用的等效圆杆模型可以方便地确定轻量化设计的目标，即在满足设计性能的情况下，螺杆和支承所占体积最少。

根据前面对螺杆稳定性的分析中提出的用等效圆杆代替螺杆的方法，螺杆和支承的体积的计算公式都为

$$V = \frac{1}{4}\pi(D_1^2 - D_2^2)l \tag{6.42}$$

式中，l 为螺杆长或支承的宽，D_1 为支承外径，D_2 为支承内径。所以装置轻量化设计的目标的就是体积和最小。然后再根据体积和材料的质量系数选择材料。

2. 材料的选用

正确选用材料可以从根本上改善产品性能和生产的经济性。选用材料是创造完善结构的一个重要过程。所选用的材料要保证最大限度地减小质量，同时又要考虑到其他一系列要求，比如价格等。

因为对于满足强度要求和满足稳定性要求的结构所使用的准则是不一样的。只有受力形式简单的零件，材料的质量效率问题才比较容易解决。这样反过来可以体现用中空等效圆杆进行螺杆设计的方便之处。

1）对于螺杆

属于在弹性极限以内工作的结构，机械性能的主要指标是材料的弹性模量 E，在这种情况下，弹性模量 E 可以取为常量。

对于要求稳定性的零件，决定其材料质量效率的主要参数是比刚度。

根据不同的壳和载荷状况分两种情况，即 $E^{1/2}/\gamma$ 和 $E^{0.4}/\gamma$。$E^{0.4}/\gamma$ 用于法向压力作用下的圆筒壳。

对于要求稳定性的零件，材料质量完善系数为钢的比刚度与被研究材料的比刚度之比。所以对于法向压力作用下的等效圆柱体：

$$K_G = \frac{(E^{0.4}/\gamma)_{钢}}{(E^{0.4}/\gamma)_{被研究材料}} \tag{6.43}$$

K_G 表示被研究材料制成的零件的质量是等强度钢壳质量的几分之几。选用密度小的材料是有利于轻量化的。

经过初步选择螺杆材料，选用 Q235 材料，以便与螺纹一起加工。

2）对于螺纹

螺纹属于满足强度要求的零件。满足最大比强度的材料，也具有最大的质量效率。所谓比强度，就是强度极限 σ_B 和密度 γ 之比，即 σ_B/γ。但是若用材料质量完善系数来进行比较就更为方便。

所谓材料质量完善系数 K_G，就是强度极限 $\sigma_B = 100\ \text{kg/mm}^2$ 的“标准”钢的比强度和被研究材料的比强度之比，即

$$K_G = \frac{(\sigma_B/\gamma)_{标准钢}}{(\sigma_n/\gamma)_{被研究材料}} \tag{6.44}$$

式中，$(\sigma_B/\gamma) = 12.8\ \text{km}$。

可见，系数 K_G 表示出由被研究材料制成的理想零件的质量是“标准”钢等强度零件质量的几分之几。借助标准钢，从两种被研究材料中，选用系数 K_G 较小的一种材料，就使得在满足强度要求下零件更轻。

经过初步选择，螺纹材料选用 Q235 材料。

3）对于支承和紧固件

支承和紧固件属于非承力零件。由于零件不受力，材料的密度就是决定质量的主要参数，质量完善系数就等于被研究的密度与钢的密度之比，即

$$K_G = \frac{\gamma_{被研究材料}}{\gamma_{钢}} \tag{6.45}$$

所以对于非承力零件，选用密度最小的材料，可以保证零件的质量最小。

经过初步选择支承选用 $45^{\#}$钢，螺栓 4.6 级 $45^{\#}$钢。

一个模型建好后，材料特性也输入完毕，要得到它的质量，可以采用 GUI 操作，在 prep7/中的“modeling”下的“operate”中选“calc geom items”选项，选择“volumes”一栏也可，或在“ansys”的运行一栏中键入“vsum，all”命令可以查看所建的体积选项，如果输入了密度，就会出现体积的质量以及质心和转动惯量等。

6.5.3 本节小结

本节通过针对吸能装置的安装方式，确定采用双头螺柱连接方式，并根据设计条件对螺栓进行了计算和选择，同时对整个装置的轻量化设计和材料的选择加以阐述，最终完成了对简易螺纹吸能装置的优化设计。

附录A

CST智能控制系统程序

```
#include <iom128v.h>                    //内部 RC 振荡器 8 MHz
#include <7279.h>

unsigned char ovf;
unsigned int speed = 0;
unsigned int H = 0;
unsigned int L = 0;
unsigned char mark;
unsigned char cst = 0;
unsigned char dry[6] = {23,32,42,53,66,79};
unsigned char wet[6] = {24,34,45,58,72,88};
unsigned char ice[6] = {30,43,60,79,100,125};

void _delay(unsigned int a)             //延时程序
    {
    unsigned int x;
    unsigned int y;
    for(x = 0;x < a;x++)
        for(y = 0;y < 60;y++);
    }

void led_display(unsigned char number,unsigned char value)
  {
   unsigned int temp = 0xc8;
   set_cs;
   send(temp|number);
   send(value);
  }
```

```
void printl(unsigned int shuju)                    //把四位数据转换成字符显示两位小数
  {
   unsigned char d[6] = {48,48,48,48,48,0};
   d[0] =shuju%10;
   d[1] =(shuju/1000)%10;
   d[2] =(shuju/100)%10;
   d[3] =(shuju/10)%10;
   led_display(3,d[0]);
   led_display(0,d[1]);
   led_display(1,d[2]);
   led_display(2,d[3]);
   }

void printh(unsigned int shuju)                    //把四位数据转换成字符显示两位小数
  {
   unsigned char d[6] = {48,48,48,48,48,0};
   d[0] =shuju%10;
   d[1] =(shuju/10)%10;
   d[2] =(shuju/100)%10;
   d[3] =(shuju/1000)%10;
   led_display(7,d[0]);
   led_display(6,d[1]);
   led_display(5,d[2]);
   led_display(4,d[3]);
   }

void Time1_init(void)                              //初始化 T1 捕获测速  PWM 输出
   {
     TCCR1A =0XC3;                                 //比较输出模式 3,10 位 PWM 模式
     TCCR1B| =0X4A;                                //上升沿输入捕获有效,时钟 8 分频
     TIMSK| =0X34;                                 //T1 捕获输入允许,溢出中断允许
     OCR1A =0X3ff;
   }

void Time3_init(void)                              //定时器 T3 初始化,普通计数模式  测距
     {
      TCNT3H =0X00;                                //清零定时器
      TCNT3L =0X00;
      TCCR3B| =0X00;                               // DEVIDE INPUT FREQUENCY TO 1024
```

```
    }

#pragma interrupt_handler key_check:5           //外部中断请求三  中断源 INT3
void key_check()
   {
   send(0x15);                                  //读键盘指令 0x15
   k = receive();
   //63   47
   //55   39
   set_cs;
   //printl(k);
   if(k = =39)
     {
     OCR1A + =0X80;
     if(speed >0)speed - =12;
     else speed =84;
     }
  if(k = =47)
     {
     OCR1A - =0X80;
     if(speed <84)speed + =12;
     else speed =0;
     }
  _delay(10000);
  }

void send_(unsigned char b)                     //发送脉冲函数
    {
     unsigned char m;
     unsigned char n;

     TCNT3H =0X00;
     TCNT3L =0X00;
     TCCR3B =0X01;                              //定时器 T3 开始计时
     for(m =0;m <b;m + +)
              {
              for(n =0;n <20;n + +);
              PORTB = ~PORTB;
              }
```

```
        EIMSK| =0X01;                          //开外部中断
      }

#pragma interrupt_handler recive:2
void recive(void)                              //收到回波中断
      {
       //EIMSK =0Xff;                          //关闭外部中断
       TCCR3B =0X00;                           //关闭定时器
       L = TCNT3L;
       H = TCNT3H;
      mark =1;
      }

#pragma interrupt_handler OVF1:15
void OVF1(void)                                //T1 溢出中断
{
   ovf + +;
}
/*****************************************************************
#pragma interrupt_handler CAPT1:12
void CAPT1(void)                               //T1 捕获中断(测速)
{

   unsigned int t1,t2;
   mc + +;
   if(mc = =1)   t1 =ICR1;
   if(mc = =5)
      {
       t2 =ICR1;
       speed =1000000.0/8/((float)t2 -(float)t1 +ovf *65535.0) *100;
     printl(speed);
      }
   if(mc = =6)                               //第一次捕获结束后重新捕获
      {
     mc =0;
     TCNT1 =0;
     ovf =0;
      }
}
```

```
**********************************************************************
**********/

void alarm(void)
{ cst = 1;
     PORTA = 0X80;
    _delay(20000);
     PORTA = 0X00;
}

void unalarm(void)
{
    PORTA = 0X40;
   _delay(20000);
    PORTA = 0X00;
    cst = 0;
}
void main(void)
{
   unsigned char i = 0;
   unsigned int way = 0;
   unsigned int _way = 0;
   unsigned char weather;
   unsigned char distance;
   SREG| = 0X80;                       //开全局中断
   EICRA| = 0X03;                      //上升沿触发 INT0 中断
   DDRB = 0XFF;                        //定义超声波发射端口
   PORTB = 0X01;
   DDRA = 0XC0;                        //CST 控制端口; PA7 正转; PA6 反转
   PORTA = 0X00;
   DDRC = 0X00;                        //行程开关输入端 PC4 PC5;天气输入开关
                                         PC0 PC1 PC2

   Time1_init();
   Time3_init();
   init_7279();
```

```
while(1)
{
weather = PINC&0X03;
distance = PORTC&0XF0;

  if(mark)
    {
    printl(speed);
    if(i<8) {i++;_way=_way+H;}
    else    {i=0;way=_way/8;printh(way);_way=0;}      //求平均值
    mark=0;

  if(weather==3)
     {switch(speed)
           {
           case 0:  break;
           case 12: break;
           case 24: break;
           case 36: if(way<dry[0]&&! cst) alarm(); if(way>=dry[0]&&cst) unalarm();break;
           case 48: if(way<dry[1]&&! cst) alarm(); if(way>=dry[1]&&cst) unalarm();break;
           case 60: if(way<dry[3]&&! cst) alarm(); if(way>=dry[3]&&cst) unalarm();break;
           case 72: if(way<dry[4]&&! cst) alarm(); if(way>=dry[4]&&cst) unalarm();break;
           case 84: if(way<dry[5]&&! cst) alarm(); if(way>=dry[5]&&cst) unalarm();break;
           }
     }
  if((weather==1)||(weather==2))
     {switch(speed)
           {
           case 0:  break;
           case 12: break;
           case 24: break;
           case 36: if(way<wet[0]&&! cst) alarm(); if(way>=wet[0]&&cst) unalarm();break;
           case 48: if(way<wet[1]&&! cst) alarm(); if(way>=wet[1]&&cst) una-
```

```
larm();break;
                    case 60: if(way<wet[3]&&! cst) alarm(); if(way>=wet[3]&&cst) una-
larm();break;
                    case 72: if(way<wet[4]&&! cst) alarm(); if(way>=wet[4]&&cst) una-
larm();break;
                    case 84: if(way<wet[5]&&! cst) alarm(); if(way>=wet[5]&&cst) una-
larm();break;
                    }
              }
   if(weather==0)
        {switch(speed)
                    {
                    case 0:  break;
                    case 12: break;
                    case 24: break;
                    case 36: if(way<ice[0]&&! cst) alarm(); if(way>=ice[0]&&cst) una-
larm();break;
                    case 48: if(way<ice[1]&&! cst) alarm(); if(way>=ice[1]&&cst) una-
larm();break;
                    case 60: if(way<ice[3]&&! cst) alarm(); if(way>=ice[3]&&cst) una-
larm();break;
                    case 72: if(way<ice[4]&&! cst) alarm(); if(way>=ice[4]&&cst) una-
larm();break;
                    case 84: if(way<ice[5]&&! cst) alarm(); if(way>=ice[5]&&cst) una-
larm();break;
                    }
            }
            }

      _delay(200);
      send_(18);
      }
}
```

附录 B

螺纹子程序(UG 开发)

```
// LWEXE. cpp : Defines the entry point for the console application.
#include "stdafx. h"
#include "stdio. h"
#include "stdlib. h"
#include <afx. h>
#include <afxwin. h>
#include "uf. h"
#include "uf_modl. h"
#include "uf_ui. h"
#include "uf_part. h"

#define UF_CALL(X) (report(__FILE__, __LINE__, #X, (X)))
static int report(char *file, int line, char *call, int irc)
{
    if (irc)
    {
        char msg[133];
        printf("%s, line %d: %s \n", file, line, call);
        (UF_get_fail_message(irc, msg))?
            printf(" returned a %d \n", irc):
            printf(" returned error %d: %s \n", irc, msg);
    }
    return (irc);
}

static void do_ugopen_api(void)
{
    char dir[100], my_dir[100];                              // 参数声明
    const char env[255] = "UGII_USER_DIR";
```

```
char *baseddir = NULL;
tag_t part;
UF_PART_load_status_t error_status;
baseddir = getenv(env);                                        // 获得环境变量
strcpy(dir, baseddir);
strcat(my_dir, "\\LUOWEN.CATPart");
const char *my_part_name = my_dir;
strcat(dir, "\\part\\luowengan.prt");
if (UF_PART_open(dir, &part, &error_status)! =0)              // 打开 prt 文件
{
        UF_free_string_array(error_status.n_parts, error_status.file_names);
        UF_free(error_status.statuses);
        uc1601("ERROR!", 1);
}
UF_free_string_array(error_status.n_parts, error_status.file_names);
UF_free(error_status.statuses);
//参数声明
double L;                                                      // 螺纹长度
double S;                                                      // 螺纹导程
double NUM;                                                    // 螺纹线数
double R;                                                      // 螺纹外径
double B;                                                      // 齿底宽
double A;                                                      // 齿顶宽
double H;                                                      // 齿高
int i;
char exps_string[6][20];
CStdioFile myFile;                                             // 获得输入的参数数值
CString str, my_str;
CString FileName;
//读取文件位置
FileName = "E:\\JING\\CHENGXU\\ALL\\LWPARA.TXT";
if ( ! myFile.Open( FileName, CFile::modeRead | CFile::typeText) )
{
      AfxMessageBox("打开 LWPARA 出错");
      uc1601("ERROR WHILE OPENNING LWPARA!", 1);
}
int Explict;
bool pointFlag = false;
while(myFile.ReadString(str))                                  // 读入数据
```

```
{
    if (str = = "LUOWEN")
    {
        myFile.ReadString(str);
        if (str = = "")
        {   break;          }
        for (i=0; i<7; i++)
        {
            Explict = str.Find(",");
            if(Explict >= 0)
            {
                my_str = str.Left(Explict);                // 状态
                str = str.Right(str.GetLength() - Explict - 1);
            }
            else
            {
                my_str = str;
                break;
            }
            switch (i)
            {
                case 0: L = atof(my_str);                  // 长度
                        break;
                case 1: S = atof(my_str);                  // 导程
                    break;
                case 2: NUM = atof(my_str);                // 线数
                    break;
                case 3: B = atof(my_str);                  // 齿底宽
                    break;
                case 4: A = atof(my_str);                  // 齿顶宽
                    break;
                case 5: H = atof(my_str);                  // 齿高
                    break;
                case 6: R = atof(my_str);                  // 外径
                    break;
            }
        }
    }
}
```

```
    myFile.Close();                                               // 关闭数据文件

    //修改表达式的值
    sprintf(exps_string[0], "MY_N = %f", L/(S/NUM));
    sprintf(exps_string[1], "MY_P = %f", S/NUM);
    sprintf(exps_string[2], "MY_RAD = %f", R);
    sprintf(exps_string[3], "MY_B = %f", B);
    sprintf(exps_string[4], "MY_A = %f", A);
    sprintf(exps_string[5], "MY_H = %f", H);
    for (i = 0 ; i < 6 ; i + +)                                   // 更新模型
    {
        UF_MODL_edit_exp(exps_string[i]);
        UF_MODL_update();
    }
    //保存,并 PRT 文件另存为 CATIA
    UF_CALL(UF_PART_save());
    tag_t my_object_array[1];
    UF_CALL(UF_MODL_ask_object(UF_solid_type,        UF_solid_body_subtype, &my_ob-
ject_array[0]));
    UF_CALL(UF_PART_export(my_part_name, 1, my_object_array));
    UF_CALL(UF_PART_close(part, 0, 1));                           // 关闭文件
}

int main(int argc, char * argv[])
{
    if (! UF_CALL(UF_initialize()))
    {
        do_ugopen_api();
        UF_terminate();
    }
    return 0;
}
```

附录C

创建阶梯轴程序(APDL)

```
!***********************************************
! 创建建模宏文件 MUL_ROD. mac,命令流如下:
!***********************************************
! 设定工作名
!***********************************************
/filename,MUL_ROD
!***********************************************
! 输入模型参数
!               MY_L1        ———— 长度 1
!               MAXRAD1      ———— 外径 1
!               MY_L2        ———— 长度 2
!               MAXRAD2      ———— 外径 2
!               MINRAD       ———— 内径,孔径
!             MY_A      ———— 周向分层
!             MY_B1     ———— 轴向分层 1
!             MY_B2     ———— 轴向分层 2
!             MY_C      ———— 薄端径向分层
!               MY_X      ———— X 坐标
!               MY_Y      ———— Y 坐标
!               MY_Z      ———— Z 坐标
!***********************************************
MULTIPRO,' start ',5
*CSET,1,3,MY_L1,' THE LENGTH OF ROD 1: ',140
*CSET,4,6,MAXRAD1,' THE EXRADIUS OF ROD 1: ',23
*CSET,7,9,MY_L2,' THE LENGTH OF ROD 2: ',380
*CSET,10,12,MAXRAD2,' THE EXRADIUS OF ROD 2: ',20
*CSET,13,15,MINRAD,' THE INRADIUS OF ROD: ',0
MULTIPRO,' end '
*IF,_BUTTON,EQ,1,THEN                  ! 判断,如果选择 Cancel 终止运行宏
```

```
/EOF
*ENDIF
MULTIPRO,'start',4
*CSET,1,3,MY_A,'THE RADIAL LAYERS:',20
*CSET,4,6,MY_B1,'THE AXIAL LAYERS OF ROD1:',10
*CSET,7,9,MY_B2,'THE AXIAL LAYERS OF ROD2:',279
*CSET,10,12,MY_C,'THE RADIAL LAYERS OF THE THINNER:',3
MULTIPRO,'end'
*IF,_BUTTON,EQ,1,THEN                          !   判断,如果选择 Cancel 终止运行宏
/EOF
*ENDIF
MULTIPRO,'start',3
*CSET,1,3,MY_X,'THE X COORDINATE FIGURE OF THE POSITION:',0
*CSET,4,6,MY_Y,'THE Y COORDINATE FIGURE OF THE POSITION:',0
*CSET,7,9,MY_Z,'THE Z COORDINATE FIGURE OF THE POSITION:',0
MULTIPRO,'end'
*IF,_BUTTON,EQ,1,THEN                          ! 判断,如果选择 Cancel 终止运行宏
/EOF
*ENDIF
!*********************************************
! 模型参数输入完毕,以下将创建模型
!*********************************************
/PREP7
NUMCMP,ALL
! 定义单元类型
ET,1,SOLID164
ET,2,SHELL163
ET,3,MESH200
! 定义材料参数
MP,DENS,2,7.82E-9
MP,EX,2,2.1E+5
MP,PRXY,2,0.3
! 创建几何模型
*GET,KPNUMBER,KP,,NUM,MAX                      ! 获得目前最大关键点编号
K,KPNUMBER+1,MY_X,MY_Y,MY_Z,
*IF,MAXRAD1,GE,MAXRAD2,THEN                    ! 分辨轴径大小,做准备
MYMAXRAD=MAXRAD1
MYMAXLEN=MY_L1
MYMAXC=MY_B1
```

```
MYMINRAD = MAXRAD2
MYMINLEN = MY_L2
MYMINC = MY_B2
MY_FLAG = 1
*ELSE
MYMAXRAD = MAXRAD2
MYMAXLEN = MY_L2
MYMAXC = MY_B2
MYMINRAD = MAXRAD1
MYMINLEN = MY_L1
MYMINC = MY_B1
MY_FLAG = -1
*ENDIF
! 截面
*IF,MINRAD,EQ,0,THEN                    ! 实心阶梯轴
K,KPNUMBER+2,MY_X+MYMINRAD,MY_Y,MY_Z,
K,KPNUMBER+3,MY_X+MYMAXRAD,MY_Y,MY_Z,
K,KPNUMBER+4,MY_X,MY_Y,MY_Z+MY_FLAG*MYMINLEN,
K,KPNUMBER+5,MY_X,MY_Y,MY_Z+MY_FLAG*(-1)*MYMAXLEN,
*GET,LNUMBER,LINE,,NUM,MAX
LONUM = LNUMBER
LSTR,KPNUMBER+1,KPNUMBER+2
LSTR,KPNUMBER+1,KPNUMBER+3
LSTR,KPNUMBER+1,KPNUMBER+4
LSTR,KPNUMBER+1,KPNUMBER+5
LESIZE,LNUMBER+3,,,MYMINC,,,,,1
LESIZE,LNUMBER+4,,,MYMAXC,,,,,1
*GET,ANUMBER,AREA,,NUM,MAX
AONUM = ANUMBER
AROTAT,LNUMBER+1,,,,,,KPNUMBER+1,KPNUMBER+4,360,,
*GET,LASNUM,LINE,,NUM,MAX
LESIZE,LASNUM,,,MY_A/4,,,,,1
LESIZE,LASNUM-1,,,MY_A/4,,,,,1
LESIZE,LASNUM-2,,,MY_A/4,,,,,1
LESIZE,LASNUM-3,,,MY_A/4,,,,,1
AROTAT,LNUMBER+2,,,,,,KPNUMBER+1,KPNUMBER+5,360,,
*GET,LABNUM,LINE,,NUM,MAX
*GET,KPNUMBER,KP,,NUM,MAX
LESIZE,LABNUM,,,MY_A/4,,,,,1
```

```
LESIZE,LABNUM -1,,,MY_A/4,,,,,1
LESIZE,LABNUM -2,,,MY_A/4,,,,,1
LESIZE,LABNUM -3,,,MY_A/4,,,,,1
KL,LNUMBER +1,0.75,,
KL,LASNUM -4,0.75,,
KL,LASNUM -5,0.75,,
KL,LASNUM -6,0.75,,
*GET,LNUMBER,LINE,,NUM,MAX
A,KPNUMBER +1,KPNUMBER +2,KPNUMBER +3,KPNUMBER +4
LESIZE,LNUMBER +1,,,MY_A/4,,,,,1
LESIZE,LNUMBER +2,,,MY_A/4,,,,,1
LESIZE,LNUMBER +3,,,MY_A/4,,,,,1
LESIZE,LNUMBER +4,,,MY_A/4,,,,,1
AOVLAP,ANUMBER + 9, ANUMBER + 1, ANUMBER + 2, ANUMBER + 3, ANUMBER + 4,
ANUMBER +5,ANUMBER +6,ANUMBER +7,ANUMBER +8
AADD,ANUMBER +10,ANUMBER +11,ANUMBER +12,ANUMBER +13
MY_SIZE = MYMINRAD*0.25/((MY_A/4)*0.6)
LESIZE,ALL,MY_SIZE,,,,0,,,1
NUMCMP,ALL
ASEL,S,,,AONUM +1,ANUMBER +9,2
CM,AAMIN,AREA
ASEL,S,,,AONUM +1,AONUM +9
CM,AAMAX,AREA
MAT,2                                        ! 指定材料
TYPE,1                                       ! 创建实体
MSHKEY,1
CMSEL,S,AAMIN
VDRAG,AAMIN,,,,,,LONUM +1
CMSEL,S,AAMAX
VDRAG,AAMAX,,,,,,LONUM +2
VMESH,ALL
*ELSE                                        ! 空心部分
K,KPNUMBER +1,MY_X,MY_Y,MY_Z,
K,KPNUMBER +2,MINRAD + MY_X,MY_Y,MY_Z,
K,KPNUMBER +3,MYMINRAD + MY_X,MY_Y,MY_Z,
K,KPNUMBER +4,MYMAXRAD + MY_X,MY_Y,MY_Z,
K,KPNUMBER +5,MY_X,MY_Y,MY_Z + MY_FLAG*MYMINLEN,
K,KPNUMBER +6,MY_X,MY_Y,MY_Z + MY_FLAG*(-1)*MYMAXLEN,
*GET,LNUMBER,LINE,,NUM,MAX
```

```
LONUM = LNUMBER
*GET,ANUMBER,AREA,,NUM,MAX
AONUM = ANUMBER
LSTR,KPNUMBER +2,KPNUMBER +3
LSTR,KPNUMBER +2,KPNUMBER +4
LSTR,KPNUMBER +1,KPNUMBER +5
LSTR,KPNUMBER +1,KPNUMBER +6
LESIZE,LNUMBER +3,,,MYMINC,,,,,1
LESIZE,LNUMBER +4,,,MYMAXC,,,,,1
AROTAT,LNUMBER +1,,,,,,KPNUMBER +1,KPNUMBER +5,360,,
AROTAT,LNUMBER +2,,,,,,KPNUMBER +1,KPNUMBER +6,360,,
AOVLAP,ANUMBER + 1, ANUMBER + 2, ANUMBER + 3, ANUMBER + 4, ANUMBER + 5,
ANUMBER +6,ANUMBER +7,ANUMBER +8
LESIZE,LNUMBER +1,,,MY_C,,,,,1
*DO,I,5,7
LESIZE,I + LNUMBER,,,MY_C,,,,,1
*ENDDO
MY_SIZE = (MYMINRAD - MINRAD)/MY_C
*DO,I,27,30
LESIZE,I + LNUMBER,MY_SIZE,,,,0,,,1
*ENDDO
LESIZE,ALL,,,MY_A/4,,0,,,1
NUMCMP,ALL
ASEL,S,,,AONUM +1,AONUM +4
CM,AAMIN,AREA
ASEL,S,,,AONUM +1,AONUM +8
CM,AAMAX,AREA
MAT,2
TYPE,1
MSHKEY,1
CMSEL,S,AAMIN
VDRAG,AAMIN,,,,,,LONUM +2
CMSEL,S,AAMAX
VDRAG,AAMAX,,,,,,LONUM +3
VMESH,ALL
*ENDIF
ALLSEL,ALL
NUMMRG,ALL,,,,LOW
NUMCMP,ALL
```

```
/VIEW,1,1,1,1
EPLOT
/REPLOT
!*************************************************
! 保存模型
!*************************************************
/ESHAPE,0
wpstyl,,,,,,,,0
SAVE,MUL_ROD,db
FINISH
```

附录 D

创建剪切套筒程序(APDL)

```
!**********************************************
! 创建建模宏文件 OUT_CUTSLEEVE. mac,命令流如下:
!**********************************************
! 设定工作名
/filename,OUT_CUTSLEEVE
!**********************************************
! 输入模型参数
!                 MY_N        ———— 套筒数量
!                 MY_L        ———— 套筒长度
!                 MYMAXRAD  ———— 外径
!                 MYMINRAD  ———— 内径
!         MY_GAP   ———— 套筒间距
!         MY_A        ———— 周向分层
!         MY_B        ———— 轴向分层
!                 MY_C         ———— 径向分层
!                 MY_X         ———— X 坐标
!                 MY_Y         ———— Y 坐标
!                 MY_Z         ———— Z 坐标
!**********************************************
MULTIPRO,' start ',5
*CSET,1,3,MY_N,' THE NUMBER OF SLEEVE:',2
*CSET,4,6,MY_L,' THE LENGTH OF SLEEVE:',45
*CSET,7,9,MYMAXRAD,' THE EXRADIUS OF SLEEVE:',35
*CSET,10,12,MYMINRAD,' THE INRADIUS OF SLEEVE:',21.5
*CSET,13,15,MY_GAP,' THE SPACE LENGTH BETWEEN SLEEVES:',15
MULTIPRO,' end '
*IF,_BUTTON,EQ,1,THEN                    ! 判断,如果选择 Cancel 终止运行宏
/EOF
*ENDIF
```

```
MULTIPRO,'start',3
*CSET,1,3,MY_A,'THE CIRCLE LAYERS:',20
*CSET,4,6,MY_B,'THE AXIAL LAYERS:',5
*CSET,7,9,MY_C,'THE RADIAL LAYERS:',3
MULTIPRO,'end'
*IF,_BUTTON,EQ,1,THEN                          !判断,如果选择 Cancel 终止运行宏
/EOF
*ENDIF
MULTIPRO,'start',3
*CSET,1,3,MY_X,'THE X COORDINATE FIGURE OF THE POSITION:',0
*CSET,4,6,MY_Y,'THE Y COORDINATE FIGURE OF THE POSITION:',0
*CSET,7,9,MY_Z,'THE Z COORDINATE FIGURE OF THE POSITION:',-5
MULTIPRO,'end'
*IF,_BUTTON,EQ,1,THEN                          !判断,如果选择 Cancel 终止运行宏
/EOF
*ENDIF
!*****************************************************
!模型参数输入完毕,以下将创建模型
!*****************************************************
/PREP7
NUMCMP,KP
ET,1,SOLID164                                  !定义单元类型
ET,2,SHELL163
ET,3,MESH200
MP,DENS,1,7.83E-9                              !定义材料参数
MP,EX,1,2.1E+5
MP,PRXY,1,0.3
*GET,KPNUMBER,KP,,NUM,MAX                      !获得目前最大关键点编号
!套筒截面
K,KPNUMBER+1,MYMAXRAD+MY_X,MY_Y,MY_Z,
K,KPNUMBER+2,MYMINRAD+MY_X,MY_Y,MY_Z,
K,KPNUMBER+3,MY_X,MY_Y,MY_Z,
K,KPNUMBER+4,MY_X,MY_Y,MY_Z-MY_L,
!K,KPNUMBER+5,MYMINRAD+MY_X,MY_Y,MY_Z-MY_L,
NUMCMP,ALL
*GET,LNUMBER,LINE,,NUM,MAX
*GET,ANUMBER,AREA,,NUM,MAX
LSTR,KPNUMBER+3,KPNUMBER+4
!LSTR,KPNUMBER+2,KPNUMBER+5
```

```
LSTR,KPNUMBER+1,KPNUMBER+2
AROTAT,LNUMBER+2,,,,,,KPNUMBER+3,KPNUMBER+4,360,,
*DO,I,6,13                              !对模型中的线进行单元划分
LESIZE,I+LNUMBER,,,MY_A/4,,,,,1
*ENDDO
*DO,I,2,5
LESIZE,I+LNUMBER,,,MY_C,,,,,1
*ENDDO
LESIZE,LNUMBER+1,,,MY_B,,,,,1
MAT,1                                   !指定材料
TYPE,2                                  !划分平面网格
MSHKEY,1
AMESH,ANUMBER+1,ANUMBER+4,1
TYPE,1
VDRAG,ANUMBER+1,ANUMBER+2,ANUMBER+3,ANUMBER+4,,,LNUMBER+1
NUMMRG,ALL
*GET,MYVCOPYNUM,VOLU,,NUM,MAX           !复制体
*IF,MY_N,GT,1,THEN
VGEN,MY_N,MYVCOPYNUM-3,MYVCOPYNUM,1,,,-(MY_L+MY_GAP),,,
*ENDIF
ALLSEL,ALL
NUMMRG,ALL,,,,LOW
NUMCMP,ALL
/VIEW,1,1,1,1
EPLOT
/REPLOT
!*****************************************************
!保存模型
!*****************************************************
/ESHAPE,0
wpstyl,,,,,,,,0
SAVE,OUT_CUTSLEEVE,db
FINISH
```

附录 E

创建螺纹杆程序(APDL)

```
!***************************************************
! 创建螺纹杆宏文件 TTROD. mac,命令流如下:
!***************************************************
! 设定工作名
/filename,O_TTROD
!***************************************************
! 输入模型参数
!                MY_L1        ———— 长度 1
!                MAXRAD1       ———— 外径 1
!                MY_L         ———— 螺纹部分长度
!                MY_RAD        ———— 螺纹外径
!                MINRAD        ———— 内径,孔径
!                MY_S         ———— 螺纹导程
!                MY_N         ———— 螺纹线数
!         MY_A     ———— 齿顶宽
!         MY_B     ———— 齿底宽
!         MY_H     ———— 齿高
!         MY_CA     ———— 周向分层
!         MY_CB1     ———— 轴向分层 1
!         MY_CB     ———— 齿底宽分层
!         MY_CH     ———— 齿底高分层
!         MY_C     ———— 薄端径向分层
!              MY_X      ———— X 坐标
!              MY_Y      ———— Y 坐标
!              MY_Z      ———— Z 坐标
!
!              MAXRAD2    ———— 外径 2,即螺纹内径
!         MY_CB2     ———— 轴向分层 2
!***************************************************
```

```
MULTIPRO,' start ',5
*CSET,1,3,MY_L1,' THE LENGTH OF ROD 1:',140
*CSET,4,6,MAXRAD1,' THE EXRADIUS OF ROD 1:',21
*CSET,7,9,MY_L,' THE LENGTH OF THREAD:',380
*CSET,10,12,MY_RAD,' THE EXRADIUS OF THREAD:',23
*CSET,13,15,MINRAD,' THE INRADIUS OF ROD:',0
MULTIPRO,' end '
*IF,_BUTTON,EQ,1,THEN                     ! 判断,如果选择 Cancel 终止运行宏
/EOF
*ENDIF
MULTIPRO,' start ',5
*CSET,1,3,MY_S,' THE LEAD OF THREAD:',16
*CSET,4,6,MY_N,' THE NUMBER OF THREAD:',2
*CSET,7,9,MY_A,' THE TOP LENGTH OF THE SECTION:',4.8
*CSET,10,12,MY_B,' THE BOTTOM LENGTH OF THE SECTION:',5.6
*CSET,13,15,MY_H,' THE HIGHT OF THE SECTION:',3
MULTIPRO,' end '
*IF,_BUTTON,EQ,1,THEN                     ! 判断,如果选择 Cancel 终止运行宏
/EOF
*ENDIF
MULTIPRO,' start ',5
*CSET,1,3,MY_CA,' THE RADIAL LAYERS:',20
*CSET,4,6,MY_CB1,' THE AXIAL LAYERS OF ROD1:',10
*CSET,7,9,MY_CB,' THE LAYERS OF THREAD SECTION BOTTOM:',5
*CSET,10,12,MY_CH,' THE LAYERS OF THREAD SECTION HIGHT:',3
*CSET,13,15,MY_C,' THE RADIAL LAYERS OF THE THINNER:',3
MULTIPRO,' end '
*IF,_BUTTON,EQ,1,THEN                     ! 判断,如果选择 Cancel 终止运行宏
/EOF
*ENDIF
MULTIPRO,' start ',3
*CSET,1,3,MY_X,' THE X COORDINATE FIGURE OF THE POSITION:',0
*CSET,4,6,MY_Y,' THE Y COORDINATE FIGURE OF THE POSITION:',0
*CSET,7,9,MY_Z,' THE Z COORDINATE FIGURE OF THE POSITION:',0
MULTIPRO,' end '
*IF,_BUTTON,EQ,1,THEN                     ! 判断,如果选择 Cancel 终止运行宏
/EOF
*ENDIF
!*****************************************************
```

```
! 模型参数输入完毕,以下将创建模型
!***********************************************
/PREP7
NUMCMP,ALL
ET,1,SOLID164                              ! 定义单元类型
ET,2,SHELL163
ET,3,MESH200
MP,DENS,4,7.82E-9                          ! 定义材料参数
MP,EX,4,2.1E+5
MP,PRXY,4,0.3
!***********************************************
! 创建阶梯轴
!***********************************************
MAXRAD2 = MY_RAD - MY_H
*GET,KPNUMBER,KP,,NUM,MAX                  ! 获得目前最大关键点编号
K,KPNUMBER+1,MY_X,MY_Y,MY_Z,
*IF,MAXRAD1,GE,MAXRAD2,THEN                ! 分辨轴径大小,做准备
MYMAXRAD = MAXRAD1
MYMAXLEN = MY_L1
MYMAXC = MY_CB1
MYMINRAD = MAXRAD2
MYMINLEN = MY_L2
MYMINC = MY_CB2
MY_FLAG = 1
*ELSE
MYMAXRAD = MAXRAD2
MYMAXLEN = MY_L2
MYMAXC = MY_CB2
MYMINRAD = MAXRAD1
MYMINLEN = MY_L1
MYMINC = MY_CB1
MY_FLAG = -1
*ENDIF
! 截面
*IF,MINRAD,EQ,0,THEN                       ! 实心阶梯轴
K,KPNUMBER+2,MY_X+MYMINRAD,MY_Y,MY_Z,
K,KPNUMBER+3,MY_X+MYMAXRAD,MY_Y,MY_Z,
K,KPNUMBER+4,MY_X,MY_Y,MY_Z+MY_FLAG*MYMINLEN,
K,KPNUMBER+5,MY_X,MY_Y,MY_Z+MY_FLAG*(-1)*MYMAXLEN,
```

```
*GET,LNUMBER,LINE,,NUM,MAX
LONUM = LNUMBER
LSTR,KPNUMBER+1,KPNUMBER+2
LSTR,KPNUMBER+1,KPNUMBER+3
LSTR,KPNUMBER+1,KPNUMBER+4
LSTR,KPNUMBER+1,KPNUMBER+5
LESIZE,LNUMBER+3,,,MYMINC,,,,,1
LESIZE,LNUMBER+4,,,MYMAXC,,,,,1
*GET,ANUMBER,AREA,,NUM,MAX
AONUM = ANUMBER
AROTAT,LNUMBER+1,,,,,,KPNUMBER+1,KPNUMBER+4,360,,
*GET,LASNUM,LINE,,NUM,MAX
LESIZE,LASNUM,,,MY_CA/4,,,,,1
LESIZE,LASNUM-1,,,MY_CA/4,,,,,1
LESIZE,LASNUM-2,,,MY_CA/4,,,,,1
LESIZE,LASNUM-3,,,MY_CA/4,,,,,1
AROTAT,LNUMBER+2,,,,,,KPNUMBER+1,KPNUMBER+5,360,,
*GET,LABNUM,LINE,,NUM,MAX
*GET,KPNUMBER,KP,,NUM,MAX
LESIZE,LABNUM,,,MY_CA/4,,,,,1
LESIZE,LABNUM-1,,,MY_CA/4,,,,,1
LESIZE,LABNUM-2,,,MY_CA/4,,,,,1
LESIZE,LABNUM-3,,,MY_CA/4,,,,,1
KL,LNUMBER+1,0.75,,
KL,LASNUM-4,0.75,,
KL,LASNUM-5,0.75,,
KL,LASNUM-6,0.75,,
*GET,LNUMBER,LINE,,NUM,MAX
A,KPNUMBER+1,KPNUMBER+2,KPNUMBER+3,KPNUMBER+4
LESIZE,LNUMBER+1,,,MY_CA/4,,,,,1
LESIZE,LNUMBER+2,,,MY_CA/4,,,,,1
LESIZE,LNUMBER+3,,,MY_CA/4,,,,,1
LESIZE,LNUMBER+4,,,MY_CA/4,,,,,1
AOVLAP,ANUMBER+9,ANUMBER+1,ANUMBER+2,ANUMBER+3,ANUMBER+4,
ANUMBER+5,ANUMBER+6,ANUMBER+7,ANUMBER+8
AADD,ANUMBER+10,ANUMBER+11,ANUMBER+12,ANUMBER+13
MY_SIZE = MYMINRAD*0.25/((MY_CA/4)*0.6)
LESIZE,ALL,MY_SIZE,,,,0,,,1
NUMCMP,ALL
```

```
ASEL,S,,,AONUM+1,ANUMBER+9,2
CM,AAMIN,AREA
ASEL,S,,,AONUM+1,AONUM+9
CM,AAMAX,AREA
MAT,2                                          ! 指定材料
TYPE,1                                         ! 创建实体
MSHKEY,1
CMSEL,S,AAMIN
VDRAG,AAMIN,,,,,,LONUM+1
CMSEL,S,AAMAX
VDRAG,AAMAX,,,,,,LONUM+2
VMESH,ALL
*ELSE                                          ! 空心部分
K,KPNUMBER+1,MY_X,MY_Y,MY_Z,
K,KPNUMBER+2,MINRAD+MY_X,MY_Y,MY_Z,
K,KPNUMBER+3,MYMINRAD+MY_X,MY_Y,MY_Z,
K,KPNUMBER+4,MYMAXRAD+MY_X,MY_Y,MY_Z,
K,KPNUMBER+5,MY_X,MY_Y,MY_Z+MY_FLAG*MYMINLEN,
K,KPNUMBER+6,MY_X,MY_Y,MY_Z+MY_FLAG*(-1)*MYMAXLEN,
*GET,LNUMBER,LINE,,NUM,MAX
LONUM=LNUMBER
*GET,ANUMBER,AREA,,NUM,MAX
AONUM=ANUMBER
LSTR,KPNUMBER+2,KPNUMBER+3
LSTR,KPNUMBER+2,KPNUMBER+4
LSTR,KPNUMBER+1,KPNUMBER+5
LSTR,KPNUMBER+1,KPNUMBER+6
LESIZE,LNUMBER+3,,,MYMINC,,,,,1
LESIZE,LNUMBER+4,,,MYMAXC,,,,,1
AROTAT,LNUMBER+1,,,,,,KPNUMBER+1,KPNUMBER+5,360,,
AROTAT,LNUMBER+2,,,,,,KPNUMBER+1,KPNUMBER+6,360,,
AOVLAP,ANUMBER+1,ANUMBER+2,ANUMBER+3,ANUMBER+4,ANUMBER+5,
ANUMBER+6,ANUMBER+7,ANUMBER+8
LESIZE,LNUMBER+1,,,MY_C,,,,,1
*DO,I,5,7
LESIZE,I+LNUMBER,,,MY_C,,,,,1
*ENDDO
MY_SIZE=(MYMINRAD-MINRAD)/MY_C
*DO,I,27,30
```

```
LESIZE,I+LNUMBER,MY_SIZE,,,,0,,,1
*ENDDO
LESIZE,ALL,,,MY_CA/4,,0,,,1
NUMCMP,ALL
ASEL,S,,,AONUM+1,AONUM+4
CM,AAMIN,AREA
ASEL,S,,,AONUM+1,AONUM+8
CM,AAMAX,AREA
MAT,5
TYPE,1
MSHKEY,1
CMSEL,S,AAMIN
VDRAG,AAMIN,,,,,,LONUM+2
CMSEL,S,AAMAX
VDRAG,AAMAX,,,,,,LONUM+3
VMESH,ALL
*ENDIF
ALLSEL,ALL
NUMMRG,ALL,,,,LOW
NUMCMP,ALL
!*****************************************************
! 导入螺纹
!*****************************************************
*CFOPEN,LWPARA,TXT                              ! 写数据文件
*VWRITE,
('LUOWEN')
*VWRITE,MY_L,MY_S*MY_N,MY_N,MY_B,MY_A,MY_H,MY_RAD
(F10.4,',',F10.4,',',F10.4,',',F10.4,',',F10.4,',',F10.4,',',F10.4)
*CFCLOS
/SYS,LWEXE.exe                                  ! 调用 EXE 程序
*GET,LNUMBER,LINE,,NUM,MAX
MAT,5                                           ! 导入螺纹实体模型
~UGIN,luowengan,prt,,ALL,0,0
ALLSEL,ALL
NUMMRG,ALL,,,,LOW
NUMCMP,ALL
! 螺旋线划分
LESIZE,LNUMBER+5,,,MY_CL*(MY_L/(MY_S/MY_N)),,,,,1
LESIZE,LNUMBER+7,,,MY_CL*(MY_L/(MY_S/MY_N)),,,,,1
```

```
LESIZE,LNUMBER+10,,,MY_CL*(MY_L/(MY_S/MY_N)),,,,,1
LESIZE,LNUMBER+12,,,MY_CL*(MY_L/(MY_S/MY_N)),,,,,1
LESIZE,LNUMBER+2,,,MY_CH,,,,,1                 !截面腰线划分
LESIZE,LNUMBER+4,,,MY_CH,,,,,1
LESIZE,LNUMBER+8,,,MY_CH,,,,,1
LESIZE,LNUMBER+9,,,MY_CH,,,,,1
LESIZE,LNUMBER+1,,,MY_CB,,,,,1                 !截面顶+底线划分
LESIZE,LNUMBER+3,,,MY_CB,,,,,1
LESIZE,LNUMBER+6,,,MY_CB,,,,,1
LESIZE,LNUMBER+11,,,MY_CB,,,,,1
TYPE,1
VMESH,ALL
*GET,VNUMBER,VOLU,,NUM,MAX
*IF,MY_N,GT,1,THEN                             !复制螺旋体
CSYS,1
VGEN,MY_N,VNUMBER,,,,360/MY_N,,,,
CSYS,0
*ENDIF
*GET,VNUM,VOLU,,NUM,MAX
VSEL,S,,,VNUMBER,VNUM                          !移动体
CM,MYV,VOLU
VGEN,,MYV,,,MY_X,MY_Y,MY_Z+MY_L1,,,1
/VIEW,1,1,1,1
EPLOT
/REPLOT
!*************************************************
!保存模型
!*************************************************
/ESHAPE,0
wpstyl,,,,,,,,0
SAVE,O_TTROD,db
FINISH
```

参 考 文 献

［1］雷正保．汽车碰撞的安全与吸能［M］．长沙：国防科技大学出版社，2008.

［2］雷正保．螺级剪切式汽车碰撞吸能装置［P］．中国专利：CN 03124568. 4. 2003.

［3］Z. G. Zacharia，J. E Tidwell，Richards. An overview of truck and bus safety［J］. International Journal of Vehicle Design，2001，26（4）：442－451.

［4］C. Gearhart. Recent progress in crash pulse analysis［J］. International Journal of Vehicle Design，2001，26（4）：395－406.

［5］C. Albertini，M. Montagnani. Progress in the measurement of the impact energy absorption and crushing strength of real－size thin sheet metal structures for the protection of car passengers［M］. In：Rossmanith HP，ed. Structural Failure，Product Liability and Technical Insurance. London：Elsevier Science Publishers，1993，415－422.

［6］雷正保．汽车纵向碰撞控制结构设计的理论与方法［M］．长沙：国防科技大学出版社，2000.

［7］颜海棋．螺纹剪切式汽车碰撞智能吸能装置的研究［D］．长沙：长沙理工大学，2007.

［8］雷正保．螺纹剪切式汽车碰撞吸能装置的应用研究［J］．公路与汽运，2007（4）：4－6.

［9］雷正保．Mechanical characteristics of vehicle collision thread－shear energy absorption system［P］. 2008 Shanghai Conference of Automotive Safety Technology，June 11－13，2008，Shanghai，China.

［10］王素娟．螺纹剪切式汽车碰撞吸能装置的电子控制系统［D］．长沙：长沙理工大学，2008.

［11］孙创范．主被动结合新型汽车碰撞缓冲吸能装置的研究［D］．长沙：湖南大学，2006.

［12］雷正保．大变形结构的耐撞性［M］．长沙：国防科技大学出版社，2005.

［13］李晓霞．高速公路汽车前向追尾碰撞预警系统研究［D］．西安：长安大学，2006.

［14］Hariharan Krishnan，etc. Rear－end collision－warning system—design and evaluation via simulation［J］. Transportation record No. 1759，2001.

［15］F. Kazumi，S. Nofiko. A study on road structure detection technology using scanning laser radar［J］. Review of Automotive Engineering，2005，25(3)：315－320.

［16］李克强，高锋，侯德藻，等．基于 ITS 的汽车主动避撞系统［J］．ITS 通讯，2004（2）：85－90.

［17］侯德藻，李克强，等．汽车主动避撞系统中的报警方法及其关键技术［J］．汽车工程，2002，24(5)：438－441，444.

[18] 姜道连，徐宝强. 采用图像处理技术防止高速公路汽车碰撞的研究 [J]. 天津理工学院学报，2001，17(1)：69 - 72.

[19] 余成波，万文略，等. 汽车激光雷达自动防撞微机控制系统的研制 [J]. 仪器仪表学报，2001(4)：428 - 430.

[20] 陈光武，侯德藻，李晓霞. 高速公路实用安全车距计算模型 [J]. 人类工效学，2000，7 (1)：41 - 44.

[21] 王军雷，应世杰，李百川. S 高速公路汽车追尾预警系统的开发研究 [J]. 安全与环境学报，2006，6(4)：122 - 125.

[22] W. A. Walls，W. F. Weldon，S. B. Pratap. Application of electromagnetic guns to future naval platforms [J]. IEEE Trans on MAG，2000，32 (1)：634 - 642.

[23] R. Mcnab. Early electric gun research [J]. IEEE Transactions on Magnetic，1999，35 (1)：250 - 261.

[24] 葛世恒. 创世武器——电磁炮 [J]. 知识就是力量，2015(11)：34 - 37.

[25] 李立毅，李小鹏. 电磁发射的历史及发展趋势 [J]. 微电机，2004，37 (1)：41 - 44.

[26] 王德满，王跃进，谢慧才. 线圈炮 - 电磁同轴发射器及其系统分析 [J]. 宇航学报，1996，17 (4)：79 - 90.

[27] 高顺受，孙承纬. 60 mm 口径电磁感应线圈炮的实验研究 [J]. 高压物理学报，1996，10 (3)：190 - 198.

[28] 张霞，陈竹. 基于安全距离模型的汽车主被动结合 CST 技术 [J]. 机械设计与研究，2014，2 (1)：124 - 129.